CAMBRIDGE LIBRARY COLLECTION

Books of enduring scholarly value

Archaeology

The discovery of material remains from the recent or the ancient past has always been a source of fascination, but the development of archaeology as an academic discipline which interpreted such finds is relatively recent. It was the work of Winckelmann at Pompeii in the 1760s which first revealed the potential of systematic excavation to scholars and the wider public. Pioneering figures of the nineteenth century such as Schliemann, Layard and Petrie transformed archaeology from a search for ancient artifacts, by means as crude as using gunpowder to break into a tomb, to a science which drew from a wide range of disciplines - ancient languages and literature, geology, chemistry, social history - to increase our understanding of human life and society in the remote past.

Les Deux Champollions, Leur Vie et Leurs Oeuvres

This biography of the Champollion brothers was published in Grenoble in 1887. Jean-François (1790–1832) was a child prodigy who had taught himself numerous ancient languages in his teenage years, despite not having received any formal education. Having become an assistant professor of history at Grenoble in his nineteenth year, Jean-François published a decipherment of the trilingual Rosetta Stone in 1824, thus offering the key to an understanding of Egyptian hieroglyphics and consequently of the civilisation of ancient Egypt. His older brother, Jacques-Joseph (1778–1867), although a less gifted scholar, supported Jean-François and kept his name and achievement before the public after his early death. Jacques-Joseph's son Aimé-Louis (1813–94), the author of this biographical account, followed in his father's footsteps, becoming the librarian of the Bibliothèque Royale and publishing works on palaeography. Based on original letters, this is the only near-contemporary biography of the pioneering Egyptologist.

Cambridge University Press has long been a pioneer in the reissuing of out-of-print titles from its own backlist, producing digital reprints of books that are still sought after by scholars and students but could not be reprinted economically using traditional technology. The Cambridge Library Collection extends this activity to a wider range of books which are still of importance to researchers and professionals, either for the source material they contain, or as landmarks in the history of their academic discipline.

Drawing from the world-renowned collections in the Cambridge University Library, and guided by the advice of experts in each subject area, Cambridge University Press is using state-of-the-art scanning machines in its own Printing House to capture the content of each book selected for inclusion. The files are processed to give a consistently clear, crisp image, and the books finished to the high quality standard for which the Press is recognised around the world. The latest print-on-demand technology ensures that the books will remain available indefinitely, and that orders for single or multiple copies can quickly be supplied.

The Cambridge Library Collection will bring back to life books of enduring scholarly value (including out-of-copyright works originally issued by other publishers) across a wide range of disciplines in the humanities and social sciences and in science and technology.

Les Deux Champollions, Leur Vie et Leurs Oeuvres

Leur Correspondance Archéologique Relative au Dauphiné et à l'Égypte

AIMÉ CHAMPOLLION-FIGEAC

CAMBRIDGE
UNIVERSITY PRESS

CAMBRIDGE UNIVERSITY PRESS

Cambridge, New York, Melbourne, Madrid, Cape Town,
Singapore, São Paolo, Delhi, Tokyo, Mexico City

Published in the United States of America by Cambridge University Press, New York

www.cambridge.org
Information on this title: www.cambridge.org/9781108035354

© in this compilation Cambridge University Press 2011

This edition first published 1887
This digitally printed version 2011

ISBN 978-1-108-03535-4 Paperback

LES

DEUX CHAMPOLLION

LEUR VIE ET LEURS ŒUVRES

CHAMPOLLION~FIGEAC

(JACQUES ~JOSEPH)

Né le 5 Octobre 1778 — + 6 Mai 1867.

LES
DEUX CHAMPOLLION

Leur Vie et leurs Œuvres

LEUR CORRESPONDANCE ARCHÉOLOGIQUE

Relative au Dauphiné et à l'Égypte.

ÉTUDE COMPLÈTE DE BIOGRAPHIE ET DE BIBLIOGRAPHIE

1778-1867

D'après des documents inédits

PAR

Aimé CHAMPOLLION-FIGEAC

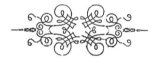

GRENOBLE

Xavier DREVET, éditeur

LIBRAIRE DE L'ACADÉMIE

14, rue Lafayette, 14

—

1887

AVIS DE L'ÉDITEUR

Cette *Étude sur les Deux Champollion, leurs travaux scientifiques, leurs relations politiques et mondaines, leur correspondance littéraire et archéologique*, a déjà été publiée par fragments et sous le pseudonyme de *Lavalonne*, dans *Le Dauphiné, Revue Littéraire, Historique et Artistique*, dirigée par Mme Louise Drevet, membre de la Société des Gens de Lettres et Officier d'Académie. Nous avons cependant placé dans cette réimpression une *importante addition, le § XV*, contenant 83 pièces justificatives inédites, *Lettres et Rapports* portant les signatures de personnages éminents de France et de l'Étranger, afin que les récits de tous les événements qui se trouvent rappelés dans cette *Étude* soient corroborés par un document authentique.

On remarquera, sans doute, combien *ces Lettres*, qui offrent par elles-mêmes un véritable intérêt littéraire, reproduisent les sentiments, l'esprit aimable, poli et gracieux des temps les plus calmes du XIXe siècle, sous la Restauration et le gouvernement du roi Louis-Philippe, si favorables au développement des sciences, des lettres et des arts en France.

Nous offrons donc cet opuscule complété, rectifié et *imprimé à un petit nombre d'exemplaires de luxe*, aux membres survivants de la famille des *deux Champollion* et aux amis qu'elle a conservés jusqu'à présent. Pour réaliser encore plus complètement notre pensée et notre désir de consacrer à deux savants du Dauphiné une publication spéciale littéraire et artistique de choix, nous avons jugé indispensable de détacher de l'Œuvre d'Eugène Champollion, *aqua-fortiste dauphinois, lauréat du dernier Salon de peinture de Paris*, trois portraits des Champollion gravés d'après des toiles d'une ressemblance incontestable, gravures que l'on remarque en tête du premier volume des *Papiers de famille*, recueilli par le survivant des fils Champollion. On les trouvera aux p. 5, 41 et 133 de cette publication.

Ces trois portraits serviront aussi à compléter *la Galerie* consacrée par *Le Dauphiné* à ses compatriotes des divers siècles ; elle compte déjà des portraits de nombreuses illustrations, publiés successivement dans notre *Revue Littéraire*.

LES DEUX CHAMPOLLION

LEUR VIE ET LEURS ŒUVRES

LEUR CORRESPONDANCE ARCHÉOLOGIQUE RELATIVE AU DAUPHINÉ & A L'ÉGYPTE

(Étude complète de Biographie et de Bibliographie d'après des documents inédits)

I.

A Figeac.

Champollion-Figeac, frère aîné de l'illustre savant qui, le premier, a pénétré les mystères de la terre des Pharaons et a légué à la France la gloire de l'une des plus grandes découvertes de l'érudition moderne, Champollion-Figeac mérite aussi, à tous égards, une place éminente parmi les hommes qui, dans la première moitié du XIXe siècle, ont contribué au progrès des sciences historiques

Mêlé à quelques-uns des événements les plus importants de son temps, lié avec une foule de personnages célèbres dans les lettres et la politique, il a laissé, d'une part, de nombreuses publications qui défendent sa mémoire contre l'oubli, et, de l'autre, une *correspondance* et des *notes* qui intéressent vivement l histoire contemporaine et le mouvement intellectuel de l'Empire, de la Restauration et du gouvernement du roi Louis-Philippe. Sa vie s'est prolongée bien au delà du terme assigné à la plupart des hommes, et pendant *soixante-trois ans*, de 1803 à 1866, il n'a jamais cessé un seul jour de travailler avec un zèle infatigable, que n'ont pas découragé des luttes toujours patiemment soutenues et un dévouement à toute épreuve aux fonctions publiques, où l'ont appelé ses aptitudes si diverses et si hautement appréciées de tous. Peu d'existences ont été aussi bien remplies : on en jugera par les détails biographiques que nous allons donner et les extraits de sa correspondance reproduits dans cette Étude.

Champollion-Figeac (Jacques-Joseph) est né le 5 octobre 1778, à Figeac, d'une famille originaire du Dauphiné (1); fils aîné de cinq enfants, il fut surpris par la Révolution au moment même où il allait terminer ses études classiques : les établissements d'éducation furent fermés dans sa ville natale comme partout ailleurs, et ce fut un religieux de la célèbre abbaye de cette ville, l'abbé Calmet, réfugié chez le père de Champollion après la suppression des ordres religieux, qui se chargea de lui faire faire sa rhétorique. Malgré l'inexpérience du professeur, l'élève fit de rapides progrès, et, comme l'illustre G. Cuvier, et à la même époque, il débuta par un modeste emploi dans l'administration municipale du pays, où sa famille s'était concilié l'estime et l'affection de tous (2). Mais déjà la tendance de son esprit le poussait vers les sciences historiques et archéologiques. En 1798, il

---

(1) Sa famille est originaire de Champoléon dans les Hautes-Alpes ; une branche y possède encore des propriétés ; l'autre branche s'est établie au Valbonnais (Isère), et la troisième momentanément à Figeac. (Voyez Biographie Rochas, I, p. 205.) — Les *montres* des compagnies levées par Lesdiguières contiennent plusieurs fois le nom de Champollion parmi les officiers au service de l'illustre gouverneur du Dauphiné.

(2) Ajoutons que Pierre Corneille fut employé dans sa jeunesse à tenir les registres de la fabrique de l'église de Rouen, occupation administrative non moins modeste.

sollicita la faveur d'être attaché aux commissions de l'expédition d'Égypte, comme si de secrets pressentiments l'avaient averti que le nom de cette terre antique et mystérieuse devait être désormais inséparable du nom de Champollion. Sa demande ne fut pas accueillie (1), et, à dater de ce moment, il fixa sa résidence à Grenoble. Cette ville offrait de précieuses ressources aux amis des lettres et des sciences ; elle possédait une belle bibliothèque publique, une École centrale, une Société savante ; le grand géomètre Fourier y fut envoyé comme préfet de l'Isère, au retour de l'expédition d'Égypte (2) ; autour de lui vint se grouper une brillante élite des enfants du Dauphiné : Dubois-Fontanelle, Villars le botaniste, le général d'artillerie de La Salette, le député Sauzey, Gariel d'Alloz, le comte de Pina, etc. On comptait, de plus, parmi les professeurs et les administrateurs : Sonnini, Favier, Sapey, de Labouisse, Cambry, J.-C. Martin, Berriat-Saint-Prix, etc. Champollion fut accueilli avec la plus grande bienveillance par Fourier, qui l'admit dans son intimité ; il se fit des amis de tous les hommes distingués que nous venons de nommer ; il fut bientôt après signalé à l'attention publique par ses premiers et déjà très remarquables travaux. Il étendit le cercle de ses relations et entretint une correspondance active et régulière avec tous les archéologues de Paris, de la Provence, de l'Alsace, du Dauphiné et du Quercy : avec Millin , Fontanes,

---

(1) Elle avait été présentée, à Paris, par le capitaine Champollion, ancien officier d'ordonnance du duc de Chartres, à Jemmapes, alors commandant une compagnie de la brigade sous les ordres du général Darricau, et désignée pour faire partie de l'expédition de Bonaparte. (Papiers de famille, t. Ier. *Lettre*.)

(2) Fourier composa à Grenoble sa *Théorie de la propagation de la chaleur dans les corps solides*, et sa célèbre *Préface historique* du grand ouvrage sur l'Égypte, publié par le gouvernement français. (Voyez *Chroniques Dauphinoises*, par A. Champollion, t. IV, p. 281, 369 et t. III, p. 18.)

Bitaubé, de Lalande, Gail, Jomard, Oberlin, Lancret, Calvet d'Aix, Schweighœuser de Strasbourg, Dumège du Quercy, la comtesse de Genlis, Hase, etc.

La préoccupation de la science ne faisait point oublier à Champollion les devoirs de la famille. Il fit venir à Grenoble son jeune frère *Jean-Francois*, qui était resté à Figeac sous la direction de l'abbé Calmet, qu'il jugeait avec raison tout à fait insuffisant ; et ce fut par ses soins que fut élevé et instruit un frère qui devait étonner le monde savant par une immortelle découverte.

Afin de se réserver une direction entière et absolue sur son éducation, il se chargea de toutes les dépenses et le fit inscrire, en 1799, au lycée de Grenoble, sous le nom de Champollion-Figeac jeune, et c'était au nom de Champollion-Figeac aîné qu'étaient délivrées les quittances des trimestres. Nous dirons plus loin, dans l'*Étude* consacrée à l'illustre égyptologue, tout ce que le frère aîné a fait pour le cadet, et nous suivrons à la trace les touchants témoignages d'une amitié que la mort seule a pu briser. (Voyez § XII.)

II.

Retour à Grenoble.

Tout en se dévouant sans relâche à l'éducation de son jeune frère, Champollion-Figeac consolidait sa situation par ses travaux scientifiques et des fonctions administratives. En l'an XII, il fut chargé par le préfet Fourier de recueillir et de conserver les inscriptions antiques découvertes sur l'emplacemement de la tour de l'évêché de Grenoble, que l'on démolissait en ce moment, ainsi que toutes celles qui pourraient se rapporter à l'histoire du Dauphiné (1).

---

(1) A ce sujet, le préfet lui écrivait : « Connaissant votre goût éclairé pour les monuments de l'antiquité, etc. »

En 1803, il publia la description d'un *monument souterrain* de Grenoble, reste d'une église du x° siècle, et, bientôt après, il fit imprimer le *prospectus* d'un *Dictionnaire historique du Dauphiné*, de Guy Allard. Le préfet avait promis d'encourager cette publication et il adressa, dans ce but, une *circulaire* spéciale à ses collègues des Hautes-Alpes, de la Drôme, de la Savoie et des autres départements voisins, pour leur demander leur concours pécunier pour cette publication, le département de l'Isère n'ayant pas disponibles des fonds suffisants pour supporter à lui seul les frais d'impression de quatre volumes in-8°. Plus courageux que le préfet de 1803, M. Gariel, ancien conservateur de la Bibliothèque de la ville, a fait à lui seul les frais de cette publication et elle a parfaitement réussi.

A cette même époque, Champollion fut élu membre de la *Société des sciences et arts de Grenoble*, qui remplaçait l'ancienne Académie Delphinale. Il fut bientôt après chargé des fonctions de secrétaire et il tint à honneur de marcher au premier rang des hommes distingués qui composaient cette société savante, dont sept membres arrivèrent un jour à l'Institut national de Paris. L'année suivante (1804), l'Académie Celtique de la Seine lui conféra le diplôme d'associé, et d'importants travaux le signalèrent à l'attention du monde savant. Il se livre à de profondes études sur le texte grec de *l'inscription de Rosette*, sur Homère (*Chroniques Dauphinoises*, t. III, p. 304, 306), sur Euripide, sur Pindare ; il prépare la publication du *Recueil des inscriptions antiques trouvées à Grenoble* (1). Il entretenait une correspondance très active sur l'antiquité grecque et romaine, avec Oberlin de Strasbourg, Calvet d'Avignon, Van Marum de Stuttgard,

---

(1) Fourier lui écrivait : « Ces travaux sont une nou-
« velle preuve de la sagacité et des connaissances qui
« vous distinguent ; ils sont dignes de la curiosité des
« savants et je me propose de les faire imprimer, etc. »

Sonnini de Vienne, le baron de Zac de Bavière ; avec
Jomard au sujet des peintures antiques relatives aux
bateleurs ; avec de Lalande sur des questions d'astronomie, avec Lancret sur les monuments de l'Égygte.

En 1807, il s'essaye dans la littérature, en publiant
un *Éloge historique* de Bérard-Trousset (1). Il se lia
avec Dubois-Fontanelle, qui lui adressait, soit pour
lui, soit pour être lues à l'Académie Delphinale, de
nombreuses pièces de vers (2). Il correspondait avec
le marquis de Pina et M. Artaud, conservateur du
Musée de Lyon ; Millin, conservateur du cabinet des
antiques de la Bibliothèque nationale ; le général de
La Salette, savant musicien pour lequel il demanda à
son frère un *Mémoire* sur la musique des Orientaux (3). Il poursuit ses études sur les antiquités orientales, grâce au professeur don Raphaël. Villars, l'in-
terroge souvent sur la flore du Dauphiné, et G. Cuvier
lui demande des renseignements sur les fossiles de
la Provence.

On le voit, la *correspondance* que nous venons de
citer forme, sur l'histoire littéraire du premier Empire, l'un des plus précieux Recueils qui soient conservés dans les archives des familles françaises.

En 1808, Champollion-Figeac remplaça à Grenoble
le bibliothécaire décédé. A la fin de 1808, Fontanes
lui écrivait : « La place que vous remplissez, les
« preuves de talent que vous avez données, les suf-
« frages que vous avez mérités sont des titres très
« honorables pour vous. Je serai heureux de vous

---

(1) Villars lui écrivait à propos de cet éloge : « Pleins
« de sentiments et de vérité, vos écrits peignent votre
« âme élevée et les sentiments généreux d'un vrai
« talent, etc. »

(2) A cause de son grand âge, Dubois-Fontanelle était
obligé d'emprunter la plume de sa fille, la baronne
Renauldon, pour correspondre avec ses amis ; les lettres
étaient seulement signées par cet élégant littérateur.

(3) Ce *Mémoire* fut en effet rédigé et envoyé au général,
qui en parle dans son ouvrage sur l'art musical des
anciens et des modernes.

« prouver l'estime que j'en fais. » Le grand maître de l'Université tint sa promesse.

En 1809 , il le nomma professeur de littérature grecque à la Faculté des Lettres de Grenoble, secrétaire, et bientôt après *doyen* de cette Faculté et membre du Conseil académique.

En même temps qu'il collaborait, par ses nombreuses recherches, à la célèbre *Préface historique* du grand ouvrage *sur l'Égypte*, composée par Fourier, Champollion-Figeac rédigeait le *Journal administratif et littéraire de Grenoble*, et concourait à la partie littéraire du *Moniteur universel*, ainsi qu'au *Magasin encyclopédique* de Millin ; il présidait les examens pour l'admission à l'École militaire. Le ministre de l'intérieur Cretet chargea Fourier de remercier Champollion-Figeac de son zèle et de ses efforts pour le progrès des sciences dans le département de l'Isère, « témoignage bien mérité » ajoutait Fourier (1). (*Chron. Danph.*, par A. Champollion, t. III, p. 282.)

L'année même où il fut nommé professeur à la Faculté de Grenoble, Champollion-Figeac publia le *programme* et le *Discours d'ouverture* de son cours, ce qui lui valut, de la part de l'illustre Heyne, dans la *Gazette de Gœttingue*, de chaleureuses félicitations sur la manière dont il comprenait le haut enseignement ; mais bientôt après, l'existence de la Faculté des Sciences de Grenoble fut gravement menacée et le titulaire de la chaire de littérature grecque vint heureusement en aide au maire de Grenoble, baron Renauldon, pour sauver un établissement qui avait rendu les plus signalés services et conserver, en même temps, à la ville son École de Médecine, qui comptait parmi ses professeurs des hommes de mérite, comme les docteurs Bilon et Fournier. Cham-

---

(1) A cette époque, il avait rédigé un Mémoire très eurieux et qui est resté inédit. sur l'état général, moral et matériel du département de l'Isère.

pollion contribua également à maintenir le Lycée, que l'administration universitaire voulait transférer à Chambéry (1).

Champollion-Figeac s'était marié en 1807 ; sa femme appartenait à une famille dont deux membres, Berriat-Saint-Prix et Berriat-Hugues, ont laissé des noms justement honorés, l'un comme jurisconsulte et comme professeur à l'École de Droit de Paris, l'autre comme intendant militaire et maire de la ville de Grenoble. Champollion le Jeune, qu'une vive affection unissait à cette famille, quitta Paris pour venir habiter Grenoble auprès de son frère et de sa belle-sœur ; il rendit plus tard à ses neveux les soins que leur père lui avait donnés à lui-même : ce fut leur premier maître. Élu membre de la Société littéraire, il prit une part active à ses travaux (*Chron. Dauph.*, t. III, 287, 303, 306), et bientôt il occupa, à côté de son frère, une chaire d'histoire ancienne à la Faculté des Lettres.

Champollion-Figeac avait été nommé conservateur de la Bibliothèque de Grenoble ; il déploya dans la direction de cet établissement toute son activité et les ressources de sa rare intelligence. Intimement lié avec les bibliographes les plus distingués de l'époque : les Van-Praët, les Peignot, les de Bure, etc., il marcha sur leurs traces et publia d'intéressantes *notices* sur une édition de la *Danse macabre* et sur une édition de l'*Imitation de Jésus-Christ*, qui étaient restées inconnues jusqu'alors. Tous les ans, il rendait compte au maire de la ville des accroissements de cet établissement, ne cessait de solliciter des dons, soit de l'État, soit des particuliers (2), et fit apporter de la Grande-Chartreuse une précieuse collection de manuscrits et de livres, qui étaient restés dans les bâtiments de ce

---

(1) M. de Fontanes écrivait donc avec raison à Fourier au sujet de Champollion une lettre que l'on trouvera à la fin de cette Étude à cause de sa longueur.

(2) Il s'adressa aussi à Lucien Bonaparte, prince de Canino, auteur du *Poème de Charlemagne.*

grand établissement religieux sous la garde de M. Bigillion. De 1806 à 1809, Champollion-Figeac avait publié : 1° *Lettre au baron Fourier* sur l'inscription grecque du temple de Denderah (Grenoble, 1806), lettre ayant pour objet de fixer la date de cette inscription au moyen d'une correction que Letronne jugeait très ingénieuse ; — 2° *Antiquités de Grenoble* (in-4°, Grenoble, 1807); — 3° *Nouvelles recherches sur les patois* (in-12, Paris, 1809). Ses relations avec le monde savant étaient devenues de plus en plus actives de 1810 à 1812. Le cardinal de Bausset, l'abbé Raillon, évêque d'Orléans, La Porte du Theil, Fauris de Saint-Vincens, Saint-Martin, Boissonade, le comte de Choiseul-Gouffier, auquel il avait adressé un *Mémoire* sous forme de lettre sur l'alphabet grec, Abel Rémusat, l'abbé Grégoire, le vicomte Du Bouchage, Augustin Périer, le frère de Casimir, Savoie de Rollin, Teisseire, Augustin Blanchet, Didier, qui en 1816 conspira contre la Restauration, le comte de Barral, Lanjuinais et une foule d'autres personnages connus à divers titres, ont entretenu avec lui un continuel échange de lettres, dont quelques-unes ont trouvé leur place dans cette Étude. Outre les lettres de ces divers personnages, il faut aussi mentionner sa correspondance administrative, les Éloges de ses confrères de l'Académie Delphinale, lorsque la mort venait les frapper, son cours de littérature grecque resté inédit et qui existe dans la collection des papiers conservés par sa famille.

Par tant de travaux si importants, qui forment en quelque sorte une chaîne non interrompue, Champollion-Figeac conquit une place des plus honorables parmi nos savants archéologues et fut élu, *le 22 juin 1814,* membre correspondant de l'Institut par l'Académie des Inscriptions et Belles-Lettres.

III.

La Politique en Dauphiné.

Dans la période ascendante et glorieuse du premier Empire, Champollion-Figeac était resté complètement étranger à la politique, et les nombreuses lettres qui lui avaient été adressées se rapportaient exclusivement aux sciences et à l'érudition ; mais, en 1813 et en 1814, les graves préoccupations du moment tiennent dans ces lettres une large place. L'orientaliste Saint-Martin, de l'Institut, y donne de curieux renseignements sur l'état des esprits à Paris ; Faujas de Saint-Fond trace le tableau des agitations du Lyonnais ; l'abbé Grégoire, Julien de Paris ou de la Drôme, Planta, le baron de Vitrolles, Forbin-Janson, le marquis Pianelli de La Valette, le marquis de Pina font déjà pressentir, dans leurs confidences épistolaires, le rôle qu'ils joueront au moment de la catastrophe suprême.

Champollion-Figeac fut lui-même entraîné dans le tourbillon des événements par la force des choses ; un moment d'arrêt se produisit dans sa vie scientifique et littéraire. En 1815, il remplissait les fonctions de secrétaire auprès de Napoléon. Pendant son séjour à Grenoble, à son retour de l'île d'Elbe, l'Empereur demanda au maire de cette ville une personne *pour écrire*. Le maire s'empressa de désigner le brillant professeur de la Faculté des Lettres ; l'Empereur lui fit le plus bienveillant accueil et le garda près de lui, dans son cabinet, lui demanda sur la situation politique des renseignements qui ne se firent pas attendre ; il témoigna un profond mécontentement en apprenant que le préfet de l'Isère, Fourier, s'était empressé de quitter son poste à la première nouvelle du retour de l'île d'Elbe. Après une violente explosion de colère,

il chargea Champollion de lui donner l'ordre d'aller
l'attendre à Lyon. De nombreuses députations furent
admises à lui présenter leurs hommages et Champollion, qui assistait aux réceptions, garda toujours un
profond souvenir des paroles que leur adressa l'Empereur, des hauteurs de vues et de la verve étince-
lante avec laquelle il entretenait les auditeurs des
grands événements de son règne, de l'expédition
d'Égypte, de la législation et de ce qu'il voulait faire
pour les sciences et les lettres. En quittant Grenoble,
il y laissa Champollion, en lui confiant le soin de seconder le préfet provisoire, de recevoir les communi-
cations du quartier général, de faire distribuer à grand
nombre d'exemplaires le *Journal de l'Isère* et de faciliter aux envoyés du nouveau gouvernement l'accomplissement de leur mission. Au nombre de ces envoyés
se trouva l'infortuné Mouton-Duvernet, qui vint rallier
les officiers de divers grades, dont la soumission n'a-
vait pas été faite.

Lorsque la nouvelle administration fut organisée
dans le département de l'Isère, Champollion-Figeac
dut se rendre à Paris et, dans la période des Cent
Jours, il eut de fréquents rapports avec l'Empereur,
soit aux Tuileries, soit à l'Élysée ; par son ordre, il tint
la plume à l'assemblée générale des collèges électo-
raux, présidée par l'archichancelier Cambacérès ; il
rédigea et signa le résultat des votes sur la nouvelle
Constitution, qui fut proclamée le lendemain au
Champ de Mai. Napoléon le chargea plusieurs fois
d'ordres importants et directs, et le nomma chevalier
de la Légion d'honneur, en récompense de ses bons
et loyaux services. Lucien Bonaparte lui témoignait,
comme son frère, la plus grande bienveillance ; il
l'invitait souvent à dîner au Palais-Royal, dans les appartements momentanément occupés, il y avait peu de
jours, par le duc d'Orléans. Ce fut pendant l'un de ces
derniers repas que l'on vint annoncer au prince le
désastre de Waterloo et le retour de l'Empereur à
l'Élysée. On trouve, dans un volume ayant pour titre

Fourier et Napoléon, l'intéressant et dramatique récit de cette soirée.

Les vicissitudes de la politique ne firent point oublier à Champollion-Figeac ses études favorites : le 19 mai et le 16 juin 1815, il donna lecture à l'Académie des inscriptions d'un *Mémoire sur les calendriers comparés de plusieurs peuples anciens.* Il s'occupait, en même temps, d'une question qui depuis a profondément agité les esprits : la question de l'instruction primaire. On venait de fonder à Paris une société pour la propagation de l'*Enseignement mutuel;* c'est la première association de ce genre qui ait été organisée en France. L'illustre Carnot, alors ministre de l'intérieur, en fut le président et Champollion le secrétaire.

La chute de l'empire vint bientôt changer les situations. Champollion-Figeac revint à Grenoble reprendre sa vie pacifique et studieuse.

Un jour, pendant qu'il assistait à la séance publique de la Bibliothèque communale, il reçut la visite d'un voyageur, qui lui était adressé et recommandé par une dame de Lyon. Ce voyageur se donnait le nom de M. Ravier, négociant de Clermont-Ferrand ; il se rendait, disait-il, aux eaux d'Aix, en Savoie, et n'avait point de passeport pour l'étranger ; il se voyait par cela même dans l'impossibilité de franchir la frontière. Il fut accueilli avec la plus grande bienveillance par le bibliothécaire, qui reconnut en lui l'un des plus illustres procrits de la Restauration. Avec l'aide de quelques amis, il réussit à le cacher, tantôt en ville, tantôt à la campagne, pendant l'hiver; lui donna l'hospitalité à Grenoble même dans sa propre famille ; mais, en 1816, la réaction devenait de plus en plus menaçante et le plus secret asile, le dévouement le plus généreux ne suffisaient plus pour défendre le proscrit contre les ligueurs. Champollion conduisit en plein jour son hôte jusqu'à la frontière ; celui-ci parvint à se rendre à Munich, auprès du prince Eugène et y attendit, pour rentrer dans sa patrie, les événements de 1830. Ce proscrit, c'était Drouet, comte d'Erlon, le vaillant soldat de Dantzig, d'Iéna, de Friedland, le vainqueur des Anglais au col de Majo, que les cours prévôtales avaient frappé d'un arrêt de mort, comme complice de la conspiration bonapartiste du général Lefebvre-Desnouettes.

Ce n'était pas impunément qu'on arrachait, en 1816, de telles victimes aux vengeances aveugles de la police royaliste dirigée encore par les employés formés à l'école de Fouché, duc d'Otrante : au mois de mai de cette même année, une décision du conseil des ministres ordonna l'internement des deux frères Champollion. On leur avait d'abord assigné Nîmes pour résidence ; mais le séjour de cette ville, où les haines politiques se donnaient libre carrière, n'étant point sans danger pour leur vie, ils obtinrent de se retirer dans leur ville natale, à Figeac, et, grâce à la bienveillante sympathie des autorités locales, ils purent y attendre le retour de temps meilleurs. Ils protestèrent contre les motifs qu'on avait fait valoir auprès du gouvernement pour obtenir contre eux cette mesure de rigueur (1).

Parmi les motifs de fantaisie invoqués pour exiler les deux Champollion, la conspiration de Didier ne fut pas oubliée. Cependant les lettres, les informations judiciaires et autres documents de cette époque, qui existent encore, nous permettent d'affirmer que nos deux compatriotes furent complètement étrangers à cette extravagante entreprise et qu'ils refusèrent même absolument de s'y associer ; mais Didier avait été le collègue de Berriat-Saint-Prix comme professeur à l'école de Droit de Grenoble ; il était allé lui faire visite en 1816, et Berriat-Saint-Prix étant le beau-frère de Champollion-Figeac, cela suffisait, en temps de cour prévôtale, pour · les faire exiler tous les trois. Toute-

---

(1) Les deux documents que l'on trouvera à la fin de cette Étude feront suffisamment connaître cette affaire dans tous ses détails.

fois, le préfet, connaissant les habitudes pacifiques du professeur, se contenta d'interner Berriat-Saint-Prix à Gières pendant quelques mois. D'après les documents que nous venons de citer, une seule personne déléguée par la jeunesse élégante et turbulente grenobloise se mit en rapport avec Didier, résidant alors secrètement à Grenoble chez un bonapartiste passionné, habitant la Saulaie, près la citadelle, et qui se vantait, comme un titre de gloire, d'avoir eu l'honneur de loger, en 1815, le cheval blanc de Napoléon Iᵉʳ revenant de l'île d'Elbe. Cet émissaire était M. Renauldon, fils de l'ancien maire. Il trouva le projet de Didier si extravagant et les moyens dont il disposait tellement insuffisants, qu'il engagea tous ses amis les libéraux de Grenoble de s'abstenir de tout rapport avec ce conspirateur insensé.

Nous ne nous étendrons pas longuement sur ces événements ; ils sont très connus par le procès qui s'est déroulé en cour prévôtale. Cependant, ils sont assez inexactement racontés dans l'*Histoire de la Restauration* de Vaulabelle et un peu plus exactement par Lamartine, dans son *histoire* de la même époque. Il y a eu néanmoins, dans cette affaire politique, une circonstance extraordinaire, qui a été ignorée de ces deux célèbres écrivains, et au sujet de laquelle nous avons reçu une communication très importante. Elle nous a paru mériter une entière confiance. Cette circonstance vraiment émouvante concerne *la Générale Donadieu*.

On avait remarqué à Grenoble que les rapports habituels du général avec sa femme avaient pris un degré d'aigreur plus intense vers la fin de l'année 1816 ; on l'attribuait à une autre cause qu'à la brusquerie habituelle du caractère du général. On disait tout bas que Mᵐᵉ de Donadieu avait, dans une circonstance très grave, accompli un acte de générosité contraire aux idées politiques de son mari ; celui-ci avait longtemps ignoré cet événement ; mais il venait de lui être révélé à l'occasion d'une *pétition* d'un complice

de Didier et pendant le procès du général Marchand.
De plus, on donnait à cet acte de générosité une
interprétation des plus odieuses.

Nous allons résumer avec exactitude le récit de cet
événement, en suivant la version authentique et contemporaine d'un personnage ami du général Donadieu et
très bien placé pour connaître les détails les plus intimes de ce drame. Cependant, comme nous ne voulons pas assumer la responsabilité de cette *histoire
inédite*, nous dirons que ce récit émane du baron de
Rostaing, inspecteur général aux revues, en résidence à Grenoble, lorsque Mme de Donadieu y habitait.
Voici le résumé de ce *Mémoire*, qui se compose de
dix-neuf pages in-4°, entièrement de la main du baron
de Rostaing.

Dans l'après-midi du 4 mai 1816, le général Donadieu
fut prévenu par l'adjoint au maire de Vif et par un
autre habitant de Grenoble (1), qui venait de passer la
matinée à sa maison de campagne, ainsi que par un
agent de la police militaire, que trois bandes de conspirateurs se préparaient à attaquer la ville dans la
soirée du même jour, nourrissant l'espoir que la garnison fraterniserait immédiatement avec eux et entraînerait toute la population ouvrière de la ville. Ces
trois bandes d'insurgés se réunissaient, l'une à Eybens, sous le commandement de Didier ; la seconde
à Échirolles, ayant pour chefs Dussert et Durif, de
Vizille, avec quelques habitants de Varces, de Claix,
de Seyssins et des Granges ; la troisième se formait
à la Buisserate et avait pour mission de pénétrer dans
la ville, en escaladant, par deux brèches anciennes,
les murs de l'enceinte fortifiée de Rabot. Quant à la
quatrième bande, composée des douaniers du Grésivaudan, qui devait attaquer par la porte Saint-Laurent,

---

(1) M. Ducoin (Aug.), dans son *Histoire de la conspiration Didier* a donné tous les noms des royalistes dévoués, qui vinrent prévenir le Préfet de l'Isère et le Général de cette attaque à main armée contre Grenoble.

elle ne vint même pas au rendez-vous Cette défection ne surprit que Didier.

Le général Donadieu, averti de ce qui allait arriver fit, à la tombée de la nuit, sortir de la ville plusieurs bataillons de la garnison dont il connaissait le dévouement et l'esprit de discipline, entre autres les légions de l'Hérault et de Vaucluse, pour occuper les routes stratégiques qui conduisaient aux portes de Grenoble. Le général donna ensuite l'ordre de tenir toutes les portes absolument fermées, afin d'intercepter toute communication entre les insurgés de l'extérieur et les ouvriers de l'intérieur, prêts, disait-on à donner la main aux frères et amis.

Les insurgés arrivèrent en effet à Grenoble au commencement de la nuit, par les trois routes désignées ; ils étaient presque tous armés de bâtons, chaque bande n'ayant pas une vingtaine de fusils et très peu de cartouches. La plupart étaient des habitants des montagnes, des officiers et sous-officiers en disponibilité depuis le retour des Bourbons; ils étaient persuadés qu'ils allaient assister à la proclamation de Napoléon II comme empereur et à une fête offerte à l'Impératrice. Lorsqu'ils approchèrent de la ville, ils furent reçus par un feu de peloton, qui diminua singulièrement le nombre des insurgés, et comme les troupes ni les ouvriers de la ville ne vinrent fraterniser avec ces infortunés conspirateurs, ils se dispersèrent immédiatement, poursuivis vivement par les légions aux ordres du général Donadieu ; mais tous ceux qui furent pris les armes à la main passèrent devant un conseil de guerre et furent fusillés.

Le général Donadieu, craignant un retour offensif des insurgés et ne considérant cette attaque que comme un combat d'avant-garde, passa la nuit à visiter ses troupes et les postes qu'elles occupaient dans l'intérieur de la ville, ne pouvant s'imaginer qu'une poignée d'hommes presque sans armes avait pu concevoir la pensée de pénétrer dans une ville fortifiée et de s'en rendre les maîtres Le général, ayant constaté

que tous les officiers étaient restés fidèles à leur drapeau et qu'aucune insurrection n'était à craindre dans
l'intérieur de la ville, rentra chez lui se coucher tran-
quillement, laissant aux troupes le soin de poursuivre
les conspirateurs déjà en pleine déroute.

Pendant que Donadieu accomplissait son inspec-
tion militaire avant de rentrer chez lui, Mme la générale, très inquiète de la situation politique du département de l'Isère, veillait ainsi que ses gens, attendant avec anxiété des nouvelles des événements qui
se passaient en dehors des remparts, ayant entendu
plusieurs décharges de mousqueterie. Sur les cinq
heures du matin, un *inconnu* demanda à parler à la
générale ; celle-ci, persuadée que c'était un envoyé de
Donadieu, le fit entrer dans son appartement et à sa
grande surprise se trouva en face d'une personne
qu'elle reconnut immédiatement, mais qui n'était
nullement attachée au service militaire du général. Cet
inconnu, sur le nom duquel il a toujours plané
beaucoup d'incertitude, était un des chefs du complot,
qui n'ayant pas pu sortir de la ville, par suite de la
consigne sévère de n'ouvrir les portes à personne,
venait implorer la protection de Mme de Donadieu. Un
colloque des plus émouvants s'était établi entre la
générale et l'*inconnu* sur la situation de ce personnage, lorsqu'on entendit dans la cour de la maison
des pas de chevaux. C'était le général qui rentrait
avec son état-major, après avoir terminé son ins-
pection ! Le moment était solennel : il fallait livrer
un conspirateur ou le sauver. Mme de Donadieu
n'hésita pas, et, pressée par le temps, elle fait entrer
l'*inconnu* dans son cabinet à robes, le cache sous son
witchoura (pelisse fourrée) et alla ensuite recevoir le
général. Donadieu, harassé de fatigue, entra immédiatement dans sa chambre à coucher, sans remarquer
l'émotion de sa femme. Mme de Donadieu attendit
que son mari fût couché et profondément endormi ;
puis, quittant la chambre du général, elle demande
son cocher et lui donne l'ordre d'atteler tout de suite sa

voiture Elle monte alors à l'étage supérieur de la maison habité par Mme de Mornas , son amie intime, la réveille et la prie de l'accompagner pour remplir une mission importante dont le général l'avait chargée, la suppliant de venir la rejoindre dans sa voiture, qu'on attelait en toute hâte. Dès que celle-ci fut installée dans la berline, Mme de Donadieu entra dans le cabinet à robes, en fit sortir l'*inconnu*, lui fit revêtir la livrée d'un de ses valets de pied, lui recommandant de monter derrière la voiture, et elle rejoignit son amie. Le cocher reçut l'ordre de se rendre par la porte de Bonne au chemin des Boiteuses.

Bien des péripéties attendaient encore Mme de Donadieu, avant qu'elle pût réaliser son projet. En effet, l'officier supérieur qui commandait le poste de la porte de Bonne et qui avait reconnu la générale, refusa cependant de laisser sortir la voiture. Mandé par la générale qui insistait pour continuer sa route, l'officier, après avoir parlementé avec elle, persistait dans son refus, en invoquant la sévérité de sa consigne : « Pensez-vous, dit Mme de Donadieu, que votre consigne puisse me concerner ; laissez-moi donc aller accomplir la mission dont je suis chargée par le général. » L'officier céda et la voiture s'engagea sous la porte de Bonne ; mais, arrivés au milieu du pont-levis, les chevaux se cabrèrent et refusèrent d'avancer, exposant la voiture à verser dans les fossés qui bordaient les remparts. La générale, très émue du premier incident de la porte de Bonne, abaissa la glace de sa berline et s'écria avec vivacité : « Mais fouettez donc vos chevaux...—Ils sont effrayés par les cadavres qui entourent le pont-levis, » répond le cocher, et, après une nouvelle tentative, il parvient cependant à faire avancer son attelage et à continuer sa route. Arrivée presque au bout du chemin des Boiteuses, près du cours Saint-André, Mme de Donadieu, prenant pour prétexte le malaise que le froid du matin faisait éprouver à Mme de Mornas, donna l'ordre de rentrer en ville. Pendant que la voiture changeait de direction, la personne qui portait la livrée du général descendit du siège de derrière, se défit de sa livrée et gagna les champs, sans que le cocher s'aperçût de cette manœuvre..... L'*inconnu* était sauvé.

Cette sortie matinale, ayant été connue quelques jours plus tard par les habitants de la ville, fut commentée et figura un jour et d'une manière désastreuse dans une *Pétition adressée à la Chambre des Députés par plusieurs habitants du département de l'Isère, ensuite d'une plainte portée contre le sieur Donadieu, Montlivaut et consorts accusés d'assassinat.* Voici un extrait textuel de la pétition : « ..... On cessera d'être étonné de ces « dispositions cruelles dans une personne de son « sexe, lorsqu'on saura que, le 5 mai, Mme de Dona- « dieu et Mme de Montlivaut se rendirent hors de la « porte de Bonne, pour y contempler les cadavres « des cinq individus morts sur le champ de bataille. « La froide cruauté de ces dames ne fut surpassée que « par la férocité de quelques jeunes gentilshommes, « qui firent caracoler leurs chevaux sur les cada- « vres. ... » Il n'y avait rien de vrai dans cette histoire effroyable, que le voyage de la générale, à six heures du matin, hors des portes de la ville.

Mlle Caroline de La Droitière, sœur de Mme de Donadieu, et qui avait eu connaissance de l'acte de dévouement que nous venons de raconter, put donc s'écrier, lorsqu'elle lut cette absurde pétition devant sa sœur : « Les libéraux seraient bien honteux « s'ils connaissaient le véritable motif de ta sortie ; « car enfin tu es sortie, et comme on ne pouvait pas « deviner tes motifs, les pétitionnaires, animés par « leur haine contre le général, ont pu supposer celui « qu'ils t'ont prêté. — Certainement, je n'ai jamais « pu avoir cette affreuse pensée, » répondit Mme de Donadieu.

Mais quel était donc le personnage ainsi généreusement préservé d'une arrestation inévitable et d'une condamnation à mort certaine. La générale ne pro-

nonça jamais son nom et elle le désignait habituellement par *il* ou *lui* ; seulement Mlle de La Droitière et le baron de Rostaing conclurent de divers
incidents, dont celui-ci rend compte dans ses *Mémoires manuscrits*, que cet *inconnu* devait être le prince
Eugène de Beauharnais.

Nous avons fait de vaines recherches pour pouvoir confirmer cette supposition ; les seuls indices
que nous ayons trouvés dans les papiers du temps
et qui pourraient être favorables à cette présomp-
tion sont plusieurs *rapports* adressés au ministère
de la guerre par des officiers supérieurs en mission
en Suisse, signalant, avant le 4 mai 1816, la présence de divers membres de la famille Bonaparte dans
le pays, et un autre *rapport* prévenant le ministre
de l'intérieur qu'au commencement du mois de mai
Lucien Bonaparte, prince de Canino, ancien député de
l'Isère, venait de s'embarquer à Civita-Vecchia pour
une destination inconnue (Archives du ministère de
la guerre). En présence de renseignements aussi
vagues et malgré notre confiance dans le récit du
baron de Rostaing, nous laissons au lecteur le soin de
décider comme il le jugera à propos, selon ses impressions ou celles de ses contemporains, quel pouvait
bien être le personnage qui fut mêlé à des événements
aussi extraordinaires et dont la génération qui nous a
précédés fut si profondément émue.

IV.

Deux ans d'Exil.

Champollion était à peine arrivé à Figeac, qu'il
s'occupait d'etablir dans cette ville la méthode de l'enseignement mutuel; quoique suspect au gouvernement, il avait su se concilier l'amitié du préfet et des

autres fonctionnaires du département, et, grâce à leur appui, il triompha de toutes les hésitations (1). Il les trouva de même fort empressés à seconder ses recherches archéologiques et ses études sur les monuments gaulois qui abondent dans la contrée. Il fit exécuter des fouilles pour déterminer l'emplacement d'*Uxellodunum*, la dernière ville gauloise assiégée par César en personne ; il en reconnut la position et la description qu'il en donne est si exacte et si précise, que Letronne a pu dire : « que pour les questions de géographie ancienne, il en connaissait bien peu qui aient été traitées avec autant de sagacité et résolues avec autant de certitude. » L'Institut s'empressa de reconnaître le mérite de ce remarquable travail, qui fut l'objet d'un rapport spécial et valut une médaille d'or à l'auteur.

Figeac avait gardé la tradition du gai savoir : la société élégante et polie de cette ville se plaisait aux divertissements littéraires, et ce fut pour Champollion une ressource contre l'ennui que lui causait l'éloignement de la plus grande partie de sa famille ; car son fils aîné, seul, l'avait accompagné dans son exil (2). Il composa des poésies légères en l'honneur des dames, des jeux de société, les uns en prose, les autres en vers, où figurent les habitants de la ville, et même des satires locales vives et piquantes, mais toujours contenues dans les limites de la politesse et des convenances.

Nous avons également trouvé, dans les papiers de Champollion-Figeac, un petit *poème* manuscrit intitulé : *La Loterie de l'amour, intermède d'une fête donnée par M. Fourier, préfet de l'Isère, aux dames*

---

(1) Le comte de Lasteyrie entretenait Champollion-Figeac, dans sa correspondance, des moyens de développer cet enseignement (nombreuses lettres à ce sujet, *Papiers de famille*, t. XI.)

(2) Nous avons des traces de ces divertissements littéraires dans les t. XXXVII et XXXVIII de la collection des *Papiers de famille*.

de Grenoble, dans lequel l'auteur, qui a voulu garder l'anonyme, faisait l'éloge de l'élégance, des charmes, de la beauté des dames de la société de Grenoble, tout en blâmant parfois certains de leurs petits défauts sous une forme discrète et des plus aimables.— Nous reparlerons de ce *poème* anonyme qui est des plus intéressants ; il nous fait connaître en détail et au naturel la société mondaine et élégante de notre bonne ville de Grenoble.

A Figeac, Champollion le Jeune prenait part, comme son frère, à ces aimables jeux d'esprit ; il écrivit quelques pamphlets politiques, tels que : *La Constitution*, dialogue entre le roi Très Chrétien et le Grand Turc ; *La Descente de Bertrand aux Enfers* ; sous le titre d'*Oreste aux Enfers*, une remarquable satire des officiers du moment. Toutes ces pièces ont été conservées avec le plus grand soin, dans les familles chez leslesquelles avaient eu lieu les réunions ; elles leur rappelaient les moments agréables que leur avaient fait passer les frères Champollion (1) ; le souvenir s'en est transmis des pères aux fils.

Champollion le Jeune avait pour les enfants de son frère une affection des plus tendres ; il en donna une nouvelle preuve en composant pour l'éducation de l'un de ses neveux, alors âgé de neuf ans, une grammaire générale aussi remarquable par la méthode que par la clarté des définitions. A la date du 19 novembre 1816, il écrivait à un de ses amis de Grenoble (M. Bougi) : « Je viens d'essayer sur mon neveu une méthode qui a pour base, etc. » (2).

---

(1) Les familles Pradeyrol, Jausion, Delpont, Teullié ont bien voulu nous donner les pièces manuscrites originales et copies qu'elles avaient conservées.

(2) Plus tard, il fit profiter les autres enfants de son frère et ceux de quelques familles intimes à ce mode d'enseignement. De ce nombre furent MM. Mounier, Teisseire, Perrin, Roman. C'est à M. Teisseire que nous devons la conservation de ce précieux travail et c'est lui qui nous le donna en 1869. L'original, qui avait été conservé par Mme Janin, a été acheté par un neveu de l'auteur dans une vente publique faite en l'année 1872.

Tout en s'occupant de vers et de grammaire, Champollion le Jeune ne perdait pas de vue les études sur l'Égypte ; Champollion-Figeac, de son côté, continuait de correspondre avec les hommes les plus éminents de la France et de l'étranger, moins activement que par le passé cependant, car la politique avait rendu les relations plus difficiles et plus rares (1).

Le préfet du Lot Lezei-Marnesia n'avait jamais cessé de protester contre l'internement des frères Champollion ; le député de Grenoble, Sapey, avait appuyé avec une persistance infatigable la proposition d'amnistie ; mais tous deux avaient échoué devant l'opposition du comte de Montlivault, préfet de l'Isère, et du général Donadieu, qui commandait la division militaire. Il fallut le coup d'Etat du 5 septembre et la bienveillante intervention du comte, depuis duc Decazes, alors ministre de l'intérieur, pour faire cesser une mesure que rien ne justifiait, et lever, au mois de mai 1818, un arrêt de proscription, qui avait soulevé dans le monde savant une vive réprobation.

V.

A Paris. — Travaux relatifs a la chronologie.

Aussitôt maître de ses mouvements, Champollion-Figeac se rendit à Paris. Il fut reçu de la façon la plus gracieuse par le comte Decazes, qui lui témoigna toujours une vive sympathie. Il s'occupa de renouer ses anciennes relations littéraires ; les hommes éminents qui l'avaient connu et dont les agitations politiques l'avaient momentanément éloigné revinrent

---

(1) Dans sa correspondance de cette époque, nous trouvons des lettres de Boissonade, du cardinal de Bausset, de Delpont, du numismate Cancellieri, etc.

à lui avec le plus grand empressement et lui prêtèrent, en toutes circonstances, un appui dévoué. Vers la fin de 1818, il adressa au gouvernement une demande tendant à être réintégré dans les fonctions de doyen de la Faculté des lettres de Grenoble ; mais cette faculté avait été supprimée après son départ de cette ville ; G. Cuvier , Royer-Collard et le cardinal de Bausset lui firent connaître, en lui exprimant leurs regrets, les motifs qui, malgré le désir de la Commission d'instruction publique, en empêchaient le rétablissement, ce qui, disaient-ils, « allait priver l'Université de son utile enseignement », et ils s'engagèrent à lui faire donner, ainsi qu'à son frère, un dédommagement administratif ; mais ce dédommagement, il dut l'attendre jusqu'en 1828 ; et, par une mesure qui ne s'accordait guère avec ces promesses, il se vit privé du demi-traitement de doyen, sous prétexte que la caisse de l'Université n'avait plus de fonds.

Plus vivement préoccupé des intérêts de son frère que des siens, Champollion-Figeac insista avec la plus active persévérance pour lui faire obtenir une chaire d'histoire et de géographie à Grenoble. Il l'obtint, en effet, grâce à l'intervention de Royer-Collard, qui lui exprima dans plusieurs lettres la satisfaction qu'il éprouvait d'avoir pu contribuer à la plus légitime réparation.

Champollion-Figeac retrouva dans la capitale l'ancien préfet de l'Isère Fourier, qui avait abandonné la carrière administrative pour se livrer entièrement aux sciences mathématiques. Il fut accueilli avec la plus grande joie par M. Jomard, président de la Commission de publication du grand ouvrage sur l'Égypte; par Bérenger de la Drôme, par Boissy d'Anglas, par de Mirbel, directeur des beaux-arts ; par la comtesse de Rumfort, qui réunissaient dans leurs salons littéraires la tête de la société parisienne. Ils s'empressèrent de le compter au nombre de leurs visiteurs les plus assidus.

Le baron Portal, son compatriote du Lot, et le

comte de Mosbourg, ancien premier ministre du roi Murat, à Naples, M. Calmon, directeur général au ministère des finances, père du sénateur actuel, M. de Gérando, ne cessèrent de lui donner des témoignages d'affection, ainsi que leurs lettres en font foi. Le préfet Lezey-Marnesia ne tarissait pas en regrets sur le vide qu'avait fait dans le Lot le départ des deux frères. Vicat entretenait Champollion-Figeac de ses travaux sur les mortiers et ciments ; le général de La Salette continuait de conférer avec lui sur la musique des anciens ; le consul Salt lui communiquait un important mémoire sur la Vallée des Tombeaux (Égypte), et le voyageur Caillaud, avant de partir pour l'Afrique, lui demandait ses conseils et lui soumettait ses projets.

On voit quelle était l'activité de Champollion-Figeac et à combien de travaux il prenait part, soit directement, soit indirectement. Sa vie était redevenue paisible et honorée, lorsque la mort vint briser une de ses plus anciennes et des plus fidèles amitiés. Il eut la douleur de perdre l'archéologue Millin, auquel il ferma les yeux et dont il écrivit l'éloge historique, lu, en 1821, à la séance publique de l'Académie des Inscriptions et Belles-Lettres par M. Dacier, secrétaire perpétuel de l'illustre assemblée.

Le mouvement intellectuel qui se produisit sous la Restauration provoqua l'établissement de plusieurs sociétés savantes et la publication de recueils périodiques très importants. Champollion-Figeac y prit une part très active ; il fut l'un des fondateurs de la *Société de Géographie*, de la *Société des Méthodes* et l'un des premiers membres de la *Société Asiatique de Paris ;* il donna de nombreux articles aux *Annales Encyclopédiques*, à la *Revue Encyclopédique*, au *Bulletin Universel des Sciences* de M. de Férussac, dont il dirigea la section d'histoire et d'archéologie. Tout en contribuant, dans une large mesure, au succès de ces Recueils, il présenta, en 1818, au concours ouvert par l'Académie des Inscriptions, un *Mémoire sur la chronologie des rois grecs d'Égypte* (1), et l'Académie couronna son Mémoire. La même année, il communiquait à l'illustre assemblée sous le titre de : *Chronologie de l'Almageste de Ptolémée* (2), un travail qui faisatt suite aux *Mémoires sur les calendriers comparés des peuples anciens*, qu'il avait lu en 1813. M. Dacier, secrétaire perpétuel de l'Académie, voulut s'attacher l'infatigable travailleur dont il appréciait les solides qualités et pour lequel il professait une estime particulière. Pendant quinze ans et jusqu'au jour où il reçut le dernier soupir et ferma les yeux du célèbre érudit, Champollion-Figeac collabora très activement à sa correspondance académique et administrative, à ses rapports et à ses éloges (3), à la publication des *Mémoires de l'Académie des Inscriptions*, et nous pouvons le dire hautement, car le

---

(1) *Annales des Lagides* ou *Chronologie des rois grecs d'Egypte, successeurs d'Alexandre le Grand* (2 volumes in-8º, Paris, 1819. Voyez à ce sujet *Chroniques Dauphinoises*, par A. Champollion, t. III, p. 19.)

(2) M. Boissonade, président de l'Académie des Inscriptions, lui écrivait à ce sujet les deux lettres suivantes (*Papiers de famille*, t XII, p. 429) : « M. Cham-« pollion qui devait lire à l'Académie, il y a quelques « mois, la suite de son travail *sur la chronologie*, n'y « songerait-il plus ? L'Académie ne le tiendra pas quitte « si aisément. S'il était disposé à continuer sa lecture, « je le prierais de me le faire savoir et j'aurai soin de « l'instruire du jour où l'Académie pourrait l'entendre. « Son dévoué serviteur, BOISSONADE. » —. Voici la seconde lettre : « Si M. Champollion était libre vendredi, il ferait « grand plaisir à l'Académie en lui lisant la suite de son « *Mémoire sur la Chronologie de l'Almageste*, dont elle a « déjà entendu le commencement avec tant d'intérêt. Je « le prie d'agréer, etc. BOISSONADE. »

(3) Champollion-Figeac a préparé pour M. Dacier, toutes les *notices biographiques* des académiciens décédés depuis 1817 jusqu'en 1832, à l'exception de celles de Dom Brial et de Gail. Il rédigea *l'histoire de l'Académie* insérée dans les volumes 5 à 10 de ses *Mémoires*, et relative aux années 1812 à 1830. — En 1819, il prépara un travail d'ensemble sur les *Antiquités de la France* demandé par le Ministre de l'Intérieur au secrétaire perpétuel de l'Académie.

vénérable Dacier (1) le disait à ses confrères, et sa
correspondance, ainsi que celle du baron Silvestre de
Sacy, en est la preuve écrite.

Des travaux si nombreux et si importants donnèrent
le droit à Champollion-Figeac de poser sa candidature à l'Académie des Inscriptions ; il se présenta
trois fois, et trois fois il approcha de la majorité, moins
une ou deux voix ; mais, après la nomination de l'un
de ses concurrents, M. Hase, comme membre de cette
Académie, MM. Quatremère de Quincy, Raoul Rochette
et Abel Rémusat, pour des motifs politiques, propo-
sèrent à M. Lourdoueix, directeur des Beaux-Arts et
des Belles-Lettres, de réduire les membres de l'Académie des Inscriptions de 40 à 30 membres, et de ne
procéder à une nouvelle élection qu'après la mort de
trois académiciens. Cette mesure avait pour but
d'écarter les candidatures de MM. Guizot, Cousin,
des deux Champollion, de Dugas-Montbel, Eusèbe
Salverte, etc. Elle fut adoptée par M. de Corbière,
alors ministre de l'intérieur, et blâmée par l'opinion
publique comme une entreprise regrettable contre
la dignité des lettres. (Voyez, à la fin de cette *Étude,*
une lettre du duc de Blacas à ce sujet.) Champollion-
Figeac prit alors le parti de se retirer pour laisser le
champ libre à la candidature de son frère ; mais
celle-ci ne fut pas plus heureuse que son aînée ; il
échoua comme lui trois fois devant de misérables
combinaisons politiques, blâmées aussi sévèrement
que l'acte arbitraire du ministre Corbière. Champollion le Jeune ne fut élu qu'en 1830. (Voyez Biographie
Rochas, I, p. 214.)

_____

(1) Bon-Joseph baron Dacier, né à Valogne (Manche),
le 1ᵉʳ avril 1742, et mort à Paris le 4 février 1832. Il avait
donc 91 ans.

VI.

Travaux relatifs à l'histoire de France. — La Bibliothèque royale et l'Ecole des Chartes.

L'affection qu'inspirait sa personne et l'estime qu'inspiraient ses travaux dédommagèrent Champollion-Figeac de l'ostracisme académique. La lutte qu'il eut à soutenir, après les injustices dont il fut victime, n'avait point encore agi sur son caractère et développé en lui une certaine aigreur misanthropique, qui se manifesta parfois au déclin de sa vie et tourna plus d'une fois à son détriment. Les agréments de son esprit, sa parfaite habitude du monde lui avaient alors ouvert les salons de la meilleure compagnie. On s'étonnait, en le comparant avec quelques-uns de ses confrères en érudition, que l'on pût être en même temps aussi savant et aussi aimable. Le comte de Noailles, les Choiseul-Gouffier, les Choiseul d'Aillecour, le marquis de Barthélemy, le vicomte Sosthène de La Rochefoucauld, les ducs de Doudeauville, de Blacas, de Lavauguyon lui témoignèrent les plus gracieuses prévenances, et le marquis de Dolomieu, Dauphinois d'origine, le présenta à Mgr le duc d'Orléans, qui, depuis, voulut bien le recevoir souvent et l'entretenir de ses travaux et de ceux de son frère. Nous verrons plus loin, dans l'*Étude biographique* sur Champollion le Jeune, *quelle large part son aîné a prise à ses travaux*, et avec quel dévouement il l'a soutenu dans les épreuves que les hommes supérieurs ont à subir, en raison même de leur supériorité.

De 1820 à 1827, Champollion-Figeac s'était particulièrement occupé de la Chronologie égyptienne, et il avait condensé tous ses travaux dans un volume ayant pour titre : *Résumé complet de Chronologie*

générale et spéciale. Dans cette période, il avait aussi
publié, sur cette importante question, divers autres
ouvrages, entre autres : Explication sur la date égyptienne d'une inscription grecque du colosse de Mem-
non à Thèbes. — Éclaircissements historiques sur
le papyrus grec trouvé en Égypte et connu sous le
nom de contrat de Ptolémaïs. — Notice sur un
papyrus égyptien en écriture démotique, du règne de
Ptolémée-Épiphane-Euchariste. — Notice sur une
momie égyptienne du temps d'Adrien, du Musée
égyptien de Turin. — Notice sur un papyrus grec et
sur une inscription égyptienne et grecque du même
Musée. — Observations sur les coudées égyptiennes
découvertes à Memphis. — Œuvres de Fréret, t. 1er.
— Notices chronologiques des Dynasties égyptiennes
de Manéthon.— Scarabées, système métrique.— Résumé d'archéologie — Notice sur une stèle en grec
et en égyptien démotique du Musée de Paris.

L'Égypte n'avait pas été le seul but de ses travaux,
ainsi que nous l'avons vu. Indépendamment de la
statistique complète des *Antiquités de la France*, le
Ministre de l'Intérieur l'avait chargé de classer et de
mettre en ordre le *Cabinet historique de Moreau*, dit
Cabinet des Chartes, déposé à la Bibliothèque royale.
Il fit connaître ce vaste et précieux dépôt par une
brochure intitulée : *Notice sur le cabinet des Chartes
et Diplômes de l'histoire de France ;* Paris, Didot,
1827, in-8º. Il avait aussi publié les Tournois du roi
René, d'après le manuscrit et les dessins originaux
de la Bibliothèque royale, 1827, gr. in-fol.

En 1828, à l'avènement du ministère Martignac,
Champollion vit enfin s'ouvrir le temps des réparations. Une place de conservateur des chartes et diplômes fut créée en sa faveur à la Bibliothèque Royale,
à la demande du comte Siméon, directeur des Beaux-
Arts, de M. Dacier, secrétaire perpétuel de l'Académie, et sur le rapport de M. Grille, chef de division
à cette direction. Le collègue de M. de Martignac à
l'Instruction publique, M. de Vatimesnil, manifesta

l'intention de lui rendre une chaire de faculté ; mais sa retraite, comme ministre, empêcha la réalisation de ce projet et, comme compensation, on lui accorda une pension littéraire de 2,500 fr. En même temps, il fut confirmé dans le grade de chevalier de la Légion d'honneur, qu'il avait une première fois obtenu de Napoléon pendant les Cent-Jours et que la Restauration avait refusé de ratifier, comme toutes les autres décoratious accordées à cette époque. M. de Martignac, qui fit signer la nouvelle ordonnance royale de nomination, voulut être son parrain.

Le ministère Polignac ne fit rien contre Champollion et ne changea rien à la situation qui lui avait été faite en 1828, malgré quelques sourdes dénonciations émanant d'un des rédacteurs de la Quotidienne (1); mais le nouveau Ministre de la Marine, le baron d'Haussez, qui, en 1820, s'était montré, comme préfet de l'Isère très hostile aux deux frères, tint à honneur de leur faire oublier le passé, lorsqu'il fut question d'amener en France les monuments que Champollion le Jeune avait recueilli en Egypte et qu'il voulait rapporter lui-même à Paris. M. d'Haussez mit le plus grand empressement à faciliter le retour de l'expédition française. Il donna ordre à un bâtiment de l'État, la frégate l'Astrolabe, commandée par M. Verninac de Saint-Maur, de l'aller chercher en Égypte. Il poussa la prévenance jusqu'à prescrire que l'on signalât par le télégraphe l'arrivée de l'Astrolabe en vue du port de Toulon, et il chargea son chef de cabinet de faire parvenir le plus rapidement possible à Champollion-Figeac la dépêche annonçant le retour de son frère.

M. Rives, conseiller à la Cour de cassation, avait remplacé à la direction des Beaux-Arts MM. le comte

---

(1) La *Gazette de France*, au contraire, avait ouvert ses colonnes à la polémique relative à l'Égypte, par ordre spécial de M de Genoude, notre compatriote et condisciple de Champollion le Jeune au collége de Grenoble.

Siméon et Grille. Champollion-Figeac avait connu M.
Rives à la Bibliothèque royale, lorsque le savant
magistrat y faisait des recherches relatives au droit
romain et au droit coutumier ; tous deux avaient causé
du trésor d'érudition légué par les Bénédictins à nos
grands dépôts scientifiques et de la nécessité de faire
revivre, dans les générations nouvelles, la savante
tradition de l'ordre religieux que 93 avait fait dispa-
raître. L'*Ecole des Chartes* avait été fondée en 1821,
mais son organisation était tellement défectueuse
qu'elle ne donnait que des résultats insignifiants. M.
Rives, qui se souvenait des conversations de la Bibliothèque royale, demanda sur la reconstitution de cette
école un *Mémoire* à Champollion qui s'empressa de le
rédiger. La minute de ce mémoire, écrite tout entière
de sa main, existe encore dans les papiers de sa famille, ainsi que la minute du *Rapport au Roi* qui
précédait l'ordonnance de rétablissement de l'École
des Chartes. Quellesque soient les assertions de certains écrits modernes, il est indubitable que la seconde création de cette école fut bien l'œuvre de
Champollion-Figeac et de M. Rives : on en acquerra
la preuve par les lettres et les documents reproduits
à la fin de cette *Étude.*

Telle fut, sous la Restauration, la vie de Champollion-Figeac. Elle fut marquée par des vicissitudes
bien diverses, traversée par bien des ennuis et d'om-
brageuses rivalités ; mais elle avait du moins confirmé,
une fois de plus, la sagesse du proverbe antique :
Labor improbus omnia vincit ! Champollion comptait
de nombreux et fidèles amis parmi les hommes les
plus distingués de son temps. Son frère avait attaché
son nom à l'un des plus grands faits scientifiques de
l'histoire moderne ; lui-même voyait ses nombreux
travaux hautement appréciés du monde savant ; le
jour de la réparation était enfin venu pour lui, et, par
une rare exception, le succès ne lui fit pas oublier ceux
qui, dans les jours de lutte, l'avaient soutenu de leur
influence et de leur pouvoir. Le duc de Blacas était du

nombre, et quand l'exil l'eut emporté sur la terre
étrangère, les deux Champollion lui témoignèrent, par
une correspondance respectueuse et suivie, que l'ingra-
titude n'était pas dans leur cœur.

VII.

La Révolution de 1830 et les travaux histori-
ques du temps du règne de Louis-Philippe.

Le gouvernement du roi Louis-Philippe ne pouvait
pas être hostile aux frères Champollion. Ce monarque
se souvenait en effet de l'intérêt que le duc d'Orléans
leur avait témoigné à diverses circonstances. Il n'avait
pas oublié non plus un incident qui avait eu lieu au
moment où allait être distribuée la proclamation qui
affirmait la *Charte vérité* (1).

Le duc d'Orléans venait d'entrer à Paris, après les
trois journées, comme lieutenant général du royaume,
et le marquis de Dolomieu se rendait au Palais-Royal
pour le complimenter, lorsqu'il rencontra Champollion-Figeac, qu'il connaissait et aimait depuis longtemps : celui-ci crut devoir lui dire qu'un Dauphinois, leur compatriote (Jean Dumoulin), connu par

---

(1) Une variante à la rédaction de la proclamation du
Lieutenant général fut adoptée ; la première édition
portait : « *Une Charte désormais sera une vérité* ». A ces
mots on substitua ceux-ci : « *La Charte désormais*, etc. »
— M. Vatout nous a rappelé plusieurs fois un autre incident qui s'était passée le jour même de la publication
des ordonnances. Le bibliothécaire du duc d'Orléans était
venu à la Bibliothèque nationale rapporter les manuscrits
dont il se servait pour écrire la *Conspiration de Cella-
mare* et demander d'autres documents. En les inscrivant
sur le livre de prêt, Champollion lui dit : « J'inscris M.
Vatout, *bibliothécaire du Roi*. — Prenez garde, répondit
Vatout.. .. à bientôt.' »

son dévouement à la famille impériale et par de nombreux actes d'extravagances politiques et financières, employait ses dernières ressources à faire placarder une affiche monumentale annonçant la proclamation de Napoléon II par les anciens maréchaux de l'Empire et par le peuple de Paris. — « Venez avec moi chez le prince, dit le marquis à Champollion, il faut le prévenir de ce fait et lui montrer l'affiche. » Mgr le duc d'Orléans était en ce moment dans son cabinet de travail, et comme l'affiche portait les noms de quelques personnages qui se disaient les partisans dévoués de Son Altesse Royale, après avoir pris connaissance de cette proclamation, Monseigneur envoya M. Vatout aux renseignements. On reconnut bientôt que tout était faux dans ce manifeste apocryphe et que les patronages dont il mettait les noms en avant n'en soupçonnaient même pas l'existence. On pouvait craindre cependant que cet appel aux souvenirs de l'Empire n'excitât des troubles dans Paris, et, sur l'avis du général de La Fayette, il fut décidé que le Lieutenant général du royaume se rendrait immédiatement à l'Hôtel de Ville pour y proclamer la *meilleure des Républiques.*

La participation de Champollion-Figeac à la réorganisation de l'École des Chartes détermina M. Guizot, alors ministre de l'intérieur, à lui confier, par ordonnance royale, la chaire de Paléographie, qu'il occupa jusqu'en 1848. Plus tard, lorsque les travaux sur l'histoire nationale eurent pris un grand développement, le même homme d'État le nomma membre du *Comité des travaux historiques*; il en fut l'un des plus actifs collaborateurs, comme le constatent les procès-verbaux de cette compagnie savante, qui ont été publiés par le ministère de l'instruction publique. En même temps, il dirigeait, par ordre du même ministre, le dépouillement des recueils manuscrits de la Bibliothèque. Ce travail produisit plus de deux cent mille analyses de pièces historiques, classées chronologiquement, tirées de trois mille manuscrits. Les titres

3

des pièces antérieures à l'an 1200 furent transcrits et forment, pour notre histoire nationale, l'un des plus précieux inventaires qui aient jamais été dressés.

Par suite de ses relations avec la haute société de Paris et l'administration supérieure, Champollion-Figeac se trouva mêlé, sans le chercher, à des affaires qui n'étaient nullement du ressort de l'érudition. En voici un exemple déjà vieux d'une année au moins, puisque cet incident s'était produit avant 1830.

Dom Miguel, on s'en souvient, s'était emparé de la couronne de Portugal à l'exclusion de l'infante dona Maria. Un parti puissant, à la tête duquel se trouvait l'empereur du Brésil, soutenait les droits de la jeune princesse. Le maréchal Saldanha, qui avait chaleureusement épousé sa cause, se rendit en France pour organiser une expédition contre dom Miguel, et ouvrir en même temps des négociations en vue du mariage de dona Maria avec un prince du sang royal ; mais il ne voulut pas hasarder officiellement une demande qui pouvait n'être pas accueillie. Une des alliances princières à laquelle il avait songé était celle de Mgr le duc de Chartres, jeune et brillant prince qui n'avait, en 1829, de chance d'arriver à un trône que par un mariage avec l'héritière d'une couronne royale. Champollion-Figeac s'était fréquemment trouvé en rapport avec le maréchal, soit dans le monde, soit encore par l'intermédiaire de quelques Portugais de distinction qui habitaient Paris. Le maréchal le chargea de pressentir Mgr. le duc d'Orléans par l'intermédiaire de Madame la marquise de Dolomieu, dame d'honneur de S. A. R. Madame la duchesse d'Orléans. Il remplit avec son tact habituel cette mission délicate ; mais les négociations n'eurent aucun résultat et le discret négociateur ne conserva pas moins l'amitié du maréchal et la vive sympathie de la colonie portugaise à Paris.

L'influence personnelle de Champollion-Figeac fut aussi souvent mise en jeu au profit de ses compatriotes de l'Isère et du Lot, pour une foule d'affaires et de réclamations qui n'étaient pas toujours de sa compétence ; mais il ne refusait jamais un service qu'on lui demandait. Nous ne citerons qu'un fait, parce qu'il concerne un illustre musicien, originaire du département de l'Isère, dont les œuvres furent peu goûtées de son vivant, mais auquel le public français, mieux éclairé, vient de rendre un tardif et éclatant hommage, en lui élevant une statue dans sa ville natale et une autre dans un square de Paris.

Les biographes d'Hector Berlioz nous ont fait connaître toutes les vicissitudes de sa jeunesse ; nous ne parlerons donc que d'un incident qu'ils ne mentionnent pas et qui se produisit lorsque Berlioz se présenta au concours de l'Institut pour le grand prix de Rome, persuadé alors « que les idées appuyées sur « les convictions doivent se poursuivre sans fai- « blesse ». Berlioz, d'un caractère hautain et peu conciliant, passionné pour l'école musicale allemande, avait souvent exaspéré Cherubini, chef, déclaré de l'école italienne, alors omnipotent au Conservatoire de musique, dont il était le directeur, et à l'Académie des Beaux-Arts où tous les compositeurs élus avaient été ses disciples ou ses obligés. Aussi Cherubini voulut-il exclure Berlioz du grand concours et il avait atteint son but, lorsque notre Dauphinois apprit que Champollion-Figeac exerçait, à cette époque, une grande influence sur Cherubini, dont le fils Salvador et le gendre Rosellini étaient associés au voyage en Egypte de Champollion le Jeune. Berlioz vint donc conter ses doléances à Champollion-Figeac, qui lui promit de faire auprès de Cherubini tout ce qui dépendrait de lui pour modifier sa trop sévère hostilité. La négociation fut longue et épineuse. Cherubini, avec ses habitudes d'omnipotence, ne voulait rien écouter en faveur de Berlioz, qui, disait-il, était un extravagant sans aucun talent. « — Mais, s'il n'a encore au- « cun talent, lui disait Champollion, il échouera au « concours et vous n'aurez pas à vous reprocher d'a- « voir entravé la carrière d'un homme que votre ami

« Halévy juge plus favorablement. — Halévy! Ha-
« lévy! ce n'est pas étonnant, il est Israélite, il aime
« la Synagogue ». Néanmoins Berlioz, bon catholique,
fut admis au concours et remporta le grand prix de
Rome, avec sa Cantate sur *Sardanapale*. Pendant
la discussion que Cherubini soutint contre Champollion, celui-ci ne put s'empêcher de faire remarquer au
célèbre musicien, qu'il ne paraissait pas professer une
grande sympathie pour l'école allemande. « — Je vous
« ferai la même réponse, à ce sujet, que le roi
« Charles X me fit, il y a quelques années, quand je
« fus prendre ses instructions pour organiser un
« concert à la cour, dans lequel les Allemands de-
« vaient être représentés par l'exécution de plusieurs
« de leurs œuvres en grande réputation : « — Votre
« Majesté aime-t-elle la musique allemande ? — Mais
« je ne la crains pas, je ne la crains pas, » répondit
le Roi.

Toutefois, lorsque Berlioz reçut l'ordre de se
rendre à Rome, comme Grand Prix et selon les obligations imposées par ce succès, le désespoir s'empara de notre compatriote et de nouveau il vint conter ses chagrins à Champollion-Figeac, en le chargeant
de lui obtenir l'autorisation de ne passer qu'un an à
Rome et de continuer ses études musicales, pendant
la seconde année, en Allemagne. Le prétexte de ce
changement aux règles constamment suivies pour les
élèves de l'Ecole de Rome était que les plus célèbres
musiciens et les orchestres les plus réputés se trouvaient alors en Allemagne, tandis que ceux d'Italie
étaient en pleine décadence. Berlioz fut le premier à
qui on accorda cette faveur; elle fut concédée avec
peine à la demande très instante de Champollion, et
Berlioz ne parut jamais s'être souvenu de ce service
auquel il attachait alors une grande importance.

Le général Drouet comte d'Erlon n'avait pas été
plus reconnaissant du dévouement que lui montra,
en 1816, Champollion-Figeac. Cet illustre guerrier est
mort maréchal de France.

VIII.

Jean-François Champollion le Jeune.

Pour apprécier à sa juste valeur l'impérissable découverte qu'on appelle la lecture des écritures hiéroglyphiques, cette découverte que Silvestre de Sacy a
nommée « un prodigieux effort de divination et de génie », il faut parcourir les salles du Musée égyptien du
Louvre et interroger des yeux et de la pensée les signes mystérieux tracés sur les papyrus, les statuettes,
les cercueils de momies : on est là en présence d'un
monde étrange, d'un inconnu qui semble défier tous les
efforts de la science, car le Sphinx proposait d'impéné-
trables énigmes ; mais le Sphinx devait trouver son
Œdipe et la fable antique est devenue, de notre temps
même, une réalité.

L'homme à jamais célèbre qui a eu la gloire de
déchirer le voile où l'Égypte s'était enveloppée dans
sa tombe, *Jean-François Champollion*, naquit à Figeac
le 21 décembre 1790 ; élevé, comme nous l'avons vu,
par son frère aîné, il annonça de bien bonne heure la
puissance de conception qui devait jeter sur sa vie un
si grand éclat (1). Dès le premier examen qu'il eut

---

(1) On s'est toujours plu à entourer de circonstances
extraordinaires le berceau des hommes célèbres ; le
journal *Le Temps* a raconté celles qui sont relatives à
Champollion. Il paraît certain que sa mère gissait depuis
plus d'une année dans son lit, en proie à des douleurs
rhumatismales incurables, lorsque l'impuissance bien
constatée de la science décida sa famille à essayer d'un
empirique reconnu dans tous le pays pour sorcier. Un
soir, cet homme se rendit mystérieusement auprès de
la malade. la questionna, prescrivit quelques remèdes de
sa façon et lui annonça sa guérison dans la huitaine et
avant la fin de l'année la naissance d'un garçon *qui lui*

à subir devant les inspecteurs des études chargés de
l'organisation des lycées, il fut signalé par eux comme
un élève hors ligne (1) et désigné comme ayant droit à
une bourse du gouvernement. Tout en faisant les plus
rapides progrès dans la littérature classique, il sui-
vait, avec un égal succès, le cours de botanique et
de minéralogie du professeur Villars, qui conserva
toujours pour lui la plus tendre affection ; mais déjà
se manifestait, avec une énergie qui allait toujours
en s'affirmant de plus en plus, son goût pour les langues orientales. Et de même que Pascal enfant avait
deviné par la seule force de son génie les trente-trois
premières propositions d'Euclide, de même Champollion seul et sans maître s'était initié, dès l'âge de treize
ans, aux éléments essentiels de l'hébreu, du chal-
déen et du syriaque.

En 1805, son frère aîné, voulant seconder le développement d'aussi admirables dispositions, le conduisit à Paris, le fit admettre aux cours de l'École des
langues orientales et il le présenta en même temps
à ses amis MM. Millin, Fourcroy, Chézy, Silvestre de
Sacy. — « Mes souvenirs, disait à ce sujet M. de Sacy,
« me retracent encore la première entrevue, qui a
« laissé de profondes impressions dans mon esprit...
« Ce ne fut pas un moindre bonheur pour *Champol-*
« *lion-Figeac le Jeune* de se trouver auprès d'un
« frère qui l'avait précédé de dix ans dans la carrière
« de l'érudition et des lettres et qui pouvait lui tenir
« lieu de tout autre guide (2). » Le brillant élève
de l'École des langues orientales entretint une corres-

---

ferait plaisir. Elle quitta en effet le lit dans la huitaine
et le garçon vint au monde avant la fin de l'année. Ce
garçon eut une enfance vivace et robuste, doué d'une rare
activité d'esprit. (Rochas, Biogr. I, p. 206.)

(1) Voyez, sur les études de Champollion le Jeune au
collége de Grenoble, les *Chroniques Dauphinoises*, par M.
A. Champollion-Figeac, t. III, p. 153, 156, 157 et 238.

(2) Notice sur la vie et les ouvrages de M. Champollion
le Jeune, par Silvestre de Sacy. (Paris, Didot, 1833.)

pondance active avec Champollion-Figeac, qui était,
on le sait, retourné dans le Dauphiné. Il lui adressa
une épître en vers (1) et de nombreuses lettres qui
donnent, sur ses débuts scientifiques et sur son caractère, les plus intéressants détails (2). Ces lettres montrent en même temps avec quelle touchante sollicitude son frère veillait sur lui, avec quelle prévoyante
tendresse il cherchait à le défendre contre les décou-
ragements qui atteignent les hommes les plus éminents
eux-mêmes au milieu de la vie scientifique et littéraire ; elles montrent aussi combien était sincère et
profonde la reconnaissance du jeune orientaliste pour
ce frère qui semble ne vivre que pour lui assurer un
brillant avenir ; qui dirigeait ses études et lui aplanis-
sait sa route. Si elles sont précieuses pour les renseignements qu'elles donnent sur les travaux relatifs
à l'Orient, sur les célébrités académiques des premières années du XIXe siècle, elles le sont plus encore
comme témoignage d'une amitié que la mort seule
a pu briser et qui honore, à l'égal de leur science,
les hommes éminents dont elle fut la force et la consolation.

L'attention de Champollion le Jeune s'était portée
d'abord sur l'inscription hiéroglyphique de Rosette.
Les plus illustres orientalistes avaient échoué dans
l'interprétation de ce monument, et M. Silvestre de
Sacy, qui avait échoué comme les autres, engagea
Champollion-Figeac à détourner son frère d'une étude
qui, disait-il, *ne pouvait donner aucun résultat.*
L'avis ne fut pas écouté et les faits se chargèrent
bientôt de prouver que Champollion le Jeune n'avait
point trop présumé de ses forces en persistant dans
ses résolutions.

---

(1) On en trouve un fragment dans les *Chroniques
Dauphinoises*, de M. A. Champollion-Figeac, t. IV, p. 384.

(2) Quelques-unes de ces lettres sont imprimées dans
les *Chroniques Dauphinoises* de M. A. Champollion-Figeac,
t. IV, p. 386 et 390-403.

En 1812, grâce à l'appui de son frère il fut nommé professeur d'histoire ancienne à la Faculté des lettres de Grenoble, par décret du 12 septembre, portant : art. 2, M Champollion-Figeac Jeune est nommé secrétaire de la même Faculté. L'on vit alors se produire ce fait sans exemple dans les annales universitaires : Champollion le Jeune, embrassant des horizons trop vastes pour enfermer son enseignement dans le cercle étroit de la tradition, aborda tout de suite les plus hauts problèmes de l'histoire, l'origine des peuples, les rapports de l'Europe et de l'Asie, l'expansion des civilisations antiques. Ses auditeurs étaient émerveillés : un monde nouveau se découvrait à leurs yeux. L'initiation partait d'une ville de province et Grenoble se montrait justement fière de la place inattendue qu'elle avait prise dans le monde scientifique. En même temps qu'il occupait avec un succès toujours croissant la chaire d'histoire à Grenoble, Champollion le Jeune poursuivait le cours de ses études orientales; mais il était parfois saisi d'un découragement profond, car il était modeste et, comme tous les hommes supérieurs, il doutait de lui-même. En 1815, il avait soumis à son frère un petit *mémoire*, où il l'engageait à renoncer, en même temps que lui, à la vie littéraire. Champollion-Figeac combattait, autant qu'il le pouvait faire, cette fâcheuse disposition d'esprit et il finit, à force d'insister, par en triompher. (Voyez ci-après § XII.)

L'aversion momentanée pour la carrière littéraire et administrative qui s'emparait de Champollion le Jeune avait aussi pour cause les grands événements politiques dont le département de l'Isère eut à souffrir pendant les quatre dernières années (1814-1817), et qui causèrent une si grande perturbation dans l'existence de notre savant archéologue. En effet, durant cet espace de temps, les habitants du Dauphiné eurent leur territoire ravagé par deux invasions des armées étrangères ; ils assistèrent à l'intronisation de deux monarchies d'origine et de principes absolument opposées ; ils avaient organisé une fédération très active dont le centre était à Grenoble. Les promulgations de l'*acte additionnel* et de la *charte octroyée* émurent vivement les populations. Le passage triomphal de Napoléon Iᵉʳ, le voyage politique du comte d'Artois, la suppression de la Faculté des lettres, les exils, les internements, les dénonciations politiques, enfin la répression de la conspiration Didier, dont l'instruction judiciaire, le jugement en cour prévôtale et en conseil de guerre avaient exigé cinq mois d'informations et 205 arrestations (1), malgré les ordres formels partant de Paris pour modérer ces ardeurs inquisitoriales (2), tous ces événements avaient laissé dans notre pays un malaise général, une agitation sourde

---

(1) Les conjurés les plus compromis avaient gagné les montagnes avec Didier ; ils se dispersèrent ensuite et quelques-uns d'entre eux parvinrent à Marseille et s'embarquèrent pour l'Amérique, entre autres le capitaine d'artillerie Guillot, de La Mure. Plus tard, le gouvernement *monarchique* réintégra M. Guillot, *sur sa demande*, dans les cadres de l'armée, lui *rendit son grade* et, à cause de son obésité, en fit un capitaine en résidence fixe à l'arsenal de Grenoble. C'est en cette qualité, peu avantageuse, qu'il figure dans les rapports du général Duchamp, inspecteur de l'artillerie et notre compatriote. (Archives du ministère de la guerre.) — Plusieurs autres conjurés sauvèrent leur tête en livrant Didier, ou en contribuant à son arrestation par guet-apens.

(2) Un seul conjuré fit allusion à une adhésion lointaine de M. le duc d'Orléans à la conspiration Didier, et l'avocat général Achard de Germane s'en empara pour interroger Didier et les autres personnes arrêtées sur les démarches faites auprès de ce prince. Les réponses furent absolument négatives. Toutefois, l'avocat général rendit compte au ministre de la justice, M. d'Ambray, et celui-ci lut ses dépêches au conseil des ministres présidé par Louis XVIII, qui, après examen, fit donner l'ordre de ne pas continuer les informations sur ce point, tant l'insinuation avait été trouvée peu vraisemblable. Les dépêches de M Achard de Germane et les réponses du chancelier de France existent encore et fournissent bien des renseignements sur cette lamentable conspiration. Peut-être publierons-nous quelques-uns de ces documents dont nous possédons des copies.

et un mécontentement très prononcé. Il fut à son comble, lorsque le gouvernement eut confié cette belle circonscription administrative à un préfet ultra-royaliste, le comte de Montlivaut, et à un général non moins ardent, le vicomte de Donadieu, commandant la division militaire. Aussi, le parti ultra-royaliste se constitua-t-il immédiatement, afin d'exercer plus activement l'influence prépondérante qu'il voulait prendre dans le département ; il eut pour président le député marquis Pianelli de La Valette ; pour associés, le maire de Grenoble marquis de Pina, le commissaire extraordinaire du Roi comte de Bastard, le président de la cour prévôtale M. Planta, dont les assesseurs étaient MM. Jacquemet, Vigne, Allemand Dulauron, Laurent, Duchesne, Piat-Desvial, et pour avocat général Achard de Germane. Les adhérents étaient encore plus nombreux : les frères Silvy, les Dupérou, MM. Du Boys, de Lestellet, de Pujol, de Chichilianne, etc.

Le gouvernement occulte de S. A. R. le comte d'Artois avait aussi ses ramifications dans le département de l'Isère par l'intermédiaire des inspecteurs généraux des gardes nationales : MM. les chevaliers Du Bouchage et de Murinais, du marquis de Bellescize et du chef d'état-major de Chaléon.

Le parti des libéraux plaça à sa tête deux députés, Savoye de Rollin et Lombard ; ses plus actifs adhérents étaient les divers membres de la famille Périer, frères et beaux-frères de Casimir, ensuite MM. Teisseire, Renauldon, le général de La Salcette, Lenoir-Laroche, le comte de Barral, Français de Nantes, Sapey, Duport-Lavilette, Perrin, de Meffrey, Félix Réal, Dubois-Aimé, de Terrebasse, Royer-Deloche, Penet, Thévenet, Bilon, Trousset, Triole, etc. De fréquentes réunions des comités des deux partis avaient lieu pour décider les points d'attaque et de défense des uns et des autres ; mais ce que les libéraux reprochaient surtout aux ultra-royalistes, c'était la démarcation et la séparation absolue en deux camps, qui s'étaient éta-

blies dans la société élégante du département. Pour en
faire ressortir tous les inconvénients, on citait souvent
le charme, l'élégance et l'harmonie qui régnaient dans
les fêtes autrefois offertes aux Dauphinois par le préfet Fourier.

A cette occasion, on récitait aussi avec entraîne-
ment les spirituelles strophes d'un *poème inédit*,
dans lequel on célébrait les beautés, les grâces, les
vertus, les charmes des femmes de la société grenobloise. Toutes les divinités de l'Olympe mythologique
y étaient représentées et même les demi-déesses,
les nymphes, les néréides, les dryades, les hama-
dryades, les dianes chasseresses ; enfin, 84 strophes étaient consacrées à nous conserver le souvenir des 84 femmes les plus élégantes ou les mieux
douées du département de l'Isère. La beauté des
générales Molitor, Marchand, et de la femme du
premier aide de camp de Molitor, Mme Montfranc,
leur donnait de droit le rang des *trois grâces ;*
puis venaient : Mme Du Bouchage, douairière, unis-
sant la bonté à l'esprit et à la grâce ; sa belle-
fille la vicomtesse Du Bouchage était une mère tendre,
une épouse accomplie, une beauté sans coquetterie,
de l'esprit sans prétention, de la sagesse sans prude-
rie. Mme de Saint-Vallier, belle et bonne ; Mme de
Marcieu, la mère, bienfaisante sans faste et bonne
sans faiblesse ; sa belle-fille, *nymphe* à taille légère,
grands yeux brillants, air noble et gracieux, exécu-
tant *sur son piano* musique douce et tendre ; Mme de
La Porte l'emportait en grâce et en beauté sur toutes
les autres ; Mme de Voillant, taille de l'*amour* (sic) avec
une finesse enchanteresse ; Mme de Bourcet, fière de
sa fille, et il n'y avait pas de choix à faire entre la rose
et le bouton ; Mme de Chaléon ne cessait point d'être
aimable ; sa belle-fille, nymphe gentille, charmait les
yeux et le cœur ; Mlle de Chaléon, fraîcheur, grâce,
décence, esprit, beauté parfaite ; Mme la baronne de
Barral, esprit brillant, air fin, séduisant langage ;
Mme Périer mère suit, en faisant le bien, la pente na-

turelle d'un cœur sensible et droit ; Mme Henriette
Périer, sa belle-fille, avait des mains savantes sachant
tirer de son piano des sons harmonieux; Mme. Teisseire, devant qui on baissait pavillon ; Mme et Mlle
Mallein, Mme de Montal et sa belle-fille ; Mlle Victoire
Salicon de Séneville, Mlle Périer, Mme de Barral,
femme du président du tribunal d'appel ; Mme Paga-
non, femme du président du tribunal criminel ;
Mme Gueymard, femme du vice-président du tribunal
d'appel ; Mme Royer-Deloche, femme du commissaire
du gouvernement près le tribunal d'appel; Mme Gi-
roud, femme du receveur général ; Mme Renard et
Mlle sa fille ; Mme Dausse, femme de l'ingénieur en
chef, toutes participaient aussi aux qualités des dames
dont nous avons déjà parlé. Nous passons sous silence les petits défauts et les peccadilles sans importance, car plusieurs d'entre elles « avaient, en grâces
et en attraits, des dieux épuisé les bienfaits. » Citons
encore parmi les privilégiées de la nature et les
grandes coquettes : Mmes et Mlles Desvial, Clappier,
Nancy Clappier, Adèle Clappier, Sylvie, Michal,
Busco, Berthelot, Dulauron, Julie Marion « compa-
rable au doux éclat de Flore; » Marion-Chomat, Mme de
Bellemont, née de Choiseul-Gouffier ; Mme de Crouy,
née d'Aguesseau ; Mme Laurence, dont le mari passait
pour le meilleur poète du département ; Mme Vittoz et
la belle de Bailly ; Mme de Tournadre et Mlle sa fille ;
Mme Dubois (ou Du Boys?), Mmes de Marillac, mère et
belle-fille, etc., etc. Nous en passons et des plus élégantes.

Ce poème, dédié aux dames de Grenoble et
ayant pour titre *La Loterie de l'Amour*, fut lu à la
préfecture pendant l'intermède d'une fête donnée par
Fourier et qui a conservé la réputation d'avoir été la
plus brillante de celles qui ont été organisées à la
préfecture. Ce *poème* débute par une strophe en
l'honneur de Fourier et par la description de la fête
et de la décoration de l'ancien hôtel Lesdiguières ; il
se termine par la description d'un splendide souper,

après lequel la *poésie* occupa une part importante de l'intermède (1).

Si après cette lecture nous nous reportons à 1818, nous trouvons la société grenobloise divisée en deux camps, depuis le commencement de l'année 1816, et une lutte intestine engagée entre les deux esprits qui se disputaient l'opinion et le gouvernement, éclatant de jour en jour avec plus d'animosité ; l'agitation du peuple grandissait aussi, et les royalistes exaltés reprochaient au gouvernement ses temporisations et ses accommodements avec le parti libéral. Enfin, une guerre acharnée que le préfet Montlivaut avait déclarée au général Donadieu, et pendant laquelle ils se reprochaient leurs agissements politiques, fit désirer au ministre duc Decazes de changer cette situation. Il remplaça d'abord le préfet Montlivaut par M. Choppin d'Arnouville, maître des requêtes au Conseil d'État, esprit modéré, très appliqué aux affaires, et il lui recommanda de se conformer aux instructions données par le Roi à tous les nouveaux préfets : « S. M. Louis XVIII veut que les efforts de l'administration tendent à rapprocher les esprits et à les rattacher au gouvernement (2 . »

---

(1) Ce poème, qui ne manque pas d'une certaine élégance, a été attribué à M. Laurence, en collaboration avec plusieurs autres poètes grenoblois Nous pensons même que Champollion le Jeune y collabora pour quelques strophes en l'honneur de « l'aimable et modeste Louise, qui avait beaucoup d'esprit, vif, aimable et facile,» mais dont le nom de famille n'est pas indiqué. Une autre strophe s'adressait à « Mme Adèle (sans autre désignation), qui à l'esprit, à la grâce, unissait la bonté. »

(2) Le maréchal duc de Raguse fut aussi, à la même époque, envoyé en mission dans les départements de l'Isère, de la Drôme et du Rhône, avec le titre de *Lieutenant de Roi,* pour pacifier ces régions et ramener le calme et la confiance. Le maréchal assista à Grenoble au rétablissement, en grande cérémonie, de la Société des Sciences et des Arts de cette ville. Elle avait alors pour président M. Savoye de Rollin, qui prononça un discours fort applaudi par la brillante assistance. Le maréchal annonça que le Roi, dans sa bienveillance pour

Ce nouveau préfet employa donc son influence à rapprocher les partis ennemis et il n'obtint qu'un résultat déplorable : celui de faire perdre patience aux royalistes exaltés, et il amena la scène que Champollion le Jeune nous raconte dans sa lettre à son frère, dont voici le texte :

« Le général Donadieu a fait une nouvelle incartade « dans une soirée chez le receveur général comte « de Bardes ; il voit, en entrant, la générale faisant la « partie de M. le préfet ; il devient furieux et prend « sa femme par le bras, l'entraîne brusquement et la « renvoie chez elle plus morte que vive. M. d'Arnou- « ville, méprisant cette brutale insulte , continua « froidement sa partie. Si tout cela dure, on se battra « bientôt et il est impossible de répondre de la tran- « quillité publique. On est surpris que le ministre ne « mette pas ordre à tout cela ; on a écrit toute cette « histoire au ministre ; jusqu'ici point de réponse. « Au milieu de ces scandales, il arrive quelquefois « des petites comédies qui font rire. L'autre jour, le « même général, mangeant un peu trop vite, un os « s'arrêta en travers dans son gosier. Les médecins « furent appelés, grand conseil pour l'extraction du « petit os ; ce fut Silvy qui fit la cigogne et personne « n'en fut étonné. » (Voyez sur les autres motifs de cette incartade de Donadieu à l'égard de sa femme, ci-dessus, p. 19 et suivantes.)

Pour des archéologues passionnés, tous les bouleversements politiques n'avaient que peu d'influence sur leurs travaux, lorsque toutefois ils ne venaient pas apporter une perturbation réelle dans leur position administrative ou leur fortune privée. Il en fut ainsi à Jalionas, près de Saint-Romain (Isère), pour M. Dauphin de Verna, amateur éclairé des arts. Il avait

---

les Dauphinois, était disposé à rappeler à l'activité un certain nombre d'officiers en demi-solde et d'amnistier diverses personnes à l'occasion de l'inauguration de la statue de Henri IV sur le Pont-Neuf à Paris.

longuement étudié l'emplacement d'anciens *tumuli*, situés à peu de distance du Rhône et de son château de Verna. On les appelait *les quatre Mollards* : ceux de Villeurbanne, près de Lyon, d'autres près des Balmes viennoises, et enfin ceux de Saint-Symphorien furent également examinés par notre érudit dauphinois. M. de Verna résolut de fouiller les *tumuli* situés près de son château. Il y reconnut le tombeau d'un guerrier gaulois, qui y avait été enterré avec son attirail de combat ; car il y trouva des ossements, des armes, des ustensiles divers, un casque de cuivre sans aucun ornement, deux longues épées en fer très mince à deux tranchants, et une autre très fine encore enfermée dans son fourreau. Il y avait aussi des vases en cuivre battu, des aigyères, des poteries gallo-romaines, des boucles, des fibules en forme de grenouilles, des mors en fer pour chevaux, des harnais, la ferrure d'un char en bronze et des faux en fer pour l'armature de ce véhicule de guerre. Tous ces monuments furent scrupuleusement décrits pour la Société des Sciences et des Arts, communiqués et discutés en 1818, par nos compatriotes de Grenoble, pendant une séance à laquelle assistait Champollion le Jeune, réintégré aussi dans cette société savante depuis son retour d'exil. Il prit une grande part à la discussion qui s'éleva à ce sujet.

La société de Grenoble était donc, à cette époque, et comme nous l'avons dit, divisée en dèux camps profondément hostiles : les libéraux et les royalistes. Les libéraux se réunissaient dans le salon de Champollion le Jeune. On y lisait des mordantes satires, des *Dialogues des morts*, où les grands hommes de l'antiquité se permettaient de critiquer le gouvernement de Sa Majesté Louis XVIII. Ces dialogues, aussi bien écrits que mal pensants, se répandaient dans le public, et quand on sait quels orages soulèvent dans les villes de province les dissentiments politiques, on peut juger des tracasseries mesquines auxquelles Champollion fut exposé.

Mais, après avoir fait la part de la politique dans les comités qui s'assemblaient fréquemment, les membres qui les composaient traitaient aussi les questions administratives et archéologiques à l'ordre du jour. Parmi les discussions qui revenaient sans cesse, grâce à la ténacité de M. Camille Teisseire, nous devons citer la plus importante, celle qui concernait les écoles improprement appelées *Lancastriennes* ou d'enseignement mutuel, car cette méthode est d'origine française. M. Teisseire avait même prononcé à ce sujet un discours à la Société des Sciences et des Arts de Grenoble (séance publique du 20 octobre 1817), pour rendre compte de l'état de ces écoles au Bourg-d'Oisans et à Vizille. Planta avait aussi traité devant la même Société des Sciences et des Arts, présidée par Savoye de Rollin, les trois questions suivantes : 1º *Est-il possible d'éclairer le peuple?* 2º *Est-il utile d'éclairer le peuple?* 3º *Lui doit-on l'instruction élémentaire?* Et il avait conclu à l'affirmative sur ces trois points, à la grande satisfaction de l'assemblée. Planta était donc aussi d'avis de multiplier les écoles à la *Lancaster.* Champollion le Jeune s'était associé à son frère pour arriver à établir des écoles d'enseignement mutuel à Figeac ; il put faire connaître à M. Teisseire les difficultés qu'il y aurait à surmonter pour établir à Grenoble une école sur ce modèle Il offrit le concours de son frère, membre du comité de Paris, et le sien, qui pouvaient être très utiles, puisque ces deux savants connaissaient les obstacles à vaincre par suite d'une expérience récente, et les formalités à remplir auprès de l'administration. M. Teisseire accepta la coopération de l'un et de l'autre de nos compatriotes, et ils décidèrent immédiatement d'instituer aussi à Grenoble un comité avec les mêmes attributions que celui de Paris, pour s'occuper de propager cette méthode à la Lancaster. Le comité fut composé de : Baptiste Froussard, Bois, Durand et Champollion le Jeune ; il décida que l'on donnerait avis au préfet du projet de créer une école, en lui demandant de

CHAMPOLLION LE JEUNE
(Jean-François)
Né le 24 Décembre 1790 + le 4 Mars 1832.
Imp. A. Salmon.

mettre à la disposition du comité un local convenable pour une école publique. Ce plan fut également approuvé par M. Savoye de Rollin. Le préfet Choppin d'Arnouville répondit très promptement à Champollion le Jeune : « Je ne puis que donner des éloges au zèle « qui vous dirige et je m'empresse de vous en adres- « ser mes remerciements. J'en donne connaissance à « S. Ex. le Ministre de l'Intérieur, qui ne pourra qu'y « applaudir. J'invite le maire de Grenoble à chercher « un local qui réunisse les conditions désirées et je « le ferai mettre à votre disposition. »

Des troubles assez graves éclatèrent à Grenoble en 1821 ; ils mirent fin à tous ces projets, qui cependant avaient eu un commencement d'exécution. Champollion le Jeune se trouva mêlé à cette émeute, entraîné, un peu malgré lui, par sa camaraderie avec Renauldon, fils de l'ancien maire, Réal (Félix), Thevenet, Baptiste Froussard, Triole, etc. Le général Pamphile Lacroix, commandant la division militaire depuis le départ du général Donadieu, fut gravement insulté par un groupe de jeunes gens de la ville, le drapeau tricolore fut promené dans tout Grenoble et arboré, pendant quelques heures, sur la citadelle (1), à l'occasion d'une fausse nouvelle, arrivée de Lyon, et prévenant les Grenoblois qu'une révolution avait éclaté à Paris. Le *Mémoire* destiné à expliquer au Conseil académique la conduite de Champollion le Jeune dans cette circonstance est entièrement de la main de Champollion-Figeac, qui fut, dans cette dangereuse situation, son avocat et son plus habile et dévoué défenseur.

Le maréchal duc de Bellune fut envoyé à Grenoble par le gouvernement du Roi, pour pacifier la ville

---

(1) Champollion le Jeune disait alors en acceptant philosophiquement la situation que les événements lui avaient faite : « Peut-être un jour, la prise de la citadelle de Grenoble par un archéologue et sans effusion de sang, figurera avantageusement dans ses états de service littéraire en temps extraordinaire. »

4

et il se montra des plus indulgents pour une échauf-
fourée conduite par des jeunes gens, dont le principal
mobile de cette conduite extravagante avait été d'occuper leur désœuvrement. Claude Perrin dit Victor, maréchal de France et duc de l'Empire, avait commencé
sa brillante carrière militaire par être trompette de
son régiment ; se souvenant que son ancien colonel, qui composait autrefois des sonneries militaires
pour son clairon, était retiré à Grenoble et vivait encore, il s'empressa d'aller le visiter. C'était le général
de La Salette.

Cet acte de courtoisie fut très apprécié et vivement applaudi par toute la société dauphinoise,
ce qui n'empêcha pas que, grâce aux qualités
dénigrantes de la population du département de l'I-
sère, elle donna un cours naturel à sa verve habituelle et à son esprit porté à la moquerie. Aussi le
duc de Bellune devint-il immédiatement M. *Beau-
Soleil* ; d'autres en firent un *ménétrier* de la ville de
Valence, d'autres un *simple épicier*, qui s'était volon-
tairement engagé en 1792, après avoir épousé dans
cette ville Mademoiselle *Muguet*. Ces traditions erro-
nées furent un jour recueillies par Alexandre Dumas,
dans sa *notice* sur la jeunesse de Napoléon Ier. Nous
avons sous les yeux une lettre du maréchal duc de
Bellune, de l'année 1839, par laquelle il protestait
contre ces traditions inexactes, relatives à un de
nos compatriotes dauphinois devenu maréchal de
France.

Malgré les événements politiques déplorables dont
nous venons de parler, Champollion le Jeune écrivait
quelques jours après à son frère (Papiers de famille,
t. X, p. 642) : « Puis-je compter sur l'exactitude *du
passage de Thucydide que tu as eu la complaisance
de vérifier ;* je tiendrais beaucoup à ce qu'il fût rigou-
reusement exact. » — Il ajoutait dans une autre lettre :
« Depuis quelques jours, je suis tombé dans une
attaque de spleen ». Il avait bien des motifs de spleen,
car le préfet de l'Isère se montrait très ombra-

geux (1) et Champollion jugea alors prudent de venir rejoindre son frère à Paris, non seulement pour y échapper aux petites hostilités de la politique locale ; mais aussi pour y trouver le complément de ses études favorites. Il n'eut point à se repentir de cette résolution.

IX.

Découverte de l'Alphabet égyptien et interprétation des monuments anciens.

En arrivant dans la capitale, Champollion le Jeune

---

(1) Une circonstance particulière causa une scène assez violente entre le préfet et Champollion le Jeune. Ce dernier avait été prévenu par son frère que leurs lettres étaient souvent décachetées à la poste, ce dont il voulait encore douter. Le préfet d'Haussez ayant prié Champollion le Jeune de passer dans son cabinet, il lui reprocha, pendant une conversation assez animée déjà, de se servir habituellement, en parlant de lui et d'autres fonctionnaires, d'expressions blessantes, et il lui cita deux ou trois phrases que Champollion se souvint parfaitement avoir employées dans *des lettres à son frère*, mais jamais en conversation. Cependant voulant éclaircir le fait, il nia résolûment *d'avoir prononcé ces paroles*. Le préfet, ravi de le prendre en défaut, ouvrit le tiroir de son bureau, en tira une liasse de copies des lettres des deux Champollion et *lui lut les passages incriminés*. Champollion le Jeune se borna à lui répondre : « Pourriez-vous me dire, Monsieur le Préfet, quel est le suppôt de Robespierre qui viole à ce point le secret des lettres ? » De ce jour, la rupture avec le préfet fut complète. Un procédé analogue avait été employé contre Champollion-Figeac : on avait gardé ou trouvé à la poste une de ses lettres, dans laquelle il rendait compte du retour des Bourbons en 1815, et on l'avait publiée en dénaturant les mots, de manière à la rendre injurieuse pour les princes. Mais Champollion-Figeac put mettre au défi l'auteur de la publication de produire la lettre dans laquelle ces termes se trouvaient reproduits. Le *Moniteur Universel* inséra le démenti de Champollion ; à cette occasion et plusieurs autres fois il publia de semblables rectifications, notamment en 1840, p. 1284, et en 1841, p. 1226 ; mais en 1848, la République n'admit pas de rectification.

profita des nombreuses relations de son frère ; mais il y eut pour lui, dès le principe, un écueil contre lequel il se heurta. Des Égyptologues de la vieille école ne voulaient voir dans les hiéroglyphes qu'une écriture symbolique ou monosyllabique. Il se laissa influencer par cette fausse opinion et il chercha par toutes les combinaisons possibles à en vérifier la valeur. Il perdit ainsi une année et lorsqu'il eut acquit la certitude que la route où il s'était engagé à la suite des autres académiciens ne pouvait point le conduire au but qu'il poursuivait, il fit comme Descartes : table rase de tous les vieux systèmes et marcha dans la force et dans la liberté. L'année même de son arrivée à Paris, il lut à l'Académie des Inscriptions son *mémoire sur l'écriture hiératique*, dans lequel étaient victorieusement démontrés l'origine, la nature et la construction grammaticale de ce système. Il communiqua bientôt après à la même Académie un nouveau *mémoire sur l'écriture démotique*, et cette savante compagnie en fut tellement frappée, qu'elle demanda que la publication en fût faite aux frais du gouvernement. Il s'occupait d'une *analyse matérielle du texte hiéroglyphique* (1) de l'inscription de Rosette (2), qui a été considéré, ainsi que nous l'avons dit plus haut, par Silvestre de Sacy, comme le plus prodigieux effort du génie de divination en quelque sorte, dont l'histoire des lettres ait conservé le souvenir ; et ce n'est pas sans raison que les découvertes de Champollion ont été comparées à celles de Georges Cuvier : car ils ont l'un et l'autre recomposé tout un monde.

Par quelle méthode les signes portraits d'objets matériels exprimaient-ils les idées et composaient-ils

(1) L'écriture égyptienne comme celle des temps modernes avait donc son alphabet majuscule, minuscule et carsif.

(2) Champollion-Figeac avait étudié après Amélion le texte grec et en avait donné une traduction plus correcte. Le manuscrit se trouve dans les papiers de la famille.

les mots de l'écriture égyptienne? Là était le problème
et il fut résolu, après quinze ans d'études incessantes.
Nous n'avons point à entrer ici dans l'explication du
système interprétatif (1) et nous nous bornerons à
rappeler l'épreuve décisive, qui leva tous les doutes
et imposa silence à toutes les objections.

Champollion le Jeune, logé rue Mazarine, travaillait
habituellement à la bibliothèque de l'Institut; il
rentra un jour de meilleure heure que d'ordinaire, et
en abordant son frère, il jeta sur son bureau une liasse
de papiers, en s'écriant : « Je tiens mon affaire ! » Une
longue conversation expliqua l'affaire : un recueil de
cartouches (2), copiés dans la *Description de l'Egypte*
ainsi que dans d'autres ouvrages, sont déchiffrés à
l'instant et les noms de Ptolémée, Alexandre, Bérénice, Arsinoé, Cléopâtre, César, *Sébaste* et le mot
autocrator se révèlent miraculeusement, après un
sérieux examen. Plus de doute, l'alphabet des hiéroglyphes est découvert.

En ce moment, un affaissement physique et moral
s'empara tout à coup de l'auteur de l'immortelle découverte ; ses jambes ne le soutenaient plus, son
esprit se trouva saisi d'une sorte d'assoupissement.
On le coucha, ce fut comme un premier instant de
repos, après quinze années de combinaisons fati-

---

(1) Cette démonstration nous entraînerait trop loin de
notre sujet principal. Du reste, le lecteur trouvera le
tableau complet de l'alphabet égyptien, en usage sous le
règne des anciens Pharaons et du temps des rois grecs
et Romains, dans la *Grammaire Égyptienne* de Champollion le Jeune (pp. 35 à 46).

L'*Égypte ancienne* de Champollion-Figeac (p. 218 et pl.
22) résume cette démonstration qui est si clairement
exposée dans la *grammaire*, ce monument impérissable
de la gloire de Champollion, auquel il travaillait encore
quand la mort le surprit ; cette grammaire était heureusement terminée en minute.

(2) On nomme cartouche, un *ovale entourant un
groupe de signes*. Champollion a démontré qu'un cartouche renferme toujours le *nom* d'un roi ou d'une reine
et quelquefois celui d'une divinité.

gantes. Le Mémoire sur les hiéroglyphes phonétiques
et sur leur emploi dans les monuments égyptiens
pour y inscrire les titres, les noms et les surnoms des
souverains grecs et romains, rédigé par Champollion-
Figeac, puis revisé par Champollion le Jeune, qui y
ajouta de sa main un tableau contenant l'alphabet
hiéroglyphique, avec la concordance grecque et les
signes *démotiques* correspondants, était porté par
Champollion-Figeac à M. de Sacy, alors président de
l'Académie des Inscriptions et Belles-Lettres. Une
heure après, l'auteur était invité à venir, *le jour même
17 septembre 1822*, lire son *Mémoire* devant la savante
compagnie (1).

Cette découverte eut un retentissement qui répondit à son importance ! L'opinion publique s'en montra
vivement émue. Louis XVIII voulut s'en faire rendre
compte et fit remettre à l'auteur une boîte en or enri-
chie du chiffre royal en brillants et portant cette inscription : « Le Roi Louis XVIII à M. Champollion à
l'occasion de sa découverte de l'Alphabet des hiéroglyphes.» Le duc de Blacas, premier gentilhomme de
la Chambre, habile antiquaire et généreux protecteur
des lettres, des sciences et des arts, qui eut sur la
destinée de Champollion le Jeune une si heureuse influence, fut chargé de remettre le présent royal à
Champollion et l'on peut affirmer que le succès des
Études égyptiennes en France et en Italie fut, en
grande partie, son ouvrage. M. le duc de Doudeauville
peut également être cité parmi les zélés protecteurs
des études égyptiennes, puisque ce fut ce ministre
de la maison du Roi qui décida la création d'un Musée
égyptien au Palais du Louvre.

------

(1) Voyez ci-après au § XII, collaboration de Champollion-Figeac aux œuvres de son frère.

X.

Les polémiques relatives à l'alphabet des hiéroglyphes.—Les Musées de Turin et d'Italie.

L'alphabet des hiéroglyphes était la véritable clef du système graphique égyptien (1). Dans une suite de *mémoires* lus à l'Institut en avril, mai et juin 1823, Champollion le Jeune en exposa successivement les trois éléments *figuratif*, *idéographique* et *alphabétique* ; les trois Mémoires furent ensuite résumés et développés dans le *Précis du système hiéroglyphique des anciens Égyptiens* (un volume in-8º de texte et un volume de planches). Mgr le duc d'Orléans, qui fut depuis le roi Louis-Philippe, rendit aussi un solennel témoignage à la découverte de Champollion, dans un discours prononcé, le 21 avril 1823, à la séance publique d'inauguration de la Société Asiatique de Paris.

Mais à cause de son importance même et des témoignages de sympathique admiration avec lesquels cette découverte fut accueillie, elle ne pouvait manquer d'éveiller la jalousie et de donner lieu à de malveillantes réclamations, en France comme dans le reste de l'Europe. L'Angleterre donna le signal : ne pouvant attaquer la certitude du système, elle voulut s'en attribuer la priorité. Le célèbre physicien Thomas Young entra le premier dans la lice, et, comme il avait vaguement entrevu quelques-uns des résultats obtenus par Champollion, il prétendit l'avoir devancé. Spon, Seyfarth, Gouillanoff et Klaproth suivirent son exemple. Une

---

(1) Voyez à ce sujet la *Grammaire Égyptienne* de Champollion le Jeune, déjà citée.

vive polémique s'engagea dans les Revues (1). Champollion-Figeac se chargea de la soutenir, au moyen des notes que lui remettait son frère, et bientôt les savants les plus autorisés de la France et de l'étranger : Silvestre de Sacy, Letronne, Arago (2), le duc de Blacas vinrent se ranger autour de lui pour défendre les droits indéniables du philologue français. Le baron de Humboldt, alors ministre de Prusse, affirma de nouveau ces droits dans un compte rendu présenté à l'Académie de Berlin ; son frère Alexandre (3), qui se trouvait

(1) Les Revues françaises étaient en général, à cette époque, hostiles aux célébrités de l'Institut, par l'influence des *Normaliens*, qui s'étaient emparés des principaux postes de rédaction, afin de forcer les portes des Académies qu'on ne leur entr'ouvrait qu'avec une grande parcimonie. La lutte de l'érudition *pédagogique* et de l'érudition *académique* existait encore dans toute sa vivacité (la Sorbonne contre le Collège de France), et les universitaires étaient encore en très petit nombre à l'Institut national. Aussi reprochaient-ils aux professeurs du Collège de France de ne publier que des romans chinois *déjà traduits en anglais*; aux hellénistes, de traduire les textes grecs *sur les versions latines* ; aux historiens du moyen âge, de mettre dans la bouche du radical prévôt des marchands de Paris, Étienne Marcel, des discours à la Démosthène et d'autres *imités* des oraisons de Cicéron; enfin on colportait à l'Académie une brochure d'un Normalien contenant une critique très vive du théâtre grec, traduite en français par un membre de l'Institut qui y était très maltraité. L'académicien attribua à tort cette brochure critique à Champollion-Figeac, qui déclara publiquement qu'il était étranger à ce *Factum* très savant du reste. Les lettres échangées entre les deux personnages dont nous voulons parler existent encore. M. Dacier se chargea de calmer cette polémique acerbe et n'y réussit pas. Les deux savants restèrent des ennemis implacables.

(2) Dans son *Éloge historique* du docteur Young, membre étranger de l'Académie des sciences de Paris, Arago précisait son opinion à ce sujet et avec une entière franchise, digne d'un secrétaire perpétuel de l'Institut de France.

(3) Alexandre, baron de Humboldt, écrivait à Champollion-Figeac la lettre suivante :

« Je m'empresse d'offrir l'hommage de ma reconnaissance à M. de Champollion-Figeac, pour l'aimable envoi

en ce moment en France, avait été chargé de demander
pour lui les premiers exemplaires disponibles de la
Lettre à M. Dacier et du *Précis du système hiéroglyphique*. Ils lui furent communiqués en épreuves pour
le compte rendu de cette découverte, et le concours
de leur immense érudition fut d'un grand poids dans
cette circonstance. L'Europe savante avait donc donné
gain de cause à Champollion le Jeune ; la question
de priorité avait été jugée en sa faveur et jugée sans
appel. Il tint à honneur de prouver par de nouveaux
titres que les juges ne s'étaient pas trompés, et il
commença la publication du *Panthéon Égyptien*, dont
le *prospectus* fut rédigé par son frère.

Champollion n'avait eu jusque-là pour le guider dans
ses études que les monuments des Musées de Paris,
qui étaient fort loin d'être riches. Afin d'agrandir la
sphère de ses investigations, il résolut d'aller étudier
sur place les collections de l'Italie (1).

---

de sa *note* sur les papyrus de M. Peyron. Vous ferez,
Monsieur, vous et M. votre frère, comme une nouvelle
dynastie égyptienne et tout doit vous arriver, ce qui est
d'un domaine que vous exploitez avec tant de succès.
Je vais de suite écrire pour l'ouvrage du général Minu-
toli dont je suis surpris qu'aucun exemplaire ne
soit encore arrivé à Paris. Je crains réellement qu'il ne
renferme pas un mot sur les objets rapportés, l'auteur
étant un *simple* et *avide collecteur*, qui tenait tous ses
trésors bien serrés avant de les vendre.

« J'oserais vous engager, Monsieur, de prier en mon
nom votre excellent frère d'écrire préalablement au
mien (la simple adresse : au baron Guillaume de Humboldt, ministre d'État à Berlin, suffira), et ne fusse que
quelques lignes, cela calmera l'impatience de mon frère.
Agréez, etc. » (*Pap. de famille*, t. XXXIX, f. 54. Entièrement autographe)

(1) Sur le voyage d'Italie, voyez ci-après § XII. — M.
le duc de Blacas considérait cette mission scientifique
de Champollion en Italie comme absolument indispensable, et il demanda au roi Louis XVIII d'en faire
supporter les frais à sa liste civile. Le duc ajoutait : « Si
le ministre de la maison du Roi ne prescrit pas cette
mission, j'en ferai moi-même les frais tant je la considère comme indispensable dans l'intérêt des sciences
égyptiennes. »

Au commencement de juin 1824, il arriva à Turin, muni de recommandations officielles et de lettres que lui avaient gracieusement données LL. AA. RR. le duc et la duchesse d'Orléans, pour le Roi et la Reine de Sardaigne (1). Il fut reçu en descendant de voiture par le savant abbé Gazzera, secrétaire perpétuel de l'Académie Royale, et par l'abbé Peyron, orientaliste très éminent. Le comte Costa, secrétaire d'État, son ami d'enfance, voulut qu'il s'installât chez lui, et le comte de Cholais, premier ministre du roi de Sardaigne, donna l'ordre de mettre sans réserve à sa disposition les collections du Musée de Turin, que le gouvernement sarde avait acquises du consul français d'Alexandrie, M. Drovetti. Ce fonctionnaire ne s'était décidé à les céder à ce gouvernement, qu'après les refus que les ministres de la Restauration avaient fait de l'acquérir.

L'attention de Champollion le Jeune se porta d'abord sur les papyrus : cinq furent déroulés pour la première fois et, dans le nombre, se trouva le fameux papyrus de la *Chronique Égyptienne*, si justement célèbre par la conformité de son texte avec les *fragments des listes de Manéthon* (2) ; il contient le tableau par ordre de succession des dynasties égyptiennes et le nombre d'années attribué au règne de chaque roi. Les momies et une stèle royale : l'*Adoration d'Aménophis*, offrirent également au savant explorateur l'occasion de constater des faits jusqu'alors ignorés ; il tenait, par une correspondance très active, son frère au courant de ses études, de ses découvertes, et celui-ci tira de sa correspondance *deux lettres à M. le duc de Blacas sur le Musée royal de Turin* (2 volumes in-8°, Paris, Didot) ; il joignit à ces lettres *un travail chronologique* qui était son œuvre person-

---

(1) La reine de Sardaigne était la belle-sœur de Mgr le duc d'Orléans.

(2) Voyez à ce sujet la publication de Champollion-Figeac : De la table manuelle des rois et des dynasties égyptiennes, ou *Papyrus royal de Turin*.

nelle et dans lequel il déterminait l'un des points les
plus obscurs et les plus importants de l'histoire de
l'Égypte, c'est-à-dire *la date de l'avènement de la
XVIIIe dynastie,* qu'il fixait à l'année 1822 avant l'ère
chrétienne.

M. le duc de Blacas écrivait à ce sujet à Champollion-Figeac (*Papiers de famille,* t. XXXIX, f. 44
et 45. Entièrement autographe) :

« Ce 18 juin 1824.

« Monsieur, j'ai été bien aise d'apprendre que M.
Champollion était arrivé fort heureusement à Turin.
Je remercie Monsieur son frère de m'en avoir donné
des nouvelles, et je serai charmé qu'il veuille bien me
communiquer la première lettre qu'il en recevra.
Cette apparition de Sésostris et de la reine Ari me
semble d'un bon augure, et il me tarde que d'autres
heureuses rencontres dédommagent M. Champollion
des soins qu'il se donne avec tant de zèle.

« J'ai été voir les monuments égyptiens qui se
trouvent dans la rue de Cléry ; ils m'ont paru fort remarquables ; mais, comme il en arrive tous les jours
et que le nombre des amateurs de ce genre d'antiquité n'est pas encore très considérable, je pense
qu'il faut attendre pour les acquérir, de connaître ce
qui existe dans les magasins de Marseille.

« J'ai reçu et j'ai lu avec bien de l'intérêt les observations de M. Champollion-Figeac sur les coudées égyptiennes découvertes dans les ruines de Memphis. Je
le remercie de l'attention qu'il a bien voulu avoir de
me les transmettre et je le prie de recevoir mes nouvelles assurances de ma considération distinguée.

« BLACAS D'AULPS. »

« Saint-Cloud, ce 8 août 1824.

« J'ai reçu, Monsieur, avec la lettre que vous avez
bien voulu m'écrire le 5 de ce mois, l'extrait de celle
où M. votre frère vous informe des nouveaux trésors

qu'il découvre tous les jours dans cette superbe collection, dont la perte pour nous est un motif continuel de regrets. Ce qu'elle renferme nous sera cependant connu, grâce aux soins de M. votre frère, et j'attends avec empressement la première lettre qu'il doit publier. D'après ce qu'on me mande de Turin, elle ne tardera pas à paraître et il s'en occupe avec une activité et un zèle extrêmes. Ses recherches et ses découvertes doivent, dit-on, étonner le monde savant.

« Je vous remercie d'avoir pensé à publier une dissertation sur la toilette antique et sur les monuments d'argent que je possède ; ils méritent en effet d'être décrits par un ami des arts et des lettres, et, sous ce double rapport, personne n'est plus que vous, Monsieur, en état de les illustrer. Je ne tarderai pas à retourner à Paris ; dès que j'y serai, j'aurai le plaisir de vous voir et nous pourrons causer de cet objet, ainsi que sur les monuments égyptiens dont vous avez bien voulu m'envoyer la note. Recevez, Monsieur, etc.   « BLACAS D'AULPS. »

Champollion le Jeune entretint, à Turin, de fréquentes et intimes relations avec le comte et la comtesse Sclopis, avec Tosti, le comte Lutzow, attaché à l'ambassade russe, Biondi, le marquis Nigra, Mutonedi et Vedua ; ce dernier avait voyagé en Egypte (1). Le roi de Sardaigne lui fit demander une *Notice sur son Musée égyptien*, notice qui fut insérée par ses ordres dans l'*Almanach Royal*. L'Académie de Turin, dont il était membre, lui demanda une lecture sur l'Égypte, et cette lecture occupa plusieurs séances.

De Turin, Champollion le Jeune se rendit à Rome (2), où il arriva le 12 mars 1825. Le 22 du même

---

(1) Les autres personnes souvent nommées dans cette correspondance sont : Botta, Migliarini, Ricaldi, Pedemonti, G. Hell, Inghirami, le comte Adda, le marquis de Malaspina.

(2) A Rome, MM. Barucci, Canova, Maï. Fea, le marquis Criza, chargé d'affaires de Sardaigne, le chevalier Artaud, secrétaire d'ambassade, et Biot, furent constamment en rapport avec Champollion le Jeune.

mois, il était à Naples, et dans ces deux villes il fut accueilli avec la plus grande bienveillance par les ducs de Noailles et de Blacas, ambassadeurs de France. A Naples (1), le duc de Blacas lui fit ouvrir tous les musées, le conduisit aux fouilles qu'il faisait executer à Nola et le présenta au Roi.

Mgr de Frayssinous, évêque d'Hermopolis, était alors ministre des Cultes et de l'Instruction publique en France ; il se préoccupait vivement de certaines questions de chronologie sacrée, entre autres de l'époque du séjour de Moïse en Égypte, et il en entretint longuement Champollion-Figeac. Celui-ci venait de publier, *en l'absence de son frère*, la deuxième édition du *Précis du système hiéroglyphique*. Passalaqua, de Trieste, avait apporté à Paris une remarquable collection de monuments égyptiens, MM Salier et Durand avaient acheté de divers voyageurs des monuments de choix, et toutes ces circonstances réunies firent comprendre au gouvernement français que le moment était venu de donner au Musée de Paris le développement que nécessitaient les progrès de la science (2).

Le duc de Doudeauville, ministre de la maison de Charles X, se montrait particulièrement préoccupé de cette question ; M. le duc de Blacas, qui

---

(1) A Naples : Monticelli, le général comte de Prevelle, le prince de Beanffremont, les académiciens de cette ville, et MM. Montecelli, Stakelberg, ministre de Russie, etc., entourèrent le jeune archéologue.

(2) En France comme en Italie, les deux Champollion étaient en quelque sorte le centre des études égyptiennes : tandis que l'évêque d'Hermopolis consultait Champollion-Figeac sur la chronologie sacrée, Belzoni, Caillaud et Pacho le consultaient, l'un sur son voyage à Tombouctou, l'autre sur son voyage au Nil Blanc, et le troisième sur son voyage dans la Cyrénaïque. Sa correspondance contient des lettres de ces trois voyageurs et, sur le mouvement scientifique de cette époque, de nombreux et curieux renseignements. Voyez aussi à la fin de cette *étude*, sa correspondance relative à la création du Musée égyptien de Paris.

avait quitté l'ambassade de Naples pour prendre son service auprès du Roi, eut soin de faire connaître au ministre de la maison de Sa Majesté qu'un consul anglais, du nom de Salt, avait transporté à Livourne une collection de monuments égyptiens plus importante encore que celle que M. Drovetti avait cédée au Roi de Sardaigne. M. le duc de Doudeauville fit appeler Champollion-Figeac, l'entretint de cette nouvelle et lui demanda une *Note* destinée à être mise sous les yeux du Roi, sur l'opportunité de la création d'un Musée égyptien à Paris. A la suite de cette Note, dont la minute existe encore dans les papiers de famille, et que l'on trouvera ci-après (1), le ministre fit demander à Champollion le Jeune, par son frère, s'il voudrait aller à Livourne examiner la collection du consul Salt et en déterminer l'importance historique et la valeur vénale. Champollion, qui était revenu auprès de sa famille, à Grenoble, où il avait passé les mois de janvier et de février 1826, accepta la mission qui lui était proposée. (Voyez § XII.) Dès le 15 mars, il était à Livourne, où il dressait l'inventaire de cette précieuse collection. Son frère, pendant ce temps, employait toute son influence et celle de ses amis pour faire réussir l'*affaire de Livourne*, c'est-à-dire pour obtenir la création d'un Musée égyptien, et, pour son frère, le titre de conservateur du Musée. (Voyez ci-après.)

Les négociations furent longues et difficiles, car aux rivalités littéraires que suscitait la renommée du jeune et illustre savant s'ajoutaient des ressentiments politiques. On le représentait au ministère de la maison du Roi comme un jacobin de la vieille souche, comme un antagoniste déclaré de la chronologie biblique. Ces accusations s'étaient d'abord produites

---

(1) Au § XV, nous donnerons le Rapport au Roi, rédigé également par Champollion-Figeac, et qui précédait l'ordonnance pour la création du Musée Égyptien du Louvre et portant nomination de Champollion le Jeune comme conservateur de ces monuments égyptiens.

timidement et dans des conversations intimes et elles
prirent bientôt un caractère officiel. Une *note*, d'une
violence extrême, dans laquelle on rappelait l'exil de
Figeac (Voyez ci-dessus, p. 17, 24 et aux *pièces
justificatives* VII.) et les causes qui l'avaient mo-
tivé, fut remise en main propre au duc de Doudeauville, ainsi qu'un autre exemplaire à son fils,
le vicomte Sosthène de La Rochefoucauld, directeur
des beaux-arts. Malgré les sentiments de bienveillance qu'ils avaient toujours témoignés à Champollion-
Figeac, le duc de Doudeauville et son fils voulurent
être renseignés exactement sur les événements et les
circonstances auxquels ces dénonciations avaient rapport. A cet effet, le duc s'adressa au comte de Montlivaut
et au général de Donadieu, qui tous les deux avaient
provoqué les rigoureuses mesures de 1816 (voyez ci-
après § XV). Ceux-ci tenaient à faire oublier un passé
qui leur avait attiré de nombreuses et justes récriminations ; ils engagèrent le duc à mettre de côté la
dénonciation, et celui-ci dit un jour à Champollion-
Figeac avec une grâce parfaite : « Vos amis de Gre-
« noble ne vous ont pas oublié ; mais je sais à quoi
« m'en tenir et je proposerai demain au Roi la créa-
« tion d'un Musée égyptien au Louvre et la nomi-
« nation de votre frère en qualité de conservateur de
« ces monuments égyptiens. » Un nouvel exemplaire
de la même dénonciation avait été remis au Roi ; au
moment ou Charles X s'apprêtait à signer l'ordonnance de nomination, ce prince prit sur sa table de travail cet exemplaire et le remit au ministre, qui lui dit :
« Je la connais, je l'ai examinée et je persiste à pro-
« poser au Roi de signer la nomination de M. Cham-
« pollion. » Elle porte la date du 15 mai 1826.
(*Minute*, papiers de famille, t. XVII, p. 189.) Elle est
précédée d'un Rapport rédigé par Champollion-Figeac.
Quelques jours auparavant, le ministre lui avait écrit :
« Les changements de peu d'importance que j'ai faits
« à votre Rapport vous montreront que j'en ai adopté
« toutes les idées. »

La *Note de Champollion-Figeac* remise à S. Ex.
M. le duc de Doudeauville, ministre de la maison de
Charles X, le 4 septembre 1825, pour demander au
Roi l'acquisition de la collection égyptienne de Livourne, nous a paru offrir assez d'intérêt, même de
nos jours, pour être publiée dans cette *étude ;* elle est
la preuve des préoccupations que l'archéologie inspirait au gouvernement. La minute de la *note* fait partie
de la collection des papiers de la famille (t. XVII, f.
183) ; elle est accompagnée de deux lettres du duc de
Doudeauville à Champollion-Figeac, que l'on trouvera
à la suite de la *note.*

NOTE REMISE AU ROI.

« L'archéologie égyptienne est pour la France une
sorte de propriété littéraire, comme l'archéologie indienne l'est pour l'Angleterre : ces deux branches
importantes des connaissances humaines ont été na-
turalisées dans les deux royaumes par les entreprises
de leurs voyageurs, le zèle de leurs savants et la protection des deux gouvernements.

« Les premières études des Français sur l'Égypte
portent le cachet du temps où elles furent commen-
cées ; soit défaut de véritables lumières, soit tendance de substituer des idées nouvelles aux traditions
les plus respectées, les résultats de ces études s'an-
noncèrent d'une manière assez hostile à la chronologie sacrée, et, malgré les efforts de quelques dé-
fenseurs de la vérité, on demeurait incertain, parce
que l'érudition la plus consciencieuse ne pouvait
opposer que des déductions conjecturales aux assertions aventureuses des écrivains qu'elle combattait.
L'interprétation des écritures hiéroglyphiques était
encore un mystère depuis dix-sept cents ans.

« Tout fut changé et la vérité des traditions sacrées
triompha sans combat, par la découverte de l'alphabet des hiéroglyphes faite en 1822, par un jeune savant français, M. Champollion, qui fit lire le nom d un
empereur romain sur ce Zodiaque de Denderah qu'on

disait être si ancien et qui était devenu la base d'une chronologie presque sans limite. Le même savant lut aussi les noms des rois égyptiens écrits sur tous les temples.

« L'éclat de cette découverte retentit dans toute l'Europe. Le feu roi Louis XVIII daigna la prendre sous sa protection, honorer l'auteur de son auguste intérêt et l'encourager à faire, sous ses auspices, un voyage en Italie pour étendre et compléter ses recherches. Il a reçu aussi la décoration à l'époque du sacre de S. M. Charles X.

« L'archéologie égyptienne a mérité dès lors et obtenu l'intérêt des gouvernements : Londres, Vienne, Berlin, Turin, Florence et Rome ont formé de riches collections, qui attirent les savants et les artistes de tous les pays, et la France, où est née une science qui lui fera un éternel honneur, ne possède que quelques monuments isolés

« La magnifique collection formée par M. Drovetti, consul de Sa Majesté en Égypte, resta pendant trois ans à la disposition du gouvernement français ; après des négociations infructueuses, elle fut achetée par le roi de Sardaigne pour 400,000 francs, et la description qu'en a donnée M. Champollion a justifié la surprise et les regrets universels qu'elle excita parmi les savants et les artistes du royaume.

« Cette perte peut être avantageusement réparée par une dépense moindre de moitié et qui sera répartie sur plusieurs exercices.

« Une nouvelle collection est à vendre à Livourne : elle contient quelques grands monuments de matières précieuses, entre autres le sarcophage en granit rose et couvert de sculptures d'un des plus anciens rois d'Égypte et une foule d'objets du plus beau choix également importants pour l'art et pour l'histoire ; des statuettes royales en bronze incrustées en argent, des figurines en or massif, des inscriptions qui sont des actes publics portant les noms des princes et des dates, et les plus beaux monuments égyptiens connus.

5

« L'acquisition de cette collection remplirait une grande lacune dans le musée du Roi, calmerait les regrets des savants, jetterait un nouveau lustre sur la gloire littéraire de la France et serait un nouveau bienfait de Sa Majesté, suprême protecteur de toutes les connaissances utiles.

« L'intérêt des bonnes doctrines est d'accord avec ce projet ; chaque monument égyptien est un témoignage en leur faveur ; l'Europe devra ce grand service à la France. Il est de son honneur d'établir solidement et de perpétuer l'école qu'elle a fondée ; l'Europe reçoit ses enseignements avec reconnaissance, et ils ne peuvent provenir que de l'étude des monuments dont la munificence royale ornera la capitale.

« Le pape a en quelque sorte protégé les études égyptiennes : il a déclaré que les découvertes de M. Champollion étaient le plus grand service rendu depuis longtemps à la religion ; il a témoigné le plus honorable intérêt à l'auteur et M. l'ambassadeur du Roi à Rome en a rendu compte au gouvernement.

« Il n'est donc pas de moment plus favorable pour assurer, par l'acquisition des magnifiques collections de Livourne, le triomphe des saines doctrines sur les prétentions contraires de l'erreur ou de la mauvaise foi. Ce service éminent trouvera ses plus solides motifs dans l'esprit et le cœur de Sa Majesté ; il excitera de plus en plus l'amour de ses sujets voués à la culture des lettres et des sciences et la reconnaissance de l'Europe savante envers leur auguste protecteur. Cet acte de la magnificence royale sera aussi une continuation du règne heureux de Louis XVIII.

« Champollion-Figeac. »

Le duc de Doudeauville a M. Champollion-Figeac

« Ce 9 septembre 1825.

« J'ai reçu votre note, Monsieur, et je la mettrai avec un vif intérêt sous les yeux du Roi. J'ai un grand désir d'assurer le succès de cette affaire, malgré les difficultés qui pourraient s'y opposer ; difficultés provenant des dépenses d'un nouveau règne et surtout de celles du sacre qui, malgré tous mes soins, excéderont nécessairement la somme allouée pour cette importante cérémonie.

« Je désirerais savoir le prix exact que l'on veut de cette collection et les époques de payement qui pourraient convenir.

« Si elle m'inspire beaucoup d'intérêt, les personnes qui s'en occupent et avec lesquelles j'ai à m'en occuper m'inspirent beaucoup de confiance. J'aime à vous en assurer, Monsieur, ainsi que de tous les sentiments que les deux frères m'ont inspirés. » (T. XXXIX, f. 70. Entièrement autographe.)

LE DUC DE DOUDEAUVILLE AU MÊME.

« Paris, le 17 septembre 1825.

« Je m'occupe toujours, Monsieur, de la collection de Livourne ; mais j'ai besoin de renseignements, entre autres sur le prix et sur le mode de payement, avant de donner une réponse et même avant de la solliciter du Roi. Veuillez me faire parvenir quand vous le pourrez les documents qui sont et qui seront à votre connaissance (1). Veuillez recevoir, etc.

« LE DUC DE DOUDEAUVILLE. »

« J'ai reçu, Monsieur, les projets de lettres que vous avez pris la peine de m'envoyer ; avant de les faire transcrire, je crois devoir vous faire passer le rapport qui m'a été transmis en même temps. Je désire vos réflexions à cet égard. Je les recevrai avec plaisir et je vous renouvelle aussi avec plaisir, Monsieur, l'assurance bien sincère de tous mes sentiments.

« Ce 28 janvier 1826.

« LE DUC DE DOUDEAUVILLE. »

(Entièrement autographe, ainsi que les autres lettres ; même volume, f. 71 et 73.)

---

(1) Autre lettre de M. le duc de Doudeauville sur le même sujet. Aux Pièces justificatives, § XV, se trouvent les principaux documents relatifs à la création du Musée égyptien du Louvre.

L'acquisition de la collection Salt ne fut point le
seul résultat de la mission que le gouvernement français avait confiée à Champollion le Jeune ; avant de
revenir à Paris, au mois d'octobre 1826, il voulut visiter une seconde fois Florence, Rome et Naples. Les
lettres adressées à son frère pendant son voyage en
Italie sont au nombre de cent six ; elles donnent, sur
les monuments égyptiens conservés dans la pénin-
sule, sur les papyrus, sur l'épigraphie grecque, les
plus précieux renseignements ; mais l'antiquité romaine y trouve aussi une grande place et par la va-
riété des sujets qu'elles embrassent et les aperçus
nouveaux qu'elles mettent en lumière, au sujet de la
civilisation antique, elles forment un très magnifique
complément des *Lettres écrites d'Égypte,* dont les
originaux ont été adressés pendant ce voyage à Champollion-Figeac et elles sont aujourd'hui la propriété de
son fils.

Pendant son second séjour à Rome, Champollion le
Jeune reçut du Pape un accueil encore plus bienveillant
que la première fois. Un des bibliothécaires du saint-
père, l'abbé Lanzi, venait de publier contre Champollion
une brochure des plus violentes, dans laquelle il l'accusait de vouloir renverser la chronologie sacrée ; le
Pape le révoqua de ses fonctions de bibliothécaire. « Je
ne l'ai pas chargé, disait Sa Sainteté, de défendre la
chronologie sacrée, c'est un moyen d'élever des
doutes sur son exactitude que de prétendre qu'il faut
la défendre. » Ces paroles, dites en italien, avaient
une force d'expression bien autrement remarquable
que ne l'indique la traduction française. Champollion
se vengea noblement des attaques de l'abbé Lanzi, en
faisant solliciter sa réintégration par l'ambassadeur de
France, ce qui fut accordé (1). Le saint-père lui sut

_____

(1) L'abbé Lanzi ne persista pas dans son admiration
pour la chronologie sacrée, ni pour l'observation rigou-
reuse des préceptes de l'Église ; il est venu à Paris, en
1847, pour publier un livre peu orthodoxe, que la presse
romaine n'avait pas osé imprimer.

beaucoup de gré de cette démarche, d'autant plus
méritoire, que l'oubli des injures ne compte généralement pas au nombre des vertus pratiquées par les
écrivains ou les savants ; il le reçut en audience particulière et le chargea de publier, aux frais du trésor
pontifical, les inscriptions des obélisques transportés
à Rome ; ce travail est resté *inachevé*, par suite de
circonstances indépendantes de la volonté de Champollion. (Voyez § XII.)

Parmi les savants romains qui reçurent et fêtè-
rent le jeune égyptologue pendant son séjour à
Rome, ses lettres mentionnent le cardinal Maï ; le
cardinal Mezzofanti, alors récemment arrivé de
Bologne ; Barrucci, Toffanelli, directeur du Musée du
Capitole ; le comte de Funchal, ministre de Portugal
à Rome ; le marquis Melchiori, garde noble et auteur de divers ouvrages sur la ville éternelle, etc.

A Naples, le roi et la reine reçurent, comme
l'avait fait le Pape, Champollion en audience particulière ; le Roi lui demanda la description archéologique de quatre vases *canopes* et d'autres vases égyptiens qui se trouvaient dans son palais, lui fit ouvrir
le *Musée des Studj*. La Reine le pria de lui expliquer
l'écriture égyptienne. Il s'empressa de répondre à
ce désir, et par la grâce de son esprit, il sut faire
oublier à cette princesse l'aridité de l'érudition (1).

A Florence, Champollion le Jeune trouva dans le
Musée égyptien du Grand-Duc de Toscane une belle
inscription en son honneur, occupant tout un panneau
de la salle d'entrée et placée par ordre de ce prince

_____

(1) Le roi et la reine de Naples conservèrent un bon
souvenir des audiences données à Champollion le Jeune.
Lors de leur passage à Paris, en 1829, pour aller en Es-
pagne assister au mariage de leur fille, la princesse
Christine, avec le roi Ferdinand, ils visitèrent la Bibliothèque Royale et lorsqu'on présenta à Leurs Majestés
Champollion-Figeac, l'un des conservateurs de cet établissement, le Roi demanda qu'on lui présentât aussi
Champollion le Jeune. Le Roi et la Reine lui firent le
plus gracieux accueil et lui rappelèrent son séjour à
Naples et ses travaux sur l'Égypte.

régnant. Le Grand-Duc demanda au ministre de France de lui présenter le savant égyptologue ; l'audience fut des plus intéressantes et elle eut pour objet d'obtenir de Champollion d'initier un professeur de l'Université de Pise, M. Rosellini, à la science égyptienne ; de le considérer comme son premier disciple et de l'emmener à Paris pour compléter ses études sur ce sujet. Plus tard, Rosellini accompagna Champollion en Égypte, par ordre du Grand-Duc.

Le second voyage d'Italie fut, on le voit, un véritable triomphe pour Champollion le Jeune. Il eut bientôt l'occasion de se signaler par de nouveaux services rendus à la France et à l'Europe savante.

Une circonstance à noter dans la vie littéraire des deux frères se présenta à la fin des diverses missions qu'ils eurent à remplir et dont nous venons de parler. Le ministre duc de Doudeauville écrivit à Champollion-Figeac : « Je ne puis disposer, cette année, que d'une « croix pour les archéologues ; je la destine à « l'Egypte ; mais je ne veux pas choisir entre votre « frère et vous. L'ordonnance portera le nom que « vous m'indiquerez. » — La réponse ne se fit pas attendre, elle était toute tracée : son frère fut nommé chevalier. D'ailleurs, Champollion-Figeac ne pouvait oublier qu'il était chevalier depuis 1815, bien que la Restauration eût refusé de reconnaître les nominations faites dans cette dernière année. (Au sujet des travaux relatifs à l'Egypte pendant le voyage de Champollion le Jeune en Italie, voyez au § XII, *Collaboration de Champollion-Figeac*).

XI.

Projet de voyage en Egypte. — Son exécution en 1828-1830.

Le duc de Doudeauville et son fils le vicomte Sosthène de La Rochefoucauld avaient vaillamment

contribué, on l'a vu plus haut, à la création du Musée
égyptien du Louvre ; ils voulurent, de même, contribuer à son développement. Champollion le Jeune avait
conçu depuis longtemps le projet d'un voyage en Égypte
(voyez § XII) ; la réalisation de ce projet ne pouvait
manquer d'intéresser le nouveau musée ; mais, pour
qu'il pût l'accomplir, il fallait le concours du gouvernement. Le duc de Blacas se montrait favorablement
disposé, tout en redoutant pour son illustre protégé
l'action du climat et l'hostilité des populations indigènes qui se livraient au trafic des antiquités. Il fallait, d'ailleurs, trouver des fonds et résoudre diverses
difficultés administratives ou diplomatiques ; les
troupes du pacha d'Égypte combattaient alors en
Grèce contre les soldats de l'Europe civilisée. Champollion-Figeac, tout en redoutant comme M. de Blacas le climat et les indigènes, connaissait trop l'importance que son frère attachait à cette expédition, il
savait trop quel éclat nouveau elle devait ajouter à sa
renommée, pour ne pas consacrer tous ses efforts à
la faire réussir et il eut la satisfaction de lever tous
les obstacles. Trois ministères contribuèrent aux frais
du voyage : celui de la maison du Roi, celui de l'intérieur, qui avait alors les beaux-arts dans ses attributions, et celui de la marine. Notre compatriote le
comte d'Hauterive, directeur des missions diplomatiques, y fit aussi contribuer, un peu plus tard, le
ministère des affaires étrangères.

Champollion partit pour l'Égypte et la Nubie, en
compagnie de cinq dessinateurs, au mois de juillet
1828 et ne revint en France qu'au mois de mars 1830,
en rapportant une collection d'antiquités d'une valeur considérable, de nombreux dessins des monuments les plus importants subsistant encore sur le
sol de l'Égypte, et deux mille pages environ de copies d'inscriptions hiéroglyphiques, transcrites de sa
main même et avec toute l'exactitude désirable.

Pendant cette longue absence, il ne cessa jamais de
correspondre avec son frère ; *une partie seulement*

de cette correspondance fut publiée pendant le voyage et en l'année 1833, par Champollion-Figeac, en un volume in-8°, sous le titre de *Lettres écrites d'Égypte et de Nubie*, qui toutes lui avaient été adressées (voyez ci-après § XII, *Collaboration de Champollion-Figeac*) ; mais une autre partie plus intime et toute littéraire, avec quelques mélanges de politique locale, non moins curieuse, est précieusement conservée par le fils de Champollion-Figeac et forme avec les *Lettres d'Italie* l'une des plus intéressantes séries de la collection intitulée : *Papiers de famille*, tome XVIII. (Voyez aussi § XII, *Collaboration de Champollion-Figeac*.)

Le voyage d'Égypte et de Nubie avait mis le comble à la renommée de Champollion le Jeune ; on attendait de lui de nouvelles révélations historiques, lorsque la mort vint le surprendre dans toute la force de l'âge et du génie, le 4 mars 1832.

Champollion-Figeac avait été son tuteur, son premier maître, comme il fut plus tard son élève et l'éternelle séparation laissa dans son âme un vide que rien ne put combler, comme elle a laissé dans l'archéologie et la philologie une place qu'il n'a été donné à personne d'occuper. Une foule immense se fit un devoir d'accompagner l'illustre mort jusqu'au bord de la tombe ; des lettres profondément sympathiques furent adressées à sa famille par les hommes les plus considérables de la science, des lettres et de la politique. Le roi Louis-Philippe ordonna que son buste, exécuté aux frais de la liste civile, serait placé dans les galeries de Versailles, dans les salons du Musée égyptien du Louvre, et que le marbre nécessaire pour un autre buste serait donné à Champollion-Figeac afin d'en confier l'exécution au célèbre sculpteur Etex !

Ce dernier buste en marbre, dû au ciseau d'Etex, est sans contestation le plus ressemblant de tous ceux qui existent, au dire des membres de la famille qui ont connu Champollion et vécu avec lui pendant de

nombreuses années. C'était aussi l'opinion de Charles
Lenormant et des dessinateurs qui avaient accompagné Champollion en Égypte : Salvador Cherubini,
Lhoste, Duchesne, etc. Les bustes exécutés par MM. de
Rougé, Thomas et Mochelès pour le Louvre, pour
le Musée de Versailles, pour le Conseil général du Lot
et pour la Bibliothèque de Grenoble, ne rendent nullement la physionomie sympathique du savant re-
gretté de tous ceux qui l'avaient connu. Il en est de
même du portrait peint par Coignet *deux ans après la
mort de Champollion le Jeune* et non 1830, comme le
porte une inscription sur le cadre de ce portrait ;
nous l'avons vu peindre dans l'atelier de Coignet, à la
demande de M. Dubois. Du reste, le buste en marbre
de M. de Rougé et le portrait peint par Coignet, qui se
trouvent tous les deux dans un des salons du Musée
égyptien du Louvre, ne sont pas ressemblants. Il
existe encore divers autres portraits, peints et litho-
graphiés à différentes époques, entre autres le portrait peint par Mme Rumilly, admis au Salon de 1822, et
celui d'Angelleli, exécuté pendant le voyage d'Égypte
(1829). Mentionnons encore un dessin à l'estompe exécuté par Jeanron quelques heures après la mort de Champollion. Enfin, dans le plafond peint par Gros et consacré à rappeler l'inauguration du Musée Charles X
au Louvre, se trouve un groupe dans lequel figurent
tous les conservateurs du Musée et parmi eux Champollion le Jeune.

Eugène Champollion a bien voulu consacrer son
talent d'aqua-fortiste a reproduire le portrait de Champollion le Jeune peint par Mme Rumilly, que l'on trouve
à la page 41.

Une loi d'avril 1833 accorda une pension à la veuve
de Champollion ; cette même loi de finance ratifia
l'acquisition faite par l'État des manuscrits, livres
annotés et dessins de Champollion au profit de sa fille
mineure, aujourd'hui Mme veuve Cheronnet-Champol-
lion (1) ; la ville de Figeac lui éleva, sur la place prin-

_____

(1) L'État avait été alors moins généreux pour les veu-

cipale, un monument dont les inscriptions furent rédigées par l'Institut ; sa statue, exécutée par l'habile
sculpteur Bartholdi, a été, il y a quelques années,
placée au Collège de France, et des inscriptions en
son honneur se remarquent dans les musées égyptiens
de Florence et de Turin.

Aujourd'hui que Champollion le Jeune est entré
dans la postérité, les mesquines jalousies ont fait
silence, l'Europe est unanime à reconnaître que son
impérissable découverte lui appartient tout entière
et qu'elle n'appartient qu'à lui, à la France enfin qui
n'hésita pas à le compter au nombre de ses génies
initiateurs que leur gloire a fait concitoyens de tous
les peuples.

XII.

Collaboration de Champollion-Figeac aux
œuvres de son frère.

*(D'après la correspondance autographe de Champollion
le Jeune.)*

Plusieurs bibliographes de l'école de Quérard et
quelques-uns des lecteurs du *Dauphiné*, qui ont bien
voulu accorder quelque attention à notre *Étude* sur les
deux Champollion, nous demandent d'indiquer, avec
plus de précision que nous ne l'avons fait jusqu'à présent, *la part de collaboration de Champollion-Figeac*
dans les travaux de son frère Champollion le Jeune,

---

ves de Georges Cuvier et de Champollion le Jeune que la
Chambre des députés de 1886 ne vient de l'être pour la
veuve du rédacteur d'un *Manuel* dans lequel l'auteur
fait preuve d'une singulière érudition. On remarque en
effet, dans ce petit volume que les sentiments démocratiques de l'auteur lui font raconter des faits aussi peu
exacts que ceux d'un autre genre que l'on a attribué au
Père Loriquet. (Voyez *Chroniques dauphinoises*, t. Ier,
p. 217.) La pension de Mme Bert est de 12,000 fr., son mari
avait passé six mois au Tonkin aux frais de l'Etat.

relatifs à l'Égypte. Nous ne nous dissimulons pas les difficultés que peut soulever cette répartition et toute la délicatesse qu'elle exige ; mais nous avons pensé que l'on parviendrait à préciser avec équité cette collaboration, en prenant dans la *correspondance même de Champollion le Jeune* les indications des travaux qu'il demandait à son frère, ainsi que ceux que l'on peut encore matériellement reconnaître, de nos jours, comme ayant été *préparés, rédigés* ou *rectifiés* par Champollion-Figeac. Les demandes de recherches à faire dans les auteurs de l'antiquité classique en ce qui concernait l'Égypte furent nombreuses, ainsi que les traductions et les interprétations de ces textes, sa correspondance en fait foi ; les calculs chronologiques exaspéraient Champollion le Jeune, c'était son frère qui s'en chargeait. Enfin, il nous a paru possible d'indiquer certains chapitres, des rapports, des préfaces, des dédicaces, des mémoires, des lettres administratives et des fragments qui furent rédigés par Champollion-Figeac pour en éviter l'ennui et la peine à son frère et pour ne pas le détourner de ses travaux relatifs à l'Égypte des Pharaons.

Nous allons donc tenter de *spécifier avec exactitude cette collaboration*, aussi équitablement que les documents nous permettront de le faire. Pour éviter des répétitions inutiles et de rappeler diverses circonstances déjà racontées dans les paragraphes précédents, nous nous bornerons, toutes les fois que cela sera possible, à laisser parler le texte même des lettres de Champollion le Jeune à son frère, en renvoyant pour des récits plus complets aux paragraphes précédents. Du reste, ces lettres de Champollion le Jeune présentent par elles-mêmes un véritable intérêt littéraire et ne peuvent en rien diminuer sa gloire personnelle.

La correspondance journellement échangée entre les deux frères remonte à l'an IX de la première République (1800). « Je désire que, dès ce moment, « il s'établisse entre nous une correspondance suivie,

« où tu me diras tout ce qui te concerne », écrivait
Champollion-Figeac à son frère plus jeune que lui de
dix années, et, plus tard, le frère aîné ajoutait :
« Donne-moi tous les détails relatifs à ta manière
« d'être, à tes études et comment tu te trouves dans
« ton logement de Paris (t. IV, p. 388). » Cette correspondance s'établit en effet et elle est encore la propriété de la famille. Elle forme *deux volumes* in-folio de
plus de 1700 feuillets de la main de Champollion le
Jeune ; toutes ces lettres sont adressées au domicile de
Champollion-Figeac, à Grenoble, à Vif, à Figeac et à
Paris. Un très grand nombre de lettres portent le
timbre de la poste. Ces deux précieux volumes forment les tomes X et XVIII des *Papiers* provenant de
Champollion-Figeac. (Voyez à ce sujet t. IV, p. 383 des
Chroniques Dauphinoises.) Ils ont été recueillis par un
membre survivant de cette famille de savants, et ils
contiennent des renseignements intimes et les détails
les plus circonstanciés sur leurs travaux scientifiques.

En voici quelques fragments intéressant notre
sujet.

DÉCOURAGEMENT ET ACCÈS DE SPLEEN DE CHAMPOLLION LE JEUNE PENDANT SA CARRIÈRE LITTÉRAIRE.

Son professeur écrivait : « Il y a des jours où il
« paraît vouloir tout apprendre, d'autres où il ne fait
« rien ». (*Chron. Dauph.*, IV, p. 383.) Plus tard, son
frère remarquait aussi que : « tantôt il semble
« craindre de trouver des bornes à ses désirs d'ap-
« prendre, tantôt abattu, tout lui paraît obstacle à
« surmonter. (*Chron. Dauph.*, p. 384.) » Son frère
lui répondait : « Sois tranquille , je suis au poste
« avancé pour toi » ; lorsque Champollion le Jeune lui
disait dans ses diverses lettres : « L'ennui et le dégoût
« m'accablent ; je suis en proie à mon abattement... »
« Je peux à peine chasser quelques instants l'ennui et
« le dégoût qui m'accablent... » « Je ne goûte plus au-
« cune satisfaction ; mes idées funèbres se sont renou-

« velées avec plus de force (*Chron. Dauph.*, t. IV,
« p. 388, 391, 397.) », son frère lui répondait : « Les
« craintes que tu manifestes sur le résultat de tes
« études ne doivent pas te décourager ; n'as-tu pas
« vu, dans le Rapport de l Académie, etc. (*Chron.*
« *Dauph.*, t. IV, p. 400.) »

Ce fut son frère qui le maintint dans la carrière
littéraire, après lui en avoir ouvert les portes à deux
battants, en lui faisant accorder des fonctions en harmonie avec ses goûts et en obtenant du gouvernement
du premier Empire un décret d'exemption de la cons-
cription.

TÉMOIGNAGES DE GRATITUDE DE CHAMPOLLION LE JEUNE.

« Crois-tu que j'oublie un seul instant tout ce que
« ta tendresse a fait pour moi et les soins paternels
« que tu as eus de moi depuis que je me connais...?
« C'est à toi que je dois tout ce que je puis savoir.
« (*Chron. Dauph.*, t. IV, p. 393.) » Et plus tard : « En-
« core de nouvelles grâces à rendre à ta tendresse, à
« ton attachement pour moi. (*Chron. Dauph.*, t. IV,
« p. 402.) » « Mais tu ne concevras pas jusqu'à quel
« point je suis touché de toutes les peines que tu te
« donnes pour moi, qui ne sais que dire pour te pein-
« dre ma gratitude et ma reconnaissance. (*Chron.*
« *Dauph.*, IV, p. 403.) » — « Je ne sais véritablement
« quel parti prendre..... je n'ai pas grande opinion des
« avantages qui pourront résulter de mes études. Ne
« saurais-tu point une autre partie qui s'accorderait
« un peu avec mes goûts pour l'étude des sciences,
« des muses orientales et surtout égyptiennes ? »

Le 9 octobre 1809, Champollion le Jeune lui écrivait : « Encore de nouvelles grâces à rendre à ta
« tendresse et à ton attachement pour moi ! Il faut
« avouer que tu es un fameux négociateur ; j'allais
« dire un heureux entreprenant ! tu vas à Paris pour
« qu'on ne m'ôte pas une place et tu m'en fais avoir

« deux ; tu dois sentir combien je suis aise de cela. »
(Professeur et secrétaire de la Faculté.) — Dans
une autre lettre : « Ma nomination m'a fait tout le
« plaisir que tu peux t'imaginer ; c'est encore un
« nouveau lien qui m'attache à toi et redouble, si cela
« est possible, toute la reconnaissance que je te dois
« et que j'ai bien certainement. »

COLLABORATION DE CHAMPOLLION-FIGEAC AUX
PUBLICATIONS DE SON FRÈRE.

Les lettres de Champollion le Jeune vont à présent
nous faire connaître la part que Champollion-Figeac
prit à la rédaction des ouvrages de son frère sur la
demande de celui-ci : nous citerons textuellement ces
documents. Commençons d'abord par le moins important : la *Correspondance d'affaires*, celle qui était
adressée à des corps savants et à des personnages en
grande réputation, n'était expédiée qu'après avoir été
rectifiée par Champollion-Figeac et plus souvent encore
entièrement rédigée par lui. N'oublions pas qu'en 1808,
le frère aîné lui disait encore : « Je voudrais bien que
« tu écrivisses tes lettres avec plus de soins sous le
« rapport de la langue. Tu t'habitues à mal écrire sous
« ce rapport. (*Chron. Dauph.*, t. IV, p. 396.)» Aussi, la
première lettre de Champollion le Jeune au secrétaire
perpétuel de la troisième classe de l'Institut, par
laquelle il lui envoyait l'*Introduction* à la description
géographique de l'ancienne Égypte, était de la main dè
Champollion le Jeune, mais largement modifiée par son
frère. (*Papiers de famille*, t. X, p. 119.) Les minutes de
lettres *rectifiées* ou entièrement *rédigées* par son frère
se rapportant, en général, aux publications de Champollion le Jeune, nous les mentionnerons à l'avenir à
leurs dates, en même temps que la partie de chaque
publication à laquelle le frère aîné avait *collaboré*.
Nous remontons aux premiers ouvrages de notré
égyptologue.

En 1810 et le 7 août, Champollion le Jeune donna

lecture à l'Académie Delphinale de son premier *Mémoire sur les écritures anciennes des Égyptiens.* La minute de ce travail, qui nous a été donnée par M. Em. Teisseire en 1869, est entièrement de la main de Champollion le Jeune, mais fréquemment rectifiée par son frère. Après la lecture à l'Académie Delphinale, Champollion-Figeac , pour faire connaître ce premier travail de son frère, en fit un extrait considérable qu'il envoya au *Magasin Encyclopédique,* avec diverses additions intéressantes. Le discours d'ouverture de son cours d'histoire ancienne existe encore. Il est entièrement écrit de sa main, mais souvent modifié de la main même de son frère aîné.

A partir de cette époque, il est facile de constater que Champollion le Jeune ne termina pas un chapitre de ses ouvrages sur l'Égypte sans le communiquer préalablement à son frère, sans prendre son avis sur les conclusions auxquelles il aboutissait et surtout sans lui faire reviser la rédaction définitive de ses ouvrages. De même, l'impression n'avait lieu qu'après qu'il l'eût consulté, et Champollion le Jeune se conformait entièrement aux avis de son frère. C'est ce qui va être démontré par les extraits suivants des lettres de Champollion le Jeune. Nous constaterons également qu'un travail qui était surtout antipathique au jeune égyptologue, c'était les polémiques littéraires résultant de ses travaux. Il se dispensa presque toujours d'en engager aucune, et lorsqu'il était obligé d'en venir à cette extrémité désagréable, il avait recours à la verve mordante de Champollion-Figeac qui, non seulement s'acquittait avec dévouement de cette pénible besogne ; mais par ces polémiques il accumulait sur sa tête toutes les rancunes et les vengeances qu'elles créèrent. (*Chron. Dauph.*, p. 404, 406, 407.) — Voici quelques extraits de la correspondance inédite dont nous avons parlé ; nous citons textuellement (1).

(1) Pour les recherches dans les classiques grecs et latins, relatives à l'Égypte. voyez pp. 387, 390, 392, 396, 402 du tome IV des *Chron. Dauph.*, et sur son inten-

Champollion le Jeune écrivait en 1812, le 28 juillet :
« Tout ce que tu peux avoir fait *pour mon livre* est
« bien, très bien. Je m'en repose sur toi et ne saurais
« mieux faire. Au reste, ta main qui a créé et mis au
« monde le père a tout droit sur le fils ; mon bou-
« quin te doit sa venue à la lumière, Dieu veuille
« qu'il prospère !... (*Papiers de famille,* t. X, p. 238 ;
« *Chron. Dauph.,* 395, 396, 397, 402.)

Les événements de 1814 et de 1815 causèrent un
trouble profond dans la situation administrative et
littéraire de Champollion le Jeune. Le 15 juin, il écrivait à son frère : « Tu as beau me rassurer sur l'état de
« l'Université, je ne puis que t'avouer que je le regarde
« encore comme infiniment précaire... Sois persuadé
« que les bonnes espérances qu'on te donne ne sont au-
« tre chose que le calme plat qui précède ordinairement
« la tempête. Si tu m'en crois, tâche de te pourvoir
« ailleurs, et ne compte plus sur la toque et la robe
« jaunes (de doyen de la Faculté). Quant à moi, mon
« sort est clair... Je tâcherai d'acheter un tonneau
« comme Diogène... Tu conçois maintenant jusqu'à
« quel point tout cela m'encourage dans mes travaux
« littéraires... Cependant je commence à m'endurcir
« sur les événements de ce monde. Mes ouvrages te
« parviendront, j'espère, en bon état ; je les aban-
« donne à ta sagesse ; qu'ils plaisent ou déplaisent,
« soient critiqués ou loués, réussissent ou ne réus-
« sissent pas, cela m'est fort égal. Je n'en suis pas
« moins reconnaissant, magré cela, pour les peines
« que je te donne ; mais enfin, tu fais là une bonne
« œuvre dont tout le mérite doit te rester... sans que
« je puisse faire quelque chose pour compenser le
« moins du monde le service que tu me rends de si
« bon cœur. Je crois fermement que je suis né dans
« un mauvais moment et que rien de ce que je désire

tion de suivre l'avis de son frère de point en point, p. 394,
402 du même volume. Ces divers fragments intéressent
également la carrière littéraire des deux frères dans
l'Université.

« le plus ne réussira jamais. Je suis poussé irrésisti-
« blement par ma tête, mon goût et mon cœur, dans
« des chemins difficiles et hérissés d'aspérités, qui se
« renouvellent sans cesse. Tel est mon destin, il faut
« le subir quoi qu'il en coûte. » (*Papiers de famille*,
t. X, p. 220.)

Pendant cette même année 1814, Champollion-
Figeac s'était rendu à Paris et s'y occupait activement
des intérêts de son frère. Il obtint pour lui, du ministre de l'Intérieur, une souscription à l'*Introduction* de *l'Égypte sous les Pharaons*. Il rédigea à cette
époque la lettre au duc de Pienne, pour demander
l'autorisation de dédier au Roi Louis XVIII son premier ouvrage sur l'Égypte, se conformant en ce
point aux conseils du baron de Vitrolles, leur ami et
compatriote. (Voyez l'*Armorial* de MM. La Batie et de
Terrebasse sur les Vitrolles.)

En même temps, Champollion-Figeac avait écrit, au
nom de son frère, au grand maître de l'Université,
en lui envoyant un exemplaire de l'*Introduction* de
l'Égypte sous les Pharaons, que M. de Langeac s'était
chargé de remettre en main propre à M. de Fontanes. Champollion le Jeune exprimait aussi à son
frère le regret d'apprendre qu'il allait quitter si tôt
Paris, car « il désirait qu'il y fût encore pour faire
« imprimer son article dans le *Magasin Encyclopé-
« dique* et en surveiller l'impression ». Son frère
retarda son départ de quelques jours et eut aussi la
satisfaction de lui communiquer la *lettre* suivante
qu'il venait de recevoir :

« *A M. Champollion-Figeac, à Paris.*

« Paris, *sur la table de l'Institut*, ce vendredi 22
« juin 1814. — Je puis dire, Monsieur, avec vérité,
« que je ne perds pas un moment pour vous annoncer
« que vous venez d'être élu membre correspondant
« de l'Institut à une grande majorité. Je m'empresse
« de vous féliciter et de vous exprimer *combien je
« me trouve heureux de vous avoir pour confrère.*

6

« Croyez, Monsieur, que je saisirai toutes les occa-
« sions de vous prouver l'estime particulière et le
« vif intérêt que je vous ai voués.

« Le Comte de Choiseul-Gouffier. »

On connaît, par le volume ayant pour titre : *Fourier
et Napoléon, l'Égypte et les Cent-Jours*, et par ce que
nous avons rappelé ci-dessus, p. 14, les circonstances
qui attachèrent Champollion-Figeac au cabinet de
l'empereur Napoléon I⁰ʳ, lors de son retour de l'île
d'Elbe et de son passage à Grenoble. Cette faveur
momentanée, comme l'Empire des Cent-Jours, lui
fut des plus funestes, ainsi qu'à son frère ; mais
Champollion-Figeac ne profita pas moins d'une circonstance favorable pour demander à l'Empereur de
faire imprimer à l'Imprimerie impériale le *Dictionnaire* et la *Grammaire copte* de son frère. Cette
demande, selon les usages du temps, fut renvoyée
à l'Institut pour avoir son avis, et M. Silvestre de
Sacy la fit échouer par un rapport qui, tout en louant
l'ouvrage en lui-même, n'en blâmait pas moins la
forme. (Les mots de ce dictionnaire étaient classés par
racine ; ce travail a été depuis cette époque refait par
l'auteur dans la forme ordinaire aux dictionnaires.)

Les savants s'occupant alors du copte n'étaient
pas très nombreux, si on en juge par la lettre suivante de Champollion le Jeune :

« Grenoble, 3 juin 1815. — J'ai vu les manuscrits
« coptes de la bibliothèque de l'Arsenal *et j'ai ri
« comme de juste*. Il faut avouer qu'on est quelque-
« fois bien bête dans la capitale. (Voyez aussi *Chron.
« Dauph.*, t. III, chap. II et III.) Mon cœur a palpité
« en ouvrant la caisse. J'ai d'abord lu sur la feuille :
« *Manuscrit copte,* et cela me charmait ; mais hélas !
« c'est du slave ou du russe tout pur. J'examinerai
« cela à l'aise ; mais la première vue a décidé à ja-
« mais. *Qu'on est bête à Paris .. quelquefois.* » (*Pap.
de famille*, t. X, p. 294.)

Le refus d'imprimer le *Dictionnaire* et la *Grammaire
copte* exerça la plus désastreuse influence sur Cham-

pollion le Jeune. Il écrivait à son frère à la date du
19 juillet 1815 (*Papiers de famille*, t. X, p. 329, v°.) - « Je
« tâche de reprendre mes travaux ordinaires ; mais
« le cœur n'y est pas. Je suis entièrement désespéré
« pour l'avenir. Je crois fermement qu'il n'en est plus
« pour moi. Voilà Sylvestre tout-puissant, Polycarpe
« (Étienne Quatremère, voyez *Chron. Dauph.*, t. IV,
« p. 406) à l'Institut : c'en est assez pour me couper
« le chemin. Je travaillerai encore, mais pour mon
« plaisir, sans en espérer rien de bon pour ma gloire
« ou pour ma fortune. Il faut renoncer à l'une ; quant
« à l'autre, ne point l'espérer. »

« Grenoble, le 21 juillet 1815.— Ta lettre est venue
« fort à propos pour me donner du courage, parce
« que mon parti définitif est pris. Le rapport du
« jésuite est tel que je l'attendais : *du venin caché*
« *sous du sucre ;* ne pouvant attaquer le fond, il se
« rejette sur la forme. C'est une chenille qui, ne
« pouvant mordre et déchirer une plante, se contente
« de la couvrir de sa bave. Je ne suis point surpris
« de ce qui arrive. *Toute la malice du rapport ne*
« *m'a point échappé*. Il est le maître maintenant :
« l'Institut a reçu mon plus mortel ennemi et tu sens
« aussi bien que moi combien ce succès de Polycarpe
« est terrible pour mes affaires. Je pense enfin qu'il
« est inutile de continuer une lutte dans laquelle
« nous devons succomber tôt ou tard ; l'esprit de
« parti régnera désormais en France avec plus de
« force que jamais ; la couleur du chapeau va décider
« de la bonté des productions de la tête. Tout est
« fini de ce côté-là. »

« J'espère que tu n'es point assez fou pour aller,
« sur le dire de M. Grille, m'enfourner dans une dé-
« pense fort au-dessus de mes moyens et des tiens
« réunis, dans le temps où nous sommes au milieu
« des épouvantables révolutions qui déchirent et
« déchireront encore notre malheureuse patrie (*Pap.*
« *de famille*, t. X, p. 333).— On ne te pardonnera jamais
« ni tes entrevues avec l'empereur ni ton ruban :

« ce *ruban deviendra une corde pour toi.* C'est un
« nouveau malheur. » (Champollion-Figeac avait été
fait chevalier de la Légion d'honneur pendant les
Cent-Jours, le décret est signé par Carnot, ministre de
l'Intérieur (*Pap. de famille*, t. X, p. 333).

« Juillet 1815. — J'ai reçu ton paquet, *je mettrai*
« *au net* la lettre pour Son Excellence.

« Tu m'avais annoncé un envoi de brochures de
« ma façon, extraites du *Magasin Encyclopédique* ou
« des *Annales* ; elles n'arrivent point. Je serais
« cependant bien aise de lire ce que j'ai composé :
« c'est bien le moins. Te voilà donc entre les mains de
« *Messieurs du fauteuil !* Dieu veuille qu'ils ne te
« traitent pas comme le camarade Fourier ! je les
« en crois capables. »

« 12 octobre 1815. Le moment n'est pas favorable
« pour s'occuper de rêveries littéraires. Je te fais
« mon compliment d'en avoir le courage ; quant à
« moi, je suis si dégoûté de tout, que je ne donnerais
« pas deux liards de la gloire littéraire et de tout ce
« qui s'ensuit (t. X, p. 401). »

« 17 novembre 1815... Tu trouveras joint à la pré-
« sente un *factum* auquel je mets beaucoup d'impor-
« tance ; *lis-le avec réflexion.* Je tiens beaucoup à
« raisonner cette affaire à fond avec toi. Je suis per-
« suadé qu'il peut en résulter de bonnes choses...
« Nul doute que la Faculté des lettres ne soit suppri-
« mée en masse. Cependant, rien d'officiel n'est arrivé ;
« cela ne peut pas tarder. Dans tous les cas, Bilon,
« moi, toi et Berriat-Saint-Prix seront chassés... Nous
« sommes rasés. » (*Pap. de famille*, t. X, p. 417.)

« *Factum* (extrait)... « Je veux embrasser l'état de
« *notaire à Grenoble.* Tu me diras que c'est d'évêque
« devenir meunier ; mais qu'importe si la mitre ne
« nourrit pas et qu'il y ait de la farine au moulin : ce
« n'est plus le temps de tenir au rang. D'ailleurs, je
« connais maints notaires plus estimés et plus consi-
« dérés qu'un bloc de professeurs... Quant à moi, je
« suis résolu de quitter la carrière de l'instruction

« publique ; je n'ai pas beaucoup de mérite à prendre
« cette résolution, puisqu'elle devient pour ainsi
« dire forcée. » (*Pap. de famille*, t. X, p. 419.)

Les prévisions de Champollion le Jeune ne tardè-
rent pas à se réaliser : la Faculté des lettres de Grenoble fut supprimée et les deux frères exilés à Figeac.
(Voyez ci-dessus, p. 17.)

A cette occasion, Champollion le Jeune écrivait à son
frère : « Si tu as quelque projet sur moi, je te donne
« carte blanche pour le choix du théâtre sur lequel
« je dois jouer le reste de ma pièce, depuis Lisbonne
« jusqu'à Saint-Pétersbourg. Du reste, je ne suis pas
« pressé. Tout ce plan est d'ailleurs subordonné et
« entièrement soumis à ta décision, que j'attends
« dans ta réponse, si tu ne trouves point d'inconvé-
« nients à son exécution. » (*Pap. de famille*, t X, p. 558,
vo.)

Les dispositions d'esprit de Champollion le Jeune
étaient alors peu conciliantes, il écrivait à son frère :
« Je pardonne en ta faveur ce que je ne pardonne
« jamais à personne : *une injustice.*» (*Pap. de famille*
t. X, p. 632, vo.) La carrière littéraire et administrative des deux frères Champollion était donc à recommencer entièrement. Ils avaient été « complètement
rasés ; *sous ce rapport tout était à refaire.* » Les
années 1818 et 1819 furent exclusivement employées
à des travaux qui eurent de grands succès, puisqu'ils furent couronnés par l'Académie des inscriptions et belles-lettres (Les *Annales des Lagides*,
Chronologie des rois grecs d'Égypte et les *Recherches
sur Uxellodunum*, de l'un, et l'*Égypte sous les Pharaons*, 2 volumes in-8°, de l'autre). Il écrivait à son
frère : « Tu as dû recevoir l'épreuve de la première
« feuille : je travaille tout le jour. Il y a déjà 140
« pages de faites. Tous les *prolégomènes* sont finis et
« je commence à traiter des villes ; la besogne ira
« bon train... je serai fort avancé quand tu arriveras.
« Je suis à *Philœ*, je descends le Nil et j'espère aller
« aussi vite que le courant, sans crainte de me
« noyer. » (*Pap. de famille*, t. X, p. 626.)

Dès que cet important ouvrage fut terminé, Champollion-Figeac s'empressa de le faire parvenir, au nom de son frère, à G. Cuvier, à Royer-Collard, à Chateaubriand, avec lesquels il était en relations habituelles. Il sollicitait en même temps et finit par obtenir pour son frère son rétablissement comme professeur d'histoire ancienne à Grenoble (7 oct. 1818). Champollion le Jeune écrivait alors (*Pap. de famille*, X, p. 500) : Je reçois ta lettre du 19 ; il était temps « qu'elle arrivât. Je commençais à m'inquiéter de ce « long silence. Tu devrais bien t'arranger pour que « j'eusse de tes nouvelles au moins toutes les se-« maines... Il ne faudrait pas se jeter pieds et poings « liés dans cette maudite littérature, c'est la plus « abominable carrière. Il y a longtemps que j'en « suis convaincu et que tu devrais l'être. Tout cela « est bon pour délassement ; mais se sacrifier à la « science pour l'avantage de gens qui ne vous en « savent aucun gré, c'est une folie.» (*Pap. de famille*, t. X, p. 565.) Il ajoutait, dans sa lettre du 30 octobre 1818 (*Pap. de famille*, X, p. 570) :

« Il y a longtemps que tu me prouves *que moi c'est toi*, « je serais trop heureux de prouver l'inverse. Mon cœur « m'assure que nous ne ferons jamais deux personnes. « Maudit soit le jour qui amènerait cette distinction ! « Elle est impossible, puisqu'elle ne pourrait naître « qu'à l'instant où je serais un ingrat. Le présent, le « passé, ce que j'étais, ce que je suis et ce que je « serai, tout m'empêchera de l'être. Adieu. »

Champollion-Figeac avait, à cette époque, pris la résolution de se fixer à Paris, et, trouvant insuffisante la position faite à son frère dans l'Université, désirait l'attirer dans cette ville, où il devait trouver plus facilement et en plus grande abondance les matériaux dont il avait besoin pour ses travaux relatifs à l'Égypte. Son frère répondit à ses instances par la lettre suivante (*Pap. de famille*, X, p. 573, v°) :

« ... Je n'ai jamais regardé ce projet comme un obsta-« cle à mon futur établissement à Paris, puisque je n'ai

« jamais songé à me fixer sur ce grand théâtre J'aime
« mieux être le premier dans mon village que le second
« à Rome. Je suis d'ailleurs convaincu, par le senti-
« ment que j'ai de mon caractère, que la capitale ne
« me convient pas. A Grenoble, je suis connu, j'ai
« des amis, une réputation ; mon rang est fixé et je
« n'ai point à m'en plaindre. J'ai vécu trop longtemps
« loin de Paris pour qu'en y arrivant je ne fusse pas
« obligé de recommencer à me bâtir une vie et un
« rang convenables. Je ferai ici et peut-être mieux
« qu'à Paris les travaux que j'ai projetés. Que tu
« songes à te fixer à Paris, toi, cela est naturel, il y
« longtemps même que tu aurais dû y penser. »

Dans une autre lettre, on lit : « Depuis quelques
« jours, je suis tombé dans une attaque de spleen
« complète. Je ne sais si la saison y contribue ; mais
« je me sens capable de lire de sang-froid *toutes les*
« *âneries imaginables sur l'objet favori de mes études*
« *sans être tenté de dire : ce n'est pas cela.* Je leur
« conseille donc de profiter de ces jours de clé-
« mence. » Ils ne furent pas de longue durée. (Voyez
Chroniques Dauphinoises, t. IV, chap. XXII, et ci-
dessus, p. 57 : Découverte de l'alphabet des hiéroglyphes.)

Champollion le Jeune touchait, en effet, en ce moment, au résultat définitif de ses études incessantes
sur l'écriture égyptienne. La minute de la lettre *du
16 août 1822*, par laquelle il demandait à l'Académie
de lui lire son *Mémoire sur l'écriture démotique égyptienne*, est toute de là main de Champollion-Figeac,
et, le 1er octobre 1822, le frère aîné rédigeait pour
le *Moniteur Universel* un article très important sur le
Mémoire de son frère, relatif aux trois écritures en
usage dans l'ancienne Egypte. Cet article n'était pas
signé, mais la minute existe encore ; elle est toute de
la main de Champollion-Figeac et on voit qu'elle a
servi à des ouvriers imprimeurs.

Nous avons rappelé (ci-dessus, p. 57) les circonstances diverses qui se produisirent au moment de

la célèbre découverte de Champollion le Jeune et l'indisposition dont il fut subitement saisi. Heureusement, Champollion-Figeac avait écouté avec une grande attention la démonstration que son frère lui avait faite de la théorie de l'écriture égyptienne hiéroglyphique, et, comme il était au courant des autres travaux de Champollion le Jeune sur l'écriture hiératique et démotique des Egyptiens, *il put immédiatement rédiger le Mémoire sur les hiéroglyphes phonétiques et sur leur emploi dans les monuments égyptiens pour y inscrire les titres, les noms et les surnoms des souverains grecs et romains.* Champollion-Figeac en donna lecture à son frère dès que celui-ci eut repris ses forces et qu'il fut en état d'apprécier ce travail, formant un *Mémoire des plus importants.* La rédaction définitive, telle que la désirait l'auteur de la découverte, fut immédiatement adoptée ; Champollion le Jeune y ajouta de sa main le *tableau des 24 signes alphabétiques égyptiens,* avec leurs correspondants en grec et en copte, plus une demi-page relative au texte démotique de l'inscription de Rosette. Ce *Mémoire* fut porté à M. de Sacy et lu à l'Académie (1), pendant la séance du *17 septembre 1822.* Quelques modifications dans la forme firent de ce *Mémoire* le texte de la *Lettre à M. Dacier sur l'alphabet égyptien.*

Ainsi, le plus important des *Mémoires* de Champollion le Jeune, qui compte 24 pages grand in-folio, celui qui fonda sa renommée impérissable, avait été *entièrement rédigé par son frère.* Il est inutile d'ajouter que cette rédaction, cette *collaboration* à l'exposé d'une découverte scientifique, ne touche en rien à la découverte elle-même, *qui est exclusivement l'œuvre de Champollion le Jeune.* Nous avions donc eu raison de dire, au commencement de cette *Etude,* que *la part de col-*

---

(1) Pour éviter toute compétition tardive, Champollion-Figeac eut la précaution de faire lithographier le texte de ce Mémoire à la lithographie du ministère des finances, grâce à l'obligeance de M. Calmon. Ce mémoire était donc imprimé avant que l'auteur en donnât lecture.

laboration de Champollion-Figeac dans l'œuvre de son frère était très délicate à établir. Nous ajoutons que le lecteur appréciera comme nous ce fait : qu'une seule personne n'aurait pas pu rédiger et publier à Paris tous les travaux que nous allons énumérer, et voyager en même temps en Italie, sans être assuré du concours dévoué et effectif d'un *alter ego,* qui avait les pleins pouvoirs de modifier, de hâter ou de retarder la publication, ou d'ajourner l'impression des ouvrages suivants, savoir : 1° *Système hiéroglyphique* (2 volumes) ; 2° *Lettres au duc de Blacas* (2 volumes) ; 3° *Panthéon égyptien* (16 livraisons); 4° *Études sur le Musée égyptien de Turin,* nombreuses lettres inédites ou publiées par fragments et complétées à Paris ; en même temps, Champollion le Jeune résidait successivement à Turin, à Rome, à Naples, à Florence, et enfin à Livourne; dans cette dernière ville il resta assez longtemps pour y exaner et estimer la collection du consul Salt, en faire l'acquisition pour le musée égyptien du Louvre et obtenir enfin, pendant ce temps-là, le concours du duc de Blacas, du duc de Doudeauville, ministre de la maison du monarque, et du vicomte Sosthène de La Rochefoucauld, directeur des Beaux-Arts. Tous ces travaux si divers et ces démarches s'exécutèrent successivement, dans l'espace de deux années, grâce à la collaboration très active et incessante *du frère aîné* de l'illustre égyptologue.

Le *25 octobre 1822,* l'Académie des Inscriptions et Belles-Lettres reçut le premier exemplaire de la *Lettre à M. Dacier* sur l'alphabet des hiéroglyphes. La lettre d'envoi était de la main de Champollion-Figeac, sauf la signature (voyez ci-dessus, p. 82). Il y eut aussi quelques polémiques très vives, auxquelles Champollion-Figeac fut chargé de répondre. Enfin, pour éviter de se laisser attirer plus longtemps dans ces polémiques, dont quelques-unes n'étaient que le résultat de l'envie et de la mauvaise humeur résultant du succès d'un jeune savant français, Champollion le Jeune comprit qu'il valait mieux confirmer sa découverte, en exposant plus complètement sa doctrine nouvelle, dans un ouvrage ayant pour titre : *Précis du système hiéroglyphique des anciens Égyptiens.* Cet ouvrage n'était pas encore achevé, que Champollion-Figeac demandait au ministre de la justice, par une lettre qui porte la date du 3 octobre 1822, l'impression gratuite de ce travail complémentaire de la *Lettre à M. Dacier.* Pour assurer le succès de cette demande, Champollion-Figeac obtint du secrétaire perpétuel de l'Académie de signer une autre lettre datée du 5 octobre et adressée au garde des sceaux, pour lui recommander d'autoriser cette impression gratuite. Le ministre l'accorda immédiatement et il ajouta même à cette faveur une subvention de 3,000 francs pour l'exécution des planches nécessaires à cet ouvrage.

Le *4 décembre 1822*, Champollion le Jeune écrivait à son frère : « J'attends ton retour pour décider « quelle partie de mes travaux je donnerai à l'Impri- « merie Royale. Je t'attends avec autant d'impatience « que M. Dacier.» (*Pap. de famille*, lettre, t. X, p. 718.) Quelque temps après, *14 janvier 1823*, Champollion-Figeac rédigeait la lettre d'envoi au duc de Blacas et au roi Louis XVIII de la *Lettre à M. Dacier.* C'était un remerciement bien modeste pour une gracieuseté royale que le *Moniteur universel* apprit en ces termes à Champollion le Jeune : « Le Roi, ayant daigné accor- « der une bienveillante attention à l'intéressant tra- « vail de M. Champollion le Jeune sur les écritures « égyptiennes, vient de lui faire remettre par M. le « duc de Blacas, premier gentilhomme de la chambre, « une boîte d'or ornée du chiffre de Sa Majesté en « diamants.

« Tous les amis des lettres partageront sans doute « la reconnaissance dont M. Champollion le Jeune est « pénétré pour un témoignage aussi honorable de la « protection éclairée que Sa Majesté ne cesse d'accor- « der aux solides études et à ceux qui, par leurs re- « cherches, contribuent à l'avancement des sciences « utiles. »

Peu de temps après, Champollion le Jeune reçut une nouvelle faveur royale ; c'est une minute de lettre de remerciement à Monseigneur le duc d'Orléans qui nous l'apprend. Le 22 juillet, nouveaux remerciements, cette fois au ministre de l'intérieur, qui lui avait donné un exemplaire de la *Description de l'Egypte*, faveur que l'on accordait rarement, en ce temps-là, aux particuliers.

Le *5 août,* paraissait dans le *Moniteur universel* un nouvel article non signé, de Champollion-Figeac, au sujet de l'alphabet égyptien ; nous en possédons la minute.

L'année 1824 fut non moins laborieuse pour les deux frères Champollion. Pendant que Champollion le Jeune préparait le texte du *Panthéon égyptien*, l'aîné en rédigeait le *prospectus*, en revoyait les *notices* sur chaque divinité, organisait l'impression de cet ouvrage, dont Champollion-Figeac fut complètement chargé, car, à partir du mois de février, son frère se préparait à entreprendre un voyage en Italie, pour y étudier les monuments égyptiens (voyez ci-dessus, § X).

Bien que ce voyage fut exécuté sous les auspices du Roi et de M. le duc de Blacas, il ne nécessita pas moins, avant d'être ordonné, de nombreux *Rapports* et des correspondances volumineuses, dont toutes les minutes sont de la main de Champollion-Figeac. Avant de nous occuper de cette mission archéologique, citons d'abord les passages suivants de lettres de Champollion le Jeune du mois de *décembre 1823 (Pap. de famille*, X, p. 724, 737 et 738) :

« L'Imprimerie Royale est toujours un peu lente ;
« il semble qu'elle se ralentit parce qu'elle tient les
« dernières pages. Il s'agirait maintenant d'avoir la
« *Préface, puisque tu crois qu'il en faut une.* Pour
« moi, je ne sais qu'y mettre, *et c'est toi qui la feras.»*
Cette *préface* existe en minute de la main de Champollion-Figeac, ainsi que la dédicace au Roi. Le *27 décembre*, Champollion le Jeune écrivait à son frère :
« La *préface* n'est nullement étranglée, comme tu le

« crains; *elle contient l'exposition claire de tous les*
« *résultats principaux de mon travail.* Si le public
« la lit, il saura, à coup sûr, ce que renferme mon
« ouvrage : j'en donne le bon à tirer aujourd'hui. »

A la même époque paraissait une *brochure*, dont le
texte manuscrit existe encore de la main de Champollion-Figeac et qui avait pour titre : « *Notice sur les
résultats historiques tirés des connaissances actuelle-
sur le système graphique des anciens Egyptiens* » (deux
lignes seulement de la main de Champollion le Jeune,
bien que cette brochure porte son nom). Elle fut ré-
pandue en très grand nombre au moment du départ
du jeune égyptologue pour l'Italie.

VOYAGE ARCHÉOLOGIQUE EN ITALIE.

(Voyez aussi ci-dessus p. 62 et le § X.)

L'intérêt spécial que le Roi avait témoigné à la découverte de l'alphabet égyptien, détermina M. le duc de
Blacas à engager Champollion le Jeune à demander au
monarque de lui confier la mission d'aller étudier à
Turin les nombreux monuments égyptiens, nouvellement acquis par le roi de Sardaigne du consul français Drovetti. Le *5 avril 1824,* Champollion le Jeune
s'adressa d'abord au duc de Blacas, par lettre dont la
minute est de la main de son frère, ainsi que les autres
documents relatifs à ce projet de voyage, savoir : *Rapport au Roi, lettres, notes, etc.* Le duc de Blacas répondit verbalement à Champollion-Figeac : qu'il considérait ce projet de mission archéologique comme
obligatoirement adopté, et il ajoutait : « Mais, dans le
cas où il ne serait pas accordé par ordre du Roi, j'en
ferai les frais, » tant le duc le jugeait nécessaire dans
l'intérêt de la science égyptienne (V. p. 61); il engagea
le savant français à faire immédiatement ses préparatifs de départ, en lui donnant rendez-vous à Naples,
après son séjour à Turin. Le duc de Blacas devait, en
effet, aller occuper prochainement son poste d'ambassadeur de France près le roi des Deux-Siciles.

Louis XVIII décida qu'il y avait lieu d'accorder immédiatement cette mission d'exploration, et que sa liste civile en supporterait la dépense. Après s'être arrêté quelques jours à Grenoble, à la fin de mai 1824, Champollion le Jeune se rendait à Turin et était bientôt après en mesure de donner au duc de Blacas, par l'intermédiaire de son frère, et dès le 18 juin, quelques indications sommaires sur la collection égyptienne du Musée Royal, dont les portes lui avaient été toutes grandes ouvertes, grâce aux recommandations du duc (voyez ses lettres, § X), pour l'ambassadeur de France, M. le marquis de La Tour-du-Pin et pour son premier secrétaire, un compatriote dauphinois, M. le marquis de Marcieu. Le ministre sarde comte de Cholais, et le directeur de l'Académie, le comte de Balbe, firent également l'accueil le plus cordial au savant français. Il s'agissait pour lui d'étudier 171 papyrus, 197 stèles funéraires chargées d'inscriptions, 1500 scarabées, 931 amulettes, 102 momies dont les cercueils étaient chargés d'inscriptions, 216 meubles et objets d'habillements, de grandes statues, des statuettes en pierre, en terre, en or, etc., etc.

Les extraits suivants des lettres de Champollion le Jeune, écrites d'Italie, vont nous faire connaître aussi la part de *collaboration* de Champollion-Figeac, résidant à Paris, dans les travaux de son frère, pendant qu'il visitait successivement Turin, Milan, Bologne, Rome, Naples, Florence et Livourne, où il fit un long séjour.

Cette correspondance était tout à fait intime. Champollion-Figeac en tirait des fragments divers relatifs aux études égyptiennes, et ces lettres furent en partie insérées dans les deux volumes in-8°, ayant pour titres *Lettres à M. le duc de Blacas sur le Musée Royal de Turin*. Nous avons exclu des extraits que l'on va lire tout ce qui se rapportait aux personnages et aux savants avec lesquels notre égyptologue se trouvait obligatoirement en rapports journaliers. Quelques-unes de ces lettres renferment de vrais portraits ; les membres survivants de l'Académie Royale de Turin reconnaîtraient certainement Gazzera, Peyron, Costa, San-Quantino et tant d'autres. Voici les extraits relatifs aux principaux monuments égyptiens et à la collaboration de Champollion-Figeac :

« *Turin, le 7 juillet 1824.* J'ai à peu près ter-
« miné l'étude des statues royales égyptiennes du
« Musée Drovetti, qui doivent former le sujet de ma
« *première lettre au duc de Blacas.* Je vais m'occu-
« per sur-le-champ de sa rédaction ; je crains qu'elle
« ne soit un peu longue... Ce sujet est si beau et
« celui des lettres suivantes si intéressant, qu'il ne
« convient pas de sacrifier le fond à la forme. *Tu*
« *arrangeras du reste le tout pour le mieux... il*
« *serait bon de faire un article très soigné sur le*
« *Mémoire de M. Balbe, relatif à la coudée Drovetti.* »
(*Pap. de famille,* t. XVIII, p. 12, 13.)

« *Turin, 14 juillet 1824.* Je reçois seulement à
« l'instant ta lettre du 25 juin. Je commençais sérieu-
« sement à m'inquiéter... Fais-moi le plaisir de m'é-
« crire une fois par la poste et une fois par le ministère,
« et je ne resterai pas quinze jours entiers sans nou-
« velles. » (T. XVIII, p. 14.)

« *Turin, 23 juillet 1824.* Je suis depuis si long-
« temps privé de tes nouvelles, que je ne sais comment
« me défendre de pénibles inquiétudes que ce silence
« ne me semble que trop motiver... Je t'expédierai, à
« la fin de la semaine, le manuscrit de *la première*
« *lettre à laquelle tu ajouteras une tête Je t'indique-*
« *rai, par une note, les personnes de Turin dont il*
« *faut parler dans ce préambule et le degré de relief*
« *qu'il sera nécessaire de donner à chacune d'elles...*
« *Je lègue le manuscrit et son exécution à ta bonne*
« *amitié.* » (T. XVIII, p. 16, 17.)

« *Turin, 4 août 1824.* J'ai entrepris un travail
« qui m'occupera quatre mois entiers pour ne pas dire
« plus. Je trouverais fort dur de passer tout ce temps-
« là à l'étranger ; ne serait-il pas possible, le cas éché-
« ant, *de nous donner rendez-vous pour un mois sous*

« *les ombrages de Vif*, où je viendrais te joindre aussi-
« tôt que tu m'aurais annoncé le jour où tu pourrais
« t'y trouver, au mois de septembre ou d'octobre. »
(*Pap. de famille*, t. XVIII, p. 19.)

Champollion le Jeune avait toujours eu une grande
affection pour les *ombrages de Vif*, maison de campagne de son frère, par héritage de famille, qui la
possédait depuis 1770. Les deux frères Champollion y
avaient passé leur jeunesse et ils y avaient écrit les
ouvrages qui commencèrent leur réputation scientifique. La chambre que Champollion le Jeune y occupait était surchargée de dessins hiéroglyphiques, qui y
ont été longtemps maintenus. On y remarquait aussi
quelques caricatures, entre autres une sur une grosse
courge desséchée relative au baron d'Hausez, préfet
de l'Isère, et au général Pamphile Lacroix, suivant la
procession de la Mission. Cette scène avait été dessinée pendant que la courge était sur sa tige.

Lorsque Champollion-Figeac habitait Grenoble, il
venait passer la belle saison à Vif ; mais depuis qu'il
avait fixé sa résidence à Paris, il n'y séjournait que
pendant les mois de septembre et d'octobre. Il est surtout venu respirer l'air des montagnes pendant sa verte
vieillesse ; il avait 89 ans lors de son dernier voyage à
Vif. Cette maison est aujourd'hui occupée par les deux
héritiers survivants de Champollion-Figeac.

Les *ombrages de Vif* avaient autrefois abrité l'enfance et la jeunesse de deux célébrités de la fin du
siècle dernier : les abbés de Mably et de Condillac,
fils de *Gabriel de Bonnot*, secrétaire du Roi au Parle-
ment de Dauphiné. Ce fut Gabriel de Bonnot qui vendit
cette maison de Vif, en 1770, avec les droits seigneuriaux qui en dépendaient, tels que le *vingtain* des
fruits de la paroisse, à partir du mur de clôture de son
jardin, qui portait le nom de mur *Vingtain* ; mais en
échange, Bonnot devait défendre les habitants et la
communauté de Vif contre les envahissements des
habitants de la commune du Gua, soutenus par les
Bérenger du Gua, très puissante famille du Dauphiné.

Ces droits seigneuriaux ont été perçus jusqu'à leur abolition par l'Assemblée nationale. L'acte de vente de la maison porte les armoiries des Bonnot : d'azur au chevron d'or au chef d'argent, chargé de trois roses de gueule.

On remarque dans une des salles de cette habitation un vase en biscuit de Sèvres, copie d'un vase égyptien très ancien, cadeau du Roi Louis-Philippe à Champollion-Figeac. Mais revenons à Turin.

« *Turin, 11 août 1824.* Tu n'oublieras point, *dans*
« *le préambule ou à la queue de la lettre si cela te con-*
« *vient mieux,* de payer un juste tribut d'hommages à
« M. le duc de Blacas d'abord, à S. M. le roi de
« Sardaigne, qui a acheté 400,000 fr. une collection de
« monuments égyptiens que notre gouvernement a
« laissé échapper et dont M. le comte de Cholais,
« ministre de l'Intérieur, m'a fait ouvrir l'accès,
« avec toute la gracieuseté imaginable... Une belle
« momie grecque-égyptienne de cette collection, por-
« tant deux inscriptions, l'une en grec et l'autre en
« hiéroglyphe, justifient l'une et l'autre mon alphabet,
« de manière qu'il n'y a plus le mot à dire. » *(Pap.*
de famille, t. XVIII, p. 21, 22.)

« *Turin, le 14 août 1824.* J'ai compté *que tu*
« *ajouterais à ma lettre à M. le duc de Blacas, un*
« *morceau chronologique relatif à l'époque de la*
« *XVIII° dynastie.* Le tableau de correspondance des
« monuments avec les extraits de Manéthon servant
« de règle pour les successions, *c'est à toi à déter-*
« *miner les durées de règnes et les époques,* en prenant
« pour base celle de l'expulsion des pasteurs et celle
« de Sésostris. » (T. XVIII, p. 24.)

« *Turin, 4 septembre 1824.* J'ai reçu hier ta lettre
« du 26 août, *contenant le préambule que j'approuve,*
« *comme tu pouvais bien t'y attendre, dans tout son*
« *entier.* La phrase du ministre est parfaite et j'ai été
« tout surpris et charmé, en même temps, de lui
« rendre un hommage qu'il mérite au fond. » *(Pap.*
« *de famille,* t. XVIII, p. 30.)

« *Turin, 15 septembre 1824.* Tu dois avoir reçu
« ma lettre où je te parle de *l'introduction et il n'était*
« *pas nécessaire d'attendre mon avis pour la commu-*
« *niquer* à l'excellent duc de Blacas, avec lequel il me
« peine d'être si en retard. » (T. XVIII, p. 35.)

« *Turin, 30 octobre 1824.* La patience et la résigna-
« tion sont de bien belles choses et j'ai besoin de me
« le répéter, depuis une vingtaine de jours que je ne
« reçois absolument rien de toi. Je devrais être habitué
« à ces retards ; mais c'est une des privations aux-
« quelles on ne se soumet qu'à son corps défendant. »
(P. 46.)

« *Turin, 7 janvier 1825.* Tout cela me démora-
« lise et je regrette souvent de n'avoir pas appris un
« métier, plutôt que de m'être mis au service des
« neuf pucelles. Ma bile commence à reprendre le
« dessus et le spleen me fait de fréquentes visites. Le
« passage du duc de Blacas à Turin mettra un terme
« à tout cela et je prendrai alors un parti définitif. »
(*Pap. de famille*, t. XVIII, p. 83.)

« *Turin, le 17 février 1825. Je t'ai donc laissé le*
« *soin de garnir quelques dates, citées en gros dans*
« *mon texte, et de vérifier certains calculs* que j'ai
« mis en avant en ne *me fiant pas,* comme de raison,
« à *ma science sur les chiffres.* » (*Idem,* p. 92.)

« Le seul moyen de faire passer le spleen est d'aller
« à Rome. Je suis persuadé que le singulier spectacle
« de l'Italie remuera assez fortement ma machine
« pour lui rendre son ressort et son jeu ordinaire,
« car je suis un peu épuisé et certains moments
« de torpeur commencent à s'emparer de moi : *quel-*
« *ques tracas et menées microscopiques* (1) y contri-

---

(1) Nous ne nous sommes pas arrêté sur ces menées
et tracasseries microscopiques organisées par Raoul
Rochette et le chevalier San-Quantino ; elles tombèrent
d'elles-mêmes sur la réclamation de MM. Peyron et
Gazzera. Un article du *Bulletin historique* de M. de
Ferussac sur San-Quantino en fait cependant une mention indirecte.

7

« buent bien un peu. D'ici à dix jours, je quitterai
« Turin. » (*Pap. de famille*, XVIII, p. 94.)

Rome, le 16 mars 1825. « Je croyais qu'il était
« inutile de te parler *de la continuation de ta Notice*
« *chronologique ; il est bien évident qu'on ne peut s'en*
« *passer, cela allait sans dire. Soigne particulière-*
« *ment la XXII° dynastie,* celle de Sésostris, dans
« laquelle les uns mettent *six ou sept* rois et d'autres
« *trois seulement.* Il faudrait décider cette difficulté
« d'une manière péremptoire. J'attends donc aussi
« ton tableau depuis la XVII° légitime. » (*Papiers de*
famille, XVIII, p. 107.)

Livourne, 19 juin 1825. « Tu me parles, dans ta
« dernière lettre, de la fièvre ; ce mot me pesait sur le
« cœur et me faisait faire les plus tristes commen-
« taires pour expliquer le manque total de tes nou-
« velles. Ecris-moi donc plus régulièrement à l'ave-
« nir. On devient alarmiste quand on se trouve à 300
« lieues des personnes qu'on aime. » (*Papiers de*
famille, p. 198.)

Turin, 11 août 1825. « Il serait bien important de
profiter de la présence de M. le duc de Blacas à Paris,
pour faire décider la grande affaire du Musée. Je ne
doute point que M. le duc de Noailles ne s'y intéresse vivement, ainsi que M. de Saint-Priest ; mais
l'opinion et le poids des démarches que M. de Blacas
pourrait faire sont d'une tout autre conséquence et
amèneraient plutôt un résultat définitif. C'est une
affaire à emporter d'assaut, et le moment où l'Europe
retentit d'un *hourra* en ma faveur est certainement le
seul propice pour planter des échelles. Si on le laisse
passer sans rien faire, on ne le voudra plus ensuite. »
(*Pap. de famille,* t. XVIII, p. 138, v°.)

Turin, 20 août 1825. « Le temps passe et le mois
d'octobre approche. *Tu n'as point oublié le congrès*
de Vif et j'y pense plus que jamais ; presse donc une
décision quelconque. Il me tarde fort de savoir ce
que j'aurais à faire un mois d'avance : cette vie *en*
provisoire commence à me lasser. » *(Pap. de famille,*
p. 141.)

Turin, 6 septembre 1825. « J'espérais enfin une décision sur l'affaire de Livourne ; mais me voilà désappointé, comme il arrive toujours lorsqu'il s'agit d'une affaire à laquelle j'attache quelque intérêt de cœur ou de science. Le peu que tu me dis des dispositions actuelles de M. le duc de Doudeauville me donne la conviction que c'est une affaire perdue à toujours et le mot *économie* fait une très bonne figure dans la bouche de personnages qui jettent les millions... Voilà de ces choses qui forcent l'homme le plus résolu, qui travaille niaisement de très bonne foi, à jeter le manche après la cognée, pour ne s'occuper désormais que de la vie animale, qui, en dernière analyse, pourrait bien être la meilleure. » (*Pap. de famille,* p. 141.) *...Tu peux arranger le texte de la 2e lettre sur cette donnée,* pour ne pas supprimer la série des rois et des règnes de la XXIe dynastie, nécessaire dans l'ensemble de la lettre. »

On trouvera à la fin de cette *Étude* des lettres du duc de Blacas et du duc de Doudeauville, des années 1825 et 1826, et un *Rapport* de Champollion-Figeac constatant que la création du Musée Égyptien au Louvre et la nomination de Champollion le Jeune comme conservateur furent le résultat des démarches de son frère. (*Pièces originales,* t. XVII, p. 100, 175, 179, 181, 183, 186, 188, 191, 280, 282.) Ces lettres sont très intéressantes. De plus, Champollion le Jeune lui écrivait de *Grenoble, 10 janvier 1826* : « Mille remerciements, mon cher ami, des bonnes nouvelles que tu m'annonces ; j'espère qu'au moment où celle-ci te parviendra, nous saurons définitivement à quoi nous en tenir. Je suis très flatté de la confiance du ministre ; mais, comme je me défie de mes connaissances en affaires (il s'agissait d'estimer la collection Salt), je te prie de me faire rédiger les instructions les plus étendues et les plus circonstanciées... Aussitôt que tu en auras le temps, *fais-moi le plaisir d'examiner ce que contient cette fin si attendue de la Description de l'Égypte.* Comment y donne-t-on l'inscription de Rosette ? Serait-

il possible d'avoir un calque de la partie hiéroglyphique ? ce dernier point m'intéresse surtout.» (*Papiers
de famille*, p. 152.)

La *deuxième lettre au duc de Blacas* sur le Musée
Égyptien de Turin fut publiée à Paris, comme la pre-
mière, par les soins de Champollion-Figeac, chez
Didot, pendant l'année 1826. On y lit :

« *Je laisse à mon frère le soin important de fixer*
« *chronologiquement l'époque de l'existence de cette*
« *dynastie thébaine*, en faisant observer, toutefois,
« que l'on peut regarder les quatre plus anciens pré-
« noms de cette série comme les quatre rois égyp-
« tiens cités par Syncelle.»

Le 25 janvier 1826, Champollion le Jeune, étant à
Grenoble, écrivait à son frère : « L'affaire de l'acquisition de la collection égyptienne terminée, poursuis
avec ardeur et sans perdre de temps celle du Musée
Égyptien. »

La publication du *Panthéon Égyptien* et les négociations relatives au Musée Égyptien *se poursuivirent*
sans relâche jusqu'au 25 mai 1826. (Voyez ci-dessus,
p. 66.) A cette date, Champollion le Jeune écrivait à
son frère de Livourne, où il résidait alors :

Livourne, le 25 mai 1826. « Le bulletin des
cinq batailles successives qu'il t'a fallu soutenir m'ont
presque dégoûté du fruit même de la conquête qu'elles
peuvent assurer et si j'avais pu croire qu'en proposant
l'achat de la collection de Livourne c'était hasarder
ton repos et le mien, je ne l'eusse certainement point
fait... Je suis charmé cependant que M. le duc de
Doudeauville ait apprécié à leur juste valeur ces sourdes et ignobles manœuvres... Amon-Ra soit loué et
toi aussi ; tes deux lettres de ce matin, donnant l'une
la bonne nouvelle, dont l'autre de tes lettres apporte
la confirmation, m'ont été fort agréables. J'avais besoin
de cela pour me pardonner les trois ou quatre semaines d'enfer que tu as dû passer à mon occasion, et
l'annonce de la victoire ne me cause pas autant de
joie que j'ai éprouvé de peine en lisant les détails des

combats successifs qu'il t'a fallu livrer. Dieu veuille que ce soit là les derniers ennuis que j'aie à te causer. » (T. XVIII, p. 191 et 193. Voyez aussi ci-dessus, p. 67.)

Livourne, le 19 juin 1826. « La dernière lettre du duc de Blacas et qui a pour objet de me féliciter de ma nomination, contient le passage suivant : « M. le duc de Doudeauville, en m'annonçant votre « nomination, ne m'a pas laissé ignorer l'opposition « qu'il a eu à combattre... » *Tu feras pour la seconde édition du Précis tout ce que tu croiras le mieux.* » (*Pap. de famille*, p. 199.)

Livourne, le 28 juin 1826. « Il faudrait que tout fût fini au mois de septembre 1827, pour exécuter un plan dont je vais jeter les premières bases dans la plus prochaine entrevue que j'aurai, à Rome ou à Naples, avec M. le duc de Blacas. Tu sens bien qu'il s'agit du *voyage d'Égypte :* ce n'est que là que je puis en finir. Tu seras convaincu comme moi de la nécessité de ce voyage, lorsque je t'aurai fait connaître, à mon retour d'Italie, tous les avantages d'une telle entreprise... » (T. XVIII, p. 301, v°.)

Naples, le 20 août 1826. « J'avais, avant mon départ de Naples, vu plusieurs fois M. le duc de Blacas qui m'a accueilli avec sa bonté accoutumée. Je lui ai fait les premières ouvertures de mon expédition d'Égypte, et ce voyage a été jugé indispensable comme il l'est en effet. » (*Pap. de famille*, p. 310.)

Les négociations relatives à ce voyage en Égypte étaient donc entamées, depuis le mois d'août 1826, avec M. le duc de Blacas, ainsi que le constatent les lettres datées de Naples et portant : « M. le duc de Blacas « sera dans quelques semaines à Paris ; tu entameras « directement l'affaire du voyage d'Égypte. Prépare, « en attendant, le terrain sur la nécessité de ce « voyage. » (*Pap. de famille,* t. XVIII, p. 313.)

Ce projet de voyage, d'une importance capitale pour Champollion le Jeune et dont nous devons faire connaître l'organisation par les soins de Champollion-Figeac, nous a fait négliger divers détails intéressants de l'année 1826, que nous ne devons cependant pas passer sous silence : nous les rappellerons en peu de mots. Par l'influence de M. Raoul-Rochette, *le Spectateur*, n° 72, du 13 avril, avait inséré un article des plus malveillants à l'égard des deux frères Champollion, qu'il accusait d'être *des plagiaires* et de s'être approprié une découverte de M. Guilo de San-Quantino, de Turin. La réponse ne se fit pas attendre et le n° du 16 avril contenait une rectification péremptoire de Champollion-Figeac à ce sujet. De plus, M. Guilo de San-Quantino fut obligé, par l'Académie royale de Turin, sur la réclamation de MM. Peyron et Gazzera, de reconnaître qu'il n'y avait rien de fondé au sujet des imputations contenues dans l'article du *Spectateur*. Le procès-verbal de la séance de l'Académie royale fit mention de cette déclaration.

A la date du 27 avril 1826, Champollion le Jeune écrivait à son frère (*Pap. de famille,* t. XVIII, p. 182) :

« Je t'envoie la fin des *notes* sur la collection égytienne ; leur publication est indispensable. *Fais du tout et au plus vite une espèce de Rapport*, que tu mettras sous les yeux de S. Exc. M. le duc de Doudeauville ; et il serait bon qu'on l'imprimât dans les journaux et ailleurs, pour clore la bouche aux malintentionnés. » Ce *Rapport*, entièrement rédigé par Champollion-Figeac , porte le nom de Champollion le Jeune ; il comptait 22 pages in-8°. (Paris, imp. Fain, rue Racine.)

Chateaubriand écrivait donc en connaissance de cause à Champollion-Figeac, (Voyez le *fac-simile de cette lettre* dans la brochure : *Nécrologie. Champollion-Figeac* ; Fontainebleau, imp. Bourges, in-8°, 1867.) :

Les admirables travaux de m. votre frère, éclairés de vos propres lumières, auront la durée des monuments qu'il vient de nous expliquer.   Chateaubriand.

Sur la demande du duc de Doudeauville, le projet de voyage en Égypte fut ajourné à l'année 1828, afin de laisser à Champollion le Jeune le temps de classer les monuments du Musée Égyptien du Louvre nouvellement acquis par le Roi ; mais, pendant ce délai d'un an, Champollion-Figeac employait une partie de son temps aux démarches nécessaires pour réunir les fonds indispensables au voyage de son frère ; il devait être accompagné de cinq dessinateurs, qui travailleraient pendant deux années avec lui à relever les monuments dont la terre des Pharaons était encore couverte, malgré les nombreuses explorations des consuls européens et des marchands d'antiquités de toutes nationalités. Cette dépense était estimée à 90,000 francs.

Pour ne pas nous étendre trop longuement sur ce sujet important, nous nous bornerons à citer les documents écrits *en minute* de la main de Champollion-Figeac et qui existent encore, afin d'indiquer toutes les difficultés qu'il eut à surmonter avant que son frère quittât Paris avec sa caravane et flanqué des Italiens du grand-duc de Toscane :

1° *Projet de voyage en Égypte à soumettre au Roi Charles X.* — Envoi de ce projet à M. le duc de Doudeauville, avec prière d'en prendre connaissance.

2° *28 avril 1827.* Réponse du duc de Doudeauville (copie). Il demande que ce projet soit ajourné jusqu'en 1828.

3° *1er mai 1828*, nouvelle demande au ministre de la maison du Roi d'une subvention pour le voyage d'Égypte.

4° *Notice* sur les bijoux égyptiens envoyés en cadeau au Roi par le pacha d'Égypte, adressée au baron de La Bouillerie.

5° Itérative demande de subvention pour le voyage ; le ministre avait promis 20,000 francs payables sur deux exercices.

6° Autres demandes au ministre des affaires étrangères d'accorder une subvention pour le voyage sur les fonds des missions, et au ministre de l'intérieur une autre subvention sur les voyages scientifiques.

7° Au ministre de la marine : demande d'accorder le

passage pour Alexandrie d'Égypte, sur un bâtiment de l'État, pour Champollion, ses dessinateurs et les Italiens.

8° États des objets indispensables pour le voyage d'Égypte et règlements pour les envois d'argent à convenir avec MM. Flury-Hérard.

9° *Note* de Champollion-Figeac sur les préliminaires du voyage : Convention avec Rosellini, chef de la mission toscane. — Les Italiens sont complètement placés, d'après l'ordre de Son Altesse le grand-duc, sous la direction de Champollion le Jeune, chef de ces deux missions scientifiques.

10° Collections d'antiquités à visiter à Lyon, à Aix, à Marseille.

Recommandations diverses aux voyageurs.

11° Lettres écrites d'Égypte. — Retòur de la commission scientifique en mars 1830. — Lettre au baron d'Haussez, ministre de la marine : demande d'envoyer un bâtiment de l'État à Alexandrie pour ramener Champollion le Jeune.

12° Publication des lettres écrites d'Égypte pendant le voyage de Champollion le Jeune. — Nombreuses modifications au texte de ces lettres intimes, par Champollion-Figeac. Les originaux sont au nombre de cinquante-quatre, y compris les lettres qui ont été rédigées à Paris par Champollion-Figeac sur de simples *notes* venues d'Égypte. (Paris, Didot, 1833, in-8°.)

Nous n'avons extrait de la correspondance de Champollion le Jeune avec son frère que ce qui concerne *la collaboration de Champollion-Figeac*. Comme on peut en juger par les extraits ci-dessus, cette coopération a été considérable à toutes les époques de l'existence des deux frères. Les autres lettres adressées à Champollion-Figeac par les savants et les hommes éminents de tous les pays ne rappellent pas seulement les travaux qui le mirent en évidence et lui acquirent de bonne heure sa part de célébrité : elles se rapportent aussi aux travaux d'autres Français et à de nombreux étrangers dont les noms sont tombés aujourd'hui dans l'oubli, tels que Eloïs Bocthor, Agoub, Marcoz, etc. D'autres n'ont pas été oubliés de nos contemporains comme MM. Devillers, Balby, Matter, Auguis, de Golbery, Llorente, etc. Citons encore les lettres du duc Decazes, du baron Mounier, de Delambre, d'Arago, de Mirbel, de Martignac, etc.

Mais revenons à la biographie et aux travaux archéologiques de Champollion-Figeac.

XIII.

1832-1847.— La Bibliothèque royale.— L'École des Chartes. — L'Égypte.

Champollion-Figeac avait traversé de dures épreuves, mais la plus cruelle de toutes l'attendait en 1832. Le 4 mars de cette année, il perdait son illustre frère et son unique consolation fut de recueillir et de publier les inappréciables trésors de science dont il avait reçu le dépôt. A la suite d'essais multipliés, on réussit, *pour la première fois*, à reproduire dans les types français les signes hiéroglyphiques. MM. Didot le secondèrent activement dans cette difficile et coûteuse entreprise et quand tout fut préparé pour la mener à bonne fin, Champollion-Figeac fut chargé par le gouvernement de la publication des précieux manuscrits et dessins rapportés d'Égypte. Une commission dont il fit partie fut instituée pour suivre la publication et, pendant quinze ans, il ne cessa jamais un seul jour de donner ses soins à cette œuvre que l'Europe attendait avec une impatiente curiosité. C'est ainsi que furent publiés successivement :

1° *Les Monuments de l'Égypte et de la Nubie*, 4 volumes grand in-folio, contenant 511 planches (1) ;

_____

(1) Le plan primitif préparé par l'auteur du voyage ne pouvait plus être suivi ; le nouveau *prospectus* fut rédigé, comme le premier déjà publié, par Champollion-Figeac.

2⁰ La *Grammaire Égyptienne,* un volume petit in-folio de 600 pages, avec une préface de *l'éditeur.* Champollion-Figeac ;

3⁰ Le *Dictionnaire Égyptien,* petit in-folio de 500 pages, avec une préface critique de Champollion-Figeac sur la forme la plus convenable à un dictionnaire de signes portraits, forme toute nouvelle et dont il n'existait aucun modèle ;

4⁰ Six cahiers de *Notices descriptives* des monuments figurés dans les 4 volumes de planches ;

5⁰ Le *Mémoire sur les signes employés par les Égyptiens à la notation des divisions du temps,* 63 pages in-4⁰.

Une partie des manuscrits de Champollion le Jeune avait disparu de son cabinet pendant sa courte maladie. Quelques années après, ils furent retrouvés par M. Charles Lenormant dans les papiers d'un jeune Italien mort à Paris. Champollion-Figeac exposa les incidents de cette affaire dans une *Notice des manuscrits de Champollion le Jeune perdus en 1832 et retrouvés en 1840.* (Paris, 1842, in-8⁰.)

Ce fut avec la même sollicitude qu'il défendit la magnifique découverte de son frère contre des attaques que les intérêts de la science n'étaient point seuls à provoquer. C'est ainsi qu'il publia sa *Lettre à M. Charles Lenormant sur l'écriture démotique* (1843, in-4⁰), en réponse à un *Mémoire de M. de Saulcy,* et un long article, *Hiéroglyphes Égyptiens,* dans la *Revue Britannique,* en réponse aux prétentions du docteur Thomas Young soutenues de nouveau par le biographe Peacock (in-8⁰, tirage à part, Paris, 1857). Mais déjà, en 1842, il avait fait paraître, dans la *Revue de Bibliographie analytique :* 1⁰ deux *Notices sur deux Grammaires de la langue copte,* publiées en Italie, dont l'une n'était qu'une copie de la Grammaire copte inédite de Champollion le Jeune ; 2⁰ sur l'ouvrage du *père Barnabite Ungarelli, relatif aux obélisques de Rome,* ouvrage qui n'était, comme celui que nous venons d'indiquer, qu'un véritable plagiat.

Le père Ungarelli se justifia du mieux qu'il put, en disant que les documents qu'il avait mis en œuvre lui avaient été communiqués par Rosellini, de Florence ; mais celui-ci avait accompagné Champollion le Jeune en Égypte et, avant de partir pour cette région lointaine, avait pris une copie de cette grammaire, ainsi que du travail sur les obélisques de Rome. Il resta donc définitivement acquis au débat que Rosellini avait *usé et abusé* des documents copiés à Paris, et que le père Ungarelli avait reproduit ces documents sans en connaître la source.

Champollion le Jeune ouvrit donc à la science de nouveaux horizons et bientôt il se forma toute une école qui le suivit dans la voie des études égyptiennes. Cette école comptait, en France : Ch. Lenormant, le vicomte de Rougé, Mariette, J.-J. Ampère, Devéria fils, Chabas, Maspero, Alphonse Mallet, le marquis de Turenne, Poitevin, Rosellini, Baruchi, etc.; en Angleterre, Tobson, Wilckilson, Tattam, Birch; en Allemagne, Lepsius, les deux Humboldt, Bunsen; en Amérique, le général Cass, M. Gilpen. Les publications relatives aux antiquités de la terre des Pharaons et aux textes coptes se multiplièrent dans tous les mondes savants; les pyramides furent explorées avec une attention et une curiosité nouvelles, ce qui amena la découverte, par un voyageur anglais, du cartouche et du sarcophage du roi Menkeres (Micérinus). Cette découverte permit de constater, une fois de plus, l'exactitude des récits d'Hérodote, des listes de Manéthon et de faire remonter à une très haute antiquité la construction de la grande pyramide de Ghizé.

Le Roi Louis-Philippe s'intéressait tout particulièrement à la publication des œuvres de Champollion le Jeune et, lorsque Champollion-Figeac lui présenta le premier volume du voyage de son frère, il remarqua entre autres une planche représentant des vases d'une extrême élégance, qui pouvaient remonter à 1500 ans avant J.-C., jusqu'au règne de Sésostris III. Il voulut que la manufacture royale de Sèvres reproduisît trois

de ces vases et il trouva ces reproductions si parfaites
qu'il les fit placer aux Tuileries dans l'appartement
particulier de la Reine. Pour témoigner sa bienveillante sollicitude à Champollion-Figeac, il lui en fit
envoyer un exemplaire en biscuit de Sèvres, précieusement conservé dans sa famille. (Voyez ci-dessus,
p. 100.)

Champollion le Jeune avait, on le sait, demandé *le
premier* que l'un des obélisques de Louqsor fût transporté à Paris ; ce vœu fut exaucé en 1833 et, le 11 août
de cette même année, le bâtiment qui avait été chercher
en Egypte le gigantesque monolithe venait s'amarrer
au pont de la Concorde. (Voyez le récit du *Moniteur
Universel.*) Mais l'illustre savant n'était plus là
pour faire parler les lettres mystérieuses gravées sur
l'antique monument. Champollion-Figeac les fit parler
pour lui ; il en donne l'explication dans l'ouvrage ayant
pour titre : *L'Obélisque de Louqsor transporté à Paris,
notice historique, descriptive, archéologique* sur ce
monument. (Paris, Didot, novembre 1833.) Cette notice a été traduite en allemand. (Leipzig, 1834, in-8°.)
Champollion-Figeac compléta ses publications sur
l'Égypte par un volume intitulé : *Égypte ancienne*,
qui fait partie de l'*Univers Pittoresque* de M. Firmin
Didot. Ce livre fut immédiatement traduit en allemand,
en russe et en anglais. Le tirage français dépassa
30,000 exemplaires et ce succès, que l'on peut appeler
un succès cosmopolite, était pleinement justifié, car
l'*Égypte ancienne* n'était rien moins qu'une encyclo-
pédie complète où se trouvaient résumés tous les textes
antiques et toutes les recherches modernes, en même
temps que les plus hautes questions chronologiques
et philologiques y étaient résolues. Cette publication
fut, pour Champollion-Figeac, une sorte de consé-
cration de sa renommée comme égyptologue.

En France et dans d'autres pays d'Europe, on le
consultait sur les nouvelles découvertes. Ainsi, M. Villemain, étant ministre de l'instruction publique,
apprit qu'un Français, M. Prisse, résidant à Alexandrie,

offrait de donner à la France un des plus précieux monuments de l'Égypte, monument connu sous le nom de *Chambre des Ancêtres du palais de Karnac* et qui représentait une série de rois égyptiens, rangés chronologiquement et recevant les offrandes de leur successeur Sésostris III. Le ministre chargea Champollion-Figeac de traiter l'affaire avec M. Prisse et la *Chambre des Ancêtres* fut installée dans un des péristyles de la Bibliothèque Royale ; elle fait aujourd'hui partie du Cabinet des antiques de ce même établissement, mais l'obscurité de la salle où elle se trouve placée ne permet pas toujours de la voir.

Une association littéraire et archéologique s'était formée à Alexandrie d'Égypte ; elle s'empressa d'inscrire Champollion-Figeac, l'un des premiers, au nombre de ses correspondants, et ce fut auprès de lui que M. le comte de Blacas, fils du premier gentilhomme de la Chambre de Charles X, vint se renseigner lorsqu'il entreprit de visiter l'Égypte. Il en fut de même de Lepsius, lorsque ce savant allemand conçut le projet d'un voyage pour lequel il voulati réclamer le concours de son gouvernement.

On le voit, Champollion-Figeac avait largement payé sa dette aux études égyptiennes (1), et cependant, aux publications que nous venons de rappeler, s'ajoutaient encore les ouvrages suivants :

Notice sur un sarcophage royal nouvellement découvert en Égypte et transporté de Thèbes à Paris. — *Des dynasties égyptiennes* à l'occasion des ouvrages de MM. Baruchi et Bunsen. — *Lettre relative à la note de M. Mariette* concernant un passage du papyrus royal de Turin de la VIe dynastie de Manéthon. — *De*

---

(1) Peu de temps avant la mort de Champollion-Figeac, un Américain qui revenait d'Égypte, M. Henri D. Gilpen, plaçait sous son patronage un volume autographié, contenant une *Collection d'inscriptions égyptiennes* ; mais le vénérable savant français était trop affaibli par son grand âge pour pouvoir en prendre connaissance. Ce fut son fils qui dut remercier le savant américain de son intéressante communication.

la table manuelle des rois et des dynasties égyptiennes
ou papyrus royal de Turin. — *Remarque sur le
Mémoire de M. Poitevin* relatif à sept cartouches de
la table d'Abydos attribués à la XII⁰ dynastie égyptienne. — *Observations sur un passage de l'introduction à l'étude des hiéroglyphes* par M. Birch. —
*Nouvelles recherches sur les calendriers comparés des
peuples anciens.*

M. Guizot écrivait au savant français la lettre suivante, conservée précieusement dans les *Papiers de
famille :*

« M. Dillon m'a remis de votre part, Monsieur, la
« seconde partie de la *Grammaire Égyptienne* de
« Monsieur votre frère, et je vous en remercie. J'ai
« toujours compté parmi mes bonnes fortunes le plai-
« sir d'avoir assuré la publication de ses beaux tra-
« vaux. *Une part de l'honneur vous revient.* Gardez-
« moi, je vous prie, votre bon souvenir et recevez
« l'assurance de mes sentiments les plus distingués.

    « Ce 9 août.   « Guizot. »

(Entièrement autographe, Papiers de famille,
t. XL, f. 161.)

Comme professeur à l'École des Chartes et comme
conservateur des manuscrits de la Bibliothèque
Royale, il devait s'initier et il s'initia, en effet, à la
connaissance approfondie de la science du moyen
âge et tandis que, d'une part, il formait les élèves de
la savante École des Chartes à l'étude des vieux textes
de notre histoire nationale, de l'autre, de 1828 à 1848,
il charmait les visiteurs de la Bibliothèque par l'obligeance avec laquelle il leur communiquait les trésors
de son savoir : les lettres et les arts tenaient alors une
large part dans les préoccupations du pays, et la
Bibliothèque était le rendez-vous des personnages les
plus importants ou les plus connus à divers titres.

L'hiver et par les temps les plus froids, LL. AA. RR.
les princesses Marie et Clémentine d'Orléans venaient
assidûment, dès neuf heures du matin, dans des salles
mal chauffées, étudier les peintures des manuscrits.

La statue de Jeanne d'Arc, que l'on admire aujour-
d'hui au Musée de Versailles, de magnifiques vitraux
exécutés à la manufacture de Sèvres, d'après les
dessins des princesses, pour les châteaux d'Eu, de
Dreux, les chapelles des autres châteaux royaux,
divers objets d'art qui ornaient les appartements des
Tuileries ont été le résultat de ces fréquentes et
patientes visites.

Peu de temps après leurs mariages, LL. AA. RR.
les ducs d'Orléans et d'Aumale conduisirent à la
Bibliothèque Royale les princesses qu'ils venaient
d'épouser ; S. A. R. la duchesse d'Orléans y vint à
son tour avec le comte de Paris et son précepteur,
qui faisaient expliquer par les conservateurs de cet
établisssement au jeune prince, les curiosités archéologiques et paléographiques conservées dans ce
riche dépôt. S. A. R. Madame la duchesse d'Aumale
y vint aussi avec la princesse de Salerne, sa mère,
qui étonnait les hommes les plus instruits par sa
profonde connaissance des littératures allemande et
italienne. Champollion-Figeac ne manquait jamais
d'être convoqué lors de ces intéressantes visites, car
S. A. R. Madame la duchesse d'Orléans avait été
frappée de la vivacité et de la justesse de son esprit,
et elle prenait plaisir à converser avec lui sur le plan
d'éducation qu'elle devait suivre, pour le prince son
fils, aujourd'hui Monsieur le comte de Paris, si incon-
sidérément et cruellement exilé par le gouvernement
du jour.

Le roi de Naples et le prince de Syracuse fréquen-
tèrent aussi la Bibliothèque pendant leur séjour à
Paris. Il en fut de même de Dona Maria, qui s'était
réfugiée en France pendant la lutte que ses partisans
soutenaient contre Don Miguel. Cette princesse
se montrait fort assidue et fort empressée de voir et
d'apprendre. Elle était accompagnée de l'impératrice
du Brésil, sa belle-mère, de M. Carvaillo, du marquis
de Loule qui devinrent ses ministres quand elle eut
reconquis le trône ; du maréchal Sahldanha qui

sollicita le concours de Champollion-Figeac pour la rédaction d'une brochure politique relative à l'expédition de D. Pedro. (Voyez ci-dessus, p. 38.) Par une piquante rencontre, l'un des anciens ministres de D. Miguel, le vicomte de Santarem, qui s'est fait un nom par de savantes études sur l'histoire et la géographie du moyen âge, était à la même époque un des habitués du salon d'études où venait s'asseoir Dona Maria.

Avant d'aller occuper le trône de Belgique, où l'appelait son mariage avec le Roi Léopold Ier, la princesse Louise d'Orléans voulut visiter une dernière fois la Bibliothèque ; on remarqua beaucoup, dans cette circonstance, le soin avec lequel la marquise de Dolomieu, qui accompagnait la jeune Reine des Belges, empêcha qu'on ne mit sous ses yeux le *Livre d'heures de Marie Stuart*, que l'un des conservateurs (M. Hase), par un empressement irréfléchi, voulait communiquer à la Princesse. C'est qu'en effet, mieux avisée que l'officieux conservateur, la marquise de Dolomieu avait jugé sagement que le nom de Marie Stuart, éveillant de pénibles souvenirs, pouvait aussi éveiller par *l'analogie des situations*, de tristes pressentiments.

La haute aristocratie de l'Europe fournissait, comme les maisons royales, un nombreux contingent de visiteurs. Le comte Torgonieff, ancien ministre de l'instruction publique en Russie, venait souvent étudier à la Bibliothèque les manuscrits slaves ; son frère y faisait des recherches sur l'histoire des grandes familles de la Russie. L'un des descendants de ces familles, le prince Labanoff y travaillait à une *Vie de Marie Stuart*, non seulement par zèle pour les études historiques, mais aussi pour obtenir du Czar l'autorisation de prolonger son séjour en France, ce qui n'était alors que très difficilement octroyé aux sujets russes. Le prince, grand amateur de la chasse à courre, était l'un des actionnaires de la forêt de Rambouillet, où il avait de forts belles écuries ; mais ce motif n'était pas suffisant et l'*Histoire de Marie Stuart* lui vint fort à propos en aide pour désarmer l'ombrageuse sévérité de l'Empereur Nicolas.

Le comte de Palhem, ambassadeur de Russie, répétait souvent, pendant ses visites à la Bibliothèque Royale, la phrase célèbre du comte de Salvandy : « En France, on danse sur un volcan. » Le prince de Ligne qui, disait-on, avait refusé le trône de Belgique parce qu'il était déjà chambellan de l'Empereur d'Autriche, se préoccupait simplement des *titres historiques* qui pouvaient intéresser sa famille, tout en représentant très dignement le Roi des Belges à Paris.— Le marquis de Brignole, ambassadeur de Sardaigne, était aussi un savant personnage en littérature grecque ; — le prince Serra Capriola, ambassadeur des Deux-Siciles, — Mme la comtesse de Chabannes de La Palice se rencontraient dans les salles des manuscrits avec le général Cass, ministre plénipotentiaire des États-Unis, et le comte de Lowenhielm, ministre du royaume de Suède. M. de Lowenhielm avait épousé une Française, qui portait l'un des plus grands noms de notre vieille noblesse, et, tout en faisant des recherches sur la famille de sa femme, comme Mme de Chabannes sur la famille de son mari, il prit connaissance d'une curieuse *note* écrite de la main même de Napoléon Ier contre Bernadotte et donnée à la Bibliothèque par M. de Las Cases.

Le prince de Metternich ayant fait demander officiellement à la Bibliothèque de nombreuses copies de pièces intéressant les possessions italiennes de l'Autriche et le comte d'Apony, alors représentant de cette puissance à Paris, ne s'opposant pas à ce que cette dépense profitât aux réfugiés italiens, ceux-ci trouvèrent momentanément quelque allégeance aux privations que leur imposait l'exil, dans l'indemnité que le gouvernement autrichien leur accordait pour les copies. Du reste, réfugiés politiques ou résidents libres, les Italiens étaient les plus nombreux de tous les visiteurs étrangers. On comptait parmi eux MM. Marsan, Arri, comte Litta, comte de Vesme, Gorresio, Gaz-

8

zera, Ferrari, Amari, Peyron, le chevalier de Saluces, le comte Sclopis, Orioli, Mazzini, etc. Des littérateurs florentins venaient y collationner tous les textes de Dante, dont la Bibliothèque possède seule la collection complète, et la spécialité de leur travail leur avait fait donner par les habitués le surnom *de Dantistes*.

⸰ Pour les savants étrangers, comme pour les savants français, la salle des Manuscrits était une sorte d'Académie au petit pied, un cercle érudit et littéraire où s'engageaient d'intéressantes et souvent aussi de bruyantes discussions. Reynouard, qui préparait son *Glossaire de la langue romane*, y donnait libre cours à sa verve intarissable et plus d'une fois les employés oublièrent, pour l'écouter, les plus pressantes obligations de leur service. Son exemple était contagieux : les *Chut! chut! messieurs*, de M. Hase, le grand silentiaire, ne parvenaient pas toujours à rétablir l'ordre. Les personnes qui travaillaient dans la salle dite du *Poêle*, à la Collection des *Documents inédits de l'histoire du Tiers État*, se montraient particulièrement rebelles aux objurgations du savant helléniste. C'étaient MM. Guessard, Yanoski, Louandre, Bernhart, Bourquelot, qui, tout en faisant de l'érudition, n'oubliaient pas la politique et censuraient avec une impitoyable liberté d'esprit les livres et les nouvelles publications, les ministres et jusqu'à l'Académie des Inscriptions elle-même. M. Guizot jugea prudent de dissoudre ce petit comité, et les attachés aux *travaux historiques* furent internés, avec indemnité et frais de bureau, dans un local particulier de la rive gauche de la Seine.

Les conversations de la Bibliothèque, si elles avaient été recueillies, offriraient sans aucun doute l'un des côtés les plus intéressants de l'histoire intellectuelle du règne de Louis-Philippe. Champollion-Figeac y tiendrait une grande place, car il aimait à causer et il le faisait d'autant plus volontiers que l'aménité de son caractère attirait vers lui l'élite des habitués. Cependant, malgré les nombreuses distractions que

lui occasionnaient les visiteurs, il ne se détournait pas
des travaux sérieux. Il fit paraître de nombreuses
Notices sur les manuscrits ; il étudiait les moyens
d'en publier le Catalogue raisonné. Cette étude fut
l'objet d'un rapport adressé au Ministre de l'instruction publique sous ce titre : *État actuel des catalogues
des manuscrits de la Bibliothèque Royale.* (Paris,
Didot, 1847, in-8°.)

Champollion-Figeac fut très longtemps secrétaire
du Conservatoire, c'est-à-dire de la Commission
chargée d'administrer la Bibliothèque. Uniquement
préoccupé des intérêts du magnifique dépôt dont il
était l'un des gardiens, il eut à soutenir, pour les
faire prévaloir, des luttes opiniâtres et souvent renou-
velées. M. Thiers avait formé le projet de transférer la
Bibliothèque du bâtiment de la rue Richelieu dans les
bâtiments du Louvre ; il combattit le projet de
M. Thiers et soutint celui qui s'exécute aujourd'hui :
agrandissement et isolement complet des bâtiments
de l'ancien emplacement. Le gouvernement voulait
substituer à l'administration collective et libérale du
Conservatoire l'administration personnelle et aristo-
cratique d'un Directeur ; il combattit le projet de M. le
comte de Salvandy, ministre de l'instruction publique,
dont il ne prévoyait que trop les fâcheuses consé-
qnences. Il prit une part très active à la guerre dite
des Brochures et ce fut lui qui rédigea la *première* et
la *deuxième lettre* au ministre sur le coup d'État qui
détruisait l'existence du Conservatoire ; mais, dans les
affaires de ce monde, il ne suffit pas d'avoir raison
pour obtenir justice. Le Conservatoire fut brisé et
remplacé par un directeur dont l'intronisation ne servit
qu'à faire regretter l'ancienne administration. Champollion-Figeac lutta contre le gouvernement pédagogique et absolu de ce nouveau fonctionnaire avec l'indépendance qu'il avait mise à défendre l'ancienne
administration, et les mesquines tracasseries auxr-
quelles il fut en butte trouvèrent une large compensation dans les sympathies du monde de Paris.

XIV.

L'année 1848. — Le Palais de Fontainebleau 1849-1867.

Champollion-Figeac avait rempli avec distinction les fonctions électives et gratuites de secrétaire du Conservatoire de la Bibliothèque Royale de 1828 à 1846. Il avait rendu à cet établissement de signalés services ; mais, chez nous, les services ne comptent pas devant les révolutions, et l'un des premiers actes des hommes qui s'étaient adjugé, en février, le gouvernement de la France, fut de renvoyer Champollion-Figeac. Ils attachaient sans doute une grande importance à ce coup d'autorité, qui témoignait de leur part d'un souverain mépris de toutes les règles administratives et de toutes les lois, car sa révocation luï fut notifiée *le 1er mars, c'est-à-dire au lendemain même de la proclamation de la République du 28 février*, et lorsque ce gouvernement n'était même pas encore reconnu par d'autres départements que celui de la Seine ; Carnot venait de s'improviser ministre de l'instruction publique et la France l'ignorait encore ! Mais ses agents occupaient déjà les emplois de chefs de division, de chefs de bureau, etc., après avoir expulsé Désiré Nisard, de l'Académie Française, Achille Comte et beaucoup d'autres.

Il fallait évidemment frapper instantanément un vigoureux coup d'autorité pour asseoir la République ; mais surtout il était indispensable d'obéir à la *presse politique* qui, à différentes époques que nous allons citer, avait violemment attaqué Champollion-Figeac, et cependant il avait survécu à ces récriminations injustes et passionnées. En 1820, c'était le *Drapeau Blanc* et la *Gazette ;* en 1826, la presse *politico-religieuse ;* en 1828, la *Quotidienne ;* en 1847, le *National* et la *Réforme*. Champollion le Jeune n'avait eu à supporter que des dénonciations par lettres, dont nous avons parlé ci-dessus (p. 67), et son frère put le préserver des mauvaises intentions de rivaux évincés, en s'adressant à des ministres qui voulaient s'éclairer avant de frapper. Il en fut autrement pour Champollion-Figeac.

En effet, le *Drapeau Blanc* et la *Gazette* firent échouer, en 1820, la candidature de Champollion-Figeac à l'Académie des Inscriptions et Belles-Lettres, en annonçant, le jour du scrutin, que ce candidat *venait d'être destitué* de ses fonctions de bibliothécaire de la ville de Grenoble, ce qui était complè·tement faux ; mais ce ne fut pas la seule fois que de pareilles manœuvres eurent lieu contre des candidats à l'Institut. La lettre suivante, adressée par Champollion-Figeac au ministre de l'intérieur, signalait le fait et demandait en même temps une réparation administrative contre cette manœuvre de la dernière heure ; elle fut accordée :

« Paris, 25 septembre 1820.

« Monseigneur, je ne crois pas devoir laisser ignorer à Votre Excellence un fait récent, que je ne dois néanmoins exposer qu'à elle seule. — J'avais des droits à la place qui était vacante à l'Académie des Belles-Lettres par dix-huit ans de travaux assidus, estimés généralement et désintéressés, n'ayant jamais sollicité ni reçu aucune récompense du gouvernement. J'appartenais d'ailleurs à l'Académie comme membre correspondant depuis 1814 ; elle avait couronné un de mes ouvrages au concours de 1818. Le vénérable doyen de l'Institut, M. Dacier, me prêtait l'appui de son nom, de son amitié et de ses cheveux blancs. J'ai échoué *et ce n'est que trop tard que j'ai connu le parti que mes concurrents avaient tiré de ma prétendue destitution, si positivement annoncée par le Drapeau Blanc et la Gazette*, auprès de trois personnes dont le suffrage m'a manqué. Je ne pouvais éprouver plus cruellement l'effet *de la coupable machination qui a donné lieu à cette annonce*, compromis mon existence *et qui a failli me priver d'un grand bien, la confiance et l'estime de Votre Excellence.*

« Peut-être trouvera-t-elle à propos *d'ajouter à sa première décision une décision finale* qui ne laisse à personne la faculté *de contester mon titre* ; ce qu'elle m'a fait la grâce de me dire sur leur intégrité me suffit sans doute ; mais des circonstances aussi graves que celle qui vient de tourner si malheureusement contre moi peuvent exiger davantage, et une décision définitive de Votre Excellence me semble de plus en plus désirable.

« Je vais me rendre incessamment à Grenoble pour mettre la dernière main à mon travail sur nos manuscrits. Je ne partirai pas sans prendre les ordres de Votre Excellence.

« Je la prie d'agréer, etc.

« J.-J. CHAMPOLLION-FIGEAC. »

En 1826, la presse religieuse jetait encore feux et flammes contre le Zodiaque de Denderah, « monument d'athéisme et d'irréligion. Cette vilaine pierre noire » avait cependant perdu son prestige d'ambiguïté, depuis que Champollion le Jeune y avait lu le titre honorifique (*autocrator*) d'un empereur romain. Mais la *Chronique égyptienne* découverte à Turin renouvelait les craintes qu'avait fait concevoir le Zodiaque de Denderah. Le ministre des cultes et de l'instruction publique, Mᵍʳ d'Hermopolis, esprit modéré, dit Lamartine dans son *Histoire de la Restauration,* fit appeler Champollion-Figeac dans son cabinet et eut une grande conférence avec lui, dans laquelle Moïse occupa une large place. Champollion donna à Mᵍʳ d'Hermopolis copie de la *note* remise au ministre de la maison du Roi et à Charles X, au sujet des antiquités égyptiennes (Voyez ci-dessus, p. 68 et le § XV), dont le ministre des cultes parut très satisfait. Néanmoins, Champollion emporta de cette conférence la certitude qu'on ne rendrait ni à lui ni à son frère leurs chaires dans une des Facultés des Lettres de l'Université, et les journaux catholiques continuèrent leurs attaques contre Champollion-Figeac.

A la même époque, il acquit aussi la certitude que les polémiques qu'il avait eu à soutenir pour les découvertes de son frère et les démarches qu'il avait dû faire pour défendre les intérêts de l'illustre savant, lui avaient créé *des inimitiés féroces dans son intimité même.* La lettre suivante de M. Jomard en était une preuve évidente.

« Paris, le 22 mars 1826.

« Monsieur et ancien collègue, j'ai dit à tout le monde que vous ignoriez sans doute les soins de toute espèce que j'ai pris depuis six ans pour former une collection égyptienne, dans la vue de l'honneur et de l'intérêt de la France. En effet, les expressions affectueuses de votre dernière lettre (24 octobre 1824) ne me permettaient pas de croire un seul moment que vous auriez donné les mains à un projet dirigé contre moi. Cependant, il m'est venu un scrupule depuis et la franchise me fait un devoir de vous le communiquer. A l'époque où le sarcophage trouvé à Memphis par M. Drovetti est arrivé à Paris par mes soins, vous m'avez fait demander de voir ce monument, qui était confié à ma garde. Vous n'avez donc pas ignoré alors que je m'occupais de procurer à la France des monuments égyptiens destinés pour le Musée Royal.

« Aussi c'est bien sciemment que l'on m'enlève l'honneur de former une collection de cette espèce : le prétexte d'un cours de *langue hiéroglyphique,* ajouté depuis à la conservation des monuments, à la formation de la galerie égyptienne, ne fait que colorer une sorte de spoliation. C'est ainsi qu'en jugent des personnes impartiales, désintéressées et très honorables. Tout le monde sait pourquoi un membre de la commission des monuments d'Egypte, un voyageur qui a rendu à leur étude quelques services, tient à honneur d'être chargé de ce soin et personne ne lui suppose d'autres vues que l'intérêt général et la gloire nationale.

« C'est donc un tort réel, un procédé blâmable de

votre part et de celle de vos amis ; je ne puis y voir et c'est bien à regret, qu'un acte d'hostilité, à moins d'une explication qui me prouverait mon erreur.

« Agréez mes civilités et présentez-les aussi à Monsieur votre frère, s'il vous plaît.   V. D. S.

« JOMARD. »

P.-S. — « N'aurait-il pas été possible d'obtenir une chaire *sans s'emparer du bien d'un autre* (1)? »

Vers la fin de l'année 1828, un rédacteur de la *Quotidienne*, ayant appris qu'une ordonnance de réorganisation de la Bibliothèque Royale s'élaborait au ministère de l'intérieur, usa de toute son influence pour faire réduire à un travail simplement momentané la nomination de Champollion-Figeac comme conservateur des chartes et diplômes, qui ne datait que de quelques mois. Ce rédacteur, se croyant sûr

---

(1) Un *post-scriptum* analogue fut également adressé à Champollion-Figeac par un autre membre de l'Institut, lorsque Champollion fut nommé, en 1828, conservateur des chartes et diplômes de la Bibliothèque Royale. Ce savant prétendit que Champollion s'était emparé à son détriment de la succession de M. Dacier comme conservateur de cet établissement et qui lui était destinée. Remarquons cependant qu'on avait créé un emploi spécialement pour Champollion-Figeac.

M. de Saulcy ne pardonna pas à Champollion la *lettre à Ch. Lenormant*, imprimée en 1841 et distribuée à l'Institut, par laquelle il démontrait qu'une *prétendue découverte de Saulcy relative aux écritures égyptiennes* avait été *publiée par son frère* depuis vingt ans.

Un autre membre de l'Institut ne pouvait assez se plaindre d'un quatrain contre lui, colporté dans la Bibliothèque Royale et *qu'il attribuait à Champollion-Figeac*, sur le dire d'une personne intéressée à les brouiller. Enfin, *les plus jeunes* de cet illustre corps savant reprochaient au conservateur des chartes et diplômes d'occuper, dans cet établissement et dans d'autres analogues, jusqu'à l'âge de 90 ans, des fonctions toujours enviées même par les jeunes érudits.

du succès, se hâta d'annoncer un peu trop tôt cette nouvelle dans son journal. Champollion prévenu s'adressa au vicomte Siméon, directeur des arts et des lettres au ministère de l'intérieur, et en reçut la dépêche suivante :

« Paris, 9 novembre 1828.

« Je m'empresse, Monsieur, de répondre à la lettre que vous m'avez fait l'honneur de m'écrire au sujet de l'ordonnance relative à la Bibliothèque Royale, que le Roi a signée il y a quelques jours. Les alarmes qu'on a cherché à vous donner sont sans aucun fondement, et vous avez raison de penser que le ministre n'aurait pas voulu changer violemment un état de choses qu'il a lui-même contribué à établir. Il n'y a rien dans cette ordonnance qui doive inquiéter messieurs les conservateurs actuels, à qui elle sera adressée au premier jour. Elle réduit, il est vrai, leur nombre de dix à cinq ; mais la réduction ne doit être opérée que par les décès et nous souhaitons bien que ce soit dans le plus long temps possible.

« Votre position particulière n'est changée en rien. Vous êtes et vous restez *conservateur* des manuscrits et adjoint à M. Dacier. Dans la suite, il ne devra plus y avoir que cinq administrateurs-conservateurs : un pour les manuscrits, un pour les imprimés, un pour les médailles, un pour les estampes, un pour les cartes et plans. Ce sont les cinq départements de la Bibliothèque ; les cinq conservateurs formeront seuls l'administration; on leur adjoindra tel nombre de conservateurs-adjoints et d'employés qu'il sera jugé nécessaire au service; mais ceux-ci ne seront point *administrateurs*.

« Telles sont les dispositions pour l'avenir, rien n'est changé pour le présent. Vous êtes dix conservateurs : MM. Dacier, Gail, Remusat, Champollion pour les manuscrits ; Van Praet, de Manne pour les imprimés ; Gosselin, Raoul-Rochette pour les médailles ; Joly pour les estampes ; Jomard pour les cartes et plans. Ces dix conservateurs continueront à administrer la

Bibliothèque ; mais, en cas de vacance, ils ne seront pas remplacés jusqu'à réduction à un seul conservateur par département. Voilà le fond de l'ordonnance : ce sont des économies préparées et point faites actuellement. Elle donne aux titulaires actuels la garantie que leur nombre ne sera pas augmenté ; mais elle ne porte aucune atteinte à leur position actuelle. J'espère que personne ne trouvera rien d'hostile dans de pareilles dispositions, et que le respectable M. Dacier et ses collègues rendront justice aux intentions du ministre (M. de Martignac). Vous sentez bien, Monsieur, qu'après vous avoir fait nommer, ainsi que M. Jomard, il y a quelques mois, il ne pouvait pas entrer dans son esprit de vous ôter la position qu'il vous avait procurée.

« J'espère que ces explications que je vous donne à la hate et de mémoire n'ayant pas l'ordonnance sous les yeux, mais qui sont exactes, vous rassureront tout à fait.

« Je profite, avec plaisir, Monsieur, de cette occasion pour vous renouveler l'assurance de ma considération la plus distinguée. (Entièrement autographe. *Papiers de famille*, t. XVI, p. 387.)

« Vte SIMÉON. »

En 1848, *les révoqués* de la Bibliothèque Royale furent remplacés par des rédacteurs du *National* et de la *Réforme ;* ces vacances ne profitèrent nullement au personnel de cet établissement, au grand désappointement de l'auteur du *post-scriptum* cité ci-dessus, note 1, p. 124, qui n'obtint pas l'avancement bien espéré et qu'on eut bien de la peine à calmer.

La mesure qui frappait Champollion-Figeac souleva de nombreuses réclamations, même parmi des républicains avérés. Plusieurs d'entre eux firent spontanément des démarches en sa faveur. Nous connaissons celle du colonel Charras, sous-secrétaire d'État d'Arago, improvisé ministre de la guerre et de la marine, pour avoir, *sous la monarchie*, organisé la

victoire de 1848, pendant qu'il occupait sa forteresse
de l'Observatoire Royal d'astronomie. Le colonel Charras avait eu de nombreux rapports archéologiques à la
Bibliothèque Royale avec Champollion-Figeac, lorsque cet officier étudiait, dans les manuscrits de cet
établissement, l'artillerie du moyen âge. Après s'être
informé de ce qui se passait alors, il fit dire à Champollion, par un intermédiaire sûr, de ne faire, *dans
ce moment*, aucune réclamation au ministère, afin
d'éviter la guerre acharnée qui lui serait déclarée s'il
formulait ·une réclamation. Arago répondit qu'il
n'avait connu la décision concernant Champollion que
par les journaux, mais qu'on examinerait cette affaire
plus tard. *Plus tard*, le second Empire conserva à
Arago *et à sa famille* les mêmes faveurs à eux accordées par la monarchie constitutionnelle.

Un autre républicain, le président Armand Marrast,
qui avait autrefois demandé à Champollion, par l'intermédiaire d'un ami commun, un service important après
le *grand procès d'avril*, lui fit dire spontanément, par
cet ami commun, qu'il avait pu *empêcher* sa destitution de professeur à l'École des Chartes.

Un des élèves des plus républicains de cette École
des Chartes, alors archiviste du département de
Maine-et-Loire, adressa aussi spontanément la lettre
suivante à Champollion-Figeac ; elle exprime si cor-
dialement la situation vraie du moment, que nous la
publions de préférence à beaucoup d'autres moins
véritablement sincères.

« Angers, 5 mars 1848.

« Monsieur, permettez-moi de vous dire combien
j'ai été affecté douloureusement en apprenant, par les
journaux d'hier soir, la mesure qui vient de vous
frapper.

« Si, dans l'exercice de vos fonctions comme conservateur de la Bibliothèque Nationale, vous vous
êtes fait des ennemis, vous pouvez du moins proclamer que vous avez gagné des amis, dont la vive et

cordiale sympathie adoucira, je l'espère, la rigueur d'un acte aussi violent qu'inattendu. Comptez-moi toujours, je vous prie, parmi ces derniers. Dans ma position obscure, je n'oublie pas la bienveillance que vous m'avez montrée, les services que vous m'avez rendus.

« Je vous en remercie de nouveau, Monsieur, et avec une effusion que les circonstances rendent aussi vive que pénible. Agréez, etc. (*Papiers de famille,* t. XL, p. 238.)

« MARCHEGAY. »

Néanmoins et en raison de ce que Champollion avait adressé une vive réclamation au ministre de l'instruction publique contre sa destitution , les agents de Carnot commencèrent *la guerre acharnée* pour la justifier, et ils eurent recours à l'expédient que voici :

En 1833, Champollion-Figeac avait vendu à l'État, pour le compte de sa nièce dont il était le tuteur, *toute la partie des manuscrits de son frère et ceux-là seulement qui étaient en état d'être publiés,* par conséquent les travaux qui intéressaient les sciences, *d'accord, en ce point essentiel, avec le conseil de famille de la mineure, qui avait fait dresser un inventaire très détaillé des manuscrits à céder.* Le conseil de famille avait expressément réservé pour la mineure, en les laissant *en dehors du catalogue de vente,* des papiers qui se composaient uniquement d'essais sur des sujets très divers, antérieurs et postérieurs à la découverte de 1822, et par cela même ayant peu de valeur philologique. Ces papiers n'avaient donc pas été compris dans *l'inventaire d'estimation ni dans le prix de vente.* La commission chargée en 1833 de traiter de cet achat pour le gouvernement les avait laissés de côté *sans élever à leur sujet la moindre réclamation* ; le conseil de famille ayant limité, par délibération spéciale, la *quantité* et la *nature* des objets à céder au gouvernement, n'aurait probablement pas consenti à donner des travaux inachevés qui pouvaient nuire à la réputation de l'auteur.

De plus, le président de la Commission du gouvernement chargée de fixer la valeur de ces dessins, manuscrits, livres annotés, et par conséquent le fondé de pouvoirs de l'État avait préalablement exigé *du tuteur un inventaire détaillé des objets à céder à l'État et un jugement du tribunal autorisant le tuteur à procéder à la vente à l'amiable dont il s'agit.* Ces objets, appartenant à une mineure, ne pouvaient être aliénés qu'aux enchères publiques, à moins d'autorisation spéciale du tribunal. L'inventaire ayant été dressé, l'autorisation judiciaire accordée, le tuteur ne pouvait donc vendre que ce que *le conseil de famille, l'inventaire et le tribunal avaient autorisé de vendre.* La lettre suivante du baron Silvestre de Sacy, président de la commission, confirme toutes ces circonstances importantes :

A M. CHAMPOLLION-FIGEAC.

« Boissy-Saint-Léger, 15 septembre 1833.

« Monsieur et cher collègue, je viens de recevoir une lettre de M. le ministre de l'instruction publique, par laquelle il m'invite à hâter l'acquisition des portefeuilles et manuscrits laissés par M. votre frère. J'ai cru inutile de faire un voyage exprès pour conférer de cela avec vous ; mais je m'empresse de vous en donner avis pour que vous ayez la bonté de me mettre, vendredi prochain, au courant de la situation de cette affaire. J'ignore si vous êtes autorisé judiciairement, vous ou Madame votre belle-sœur, à procéder à la vente et si vous vous êtes occupé de préparer un *inventaire des objets à céder* au gouvernement. Il est, je pense, inutile que vous me répondiez par écrit, votre lettre, que j'ai eu le plaisir de recevoir hier, m'assurant que nous nous trouverons ensemble vendredi ; nous nous expliquerons alors sur cet objet. Je vous prie d'agréer, etc. (*Papiers de famille,* t. XL, p. 133.)

« LE BARON SILVESTRE DE SACY. »

Lorsque la commission fut constituée, son président fit apporter, *dans une des salles de l'École des langues orientales*, tous les objets qui devaient être cédés au gouvernement ; la commission en fit un examen approfondi pendant plusieurs semaines et conclut qu'il y avait lieu d'acheter ces manuscrits, dessins et livres annotés de Champollion pour la somme de cinquante mille francs, qui appartiendrait à sa fille unique mineure et que la veuve recevrait une pension viagère de 3,000 fr. Une décision analogue eut lieu pour la veuve et la bibliothèque de Georges Cuvier.

Dès que le ministre de l'instruction publique eut approuvé la proposition relative aux manuscrits de Champollion, il fit transporter tous les objets acquis au ministère ; un récollement de l'inventaire des objets cédés eut lieu ; la livraison fut trouvée complète et tous ces papiers furent estampillés et restèrent au ministère. Dès lors, l'acte de vente fut considéré comme accompli et le ministre annonça qu'il allait présenter aux Chambres une loi de finances pour les pensions des deux veuves et pour les 50,000 fr. à payer à la mineure de Champollion. En même temps, le tuteur reçut un double de l'inventaire de vente portant le récépissé du ministre, document qu'il dut représenter, dûment légalisé, lorsque le ministre des finances paya les cinquante mille francs.

Après dix-sept années de paisible possession des débris des papiers de Champollion le Jeune, au vu et su des membres de la commission d'acquisition, entre autres de Letronne et de Silvestre de Sacy, administrateurs de la Bibliothèque Royale, on intenta un procès, en 1848, au tuteur Champollion-Figeac chez qui ces résidus de papiers étaient déposés, quoique appartenant à sa nièce mineure, parce qu'elle ne pouvait les entasser chez elle. On fit croire en même temps au public qu'il s'agissait de manuscrits de la Bibliothèque Royale, tandis que la revendication ne portait que sur ce résidu des manuscrits de Champollion le Jeune non vendus en 1833, et par conséquent non livrés à l'État qui prétendait, après dix-sept années et par le fait de la proclamation de la République, s'en être rendu acquéreur.

Le tribunal se chargea, une fois de plus, de prouver qu'il ne suffit pas toujours d'avoir raison pour se faire rendre justice et il décida que, dans cette circonstance, il ne pouvait être tenu compte ni *d'inventaire dressé en 1833 portant quittance* et constatant que tous les objets vendus en 1833 étaient, en 1848, entre les mains du gouvernement, ni des papiers réservés par le conseil de famille, ni de l'autorisation judiciaire limitant les pouvoirs du tuteur, *par les motifs que le rapporteur de la loi de finances de 1833*, votée par la Chambre des députés et la Chambre des pairs, avait dit, dans son exposé des motifs : *Tous les manuscrits et livres annotés* de Champollion le Jeune et que la loi portait *les manuscrits* et sans réserve aucune. Ces débris de papiers furent donc remis au gouvernement.

Dès que ce procès fut terminé, Champollion-Figeac réclama de nouveau contre sa destitution *du 1er mars 1848* et la réparation ne se fit pas attendre longtemps. Peu de jours après l'élection du prince Louis-Napoléon à la présidence de la République, Champollion-Figeac fut chargé de se rendre à Fontainebleau pour veiller à la conservation de la riche bibliothèque et des objets d'art du Palais, qui n'avaient pas encore été inventoriés complètement (1). Il y résidait, après s'être démis de ses fonctions de professeur, pour lesquelles il lui fut accordé une pension littéraire de retraite. Le ministre de l'instruction publique lui écrivait la lettre suivante, le 11 mai 1849 : « En acceptant, Monsieur, la démission que vous déposez entre mes mains, je vous prie d'être bien persuadé que je ne perdrai pas de vue les services que vous avez rendus

---

(1) Le gouvernement lui accorda en même temps une indemnité littéraire et un logement au château de Fontainebleau.

à la science par vos longs travaux et par vos fonctions dans l'enseignement. (Même collection.)

« FALLOUX. »

Cette lettre, si honorable, n'était qu'un juste hommage rendu à la vérité ; car, sans parler de ses travaux antérieurs, Champollion-Figeac avait publié, depuis 1830, comme professeur à l'École des Chartes, comme *directeur des travaux historiques* que le ministre de l'instruction publique faisait exécuter à la Bibliothèque Royale, et comme membre de la Société de l'Histoire de France, dont il était l'un des fondateurs, les ouvrages suivants : *L'Ystoire de li Normant et la Chronique de Robert Viscart*, par *Aimé*, moine du Mont-Cassin, d'après un manuscrit du XIII⁰ siècle. (Paris, 1835, in-8⁰.) Les prolégomènes de cette publication furent surtout très remarqués comme un travail de critique hors ligne.— *Charte de commune* en langue romane, pour la ville de Gréalou en Quercy, publiée avec sa traduction française et des Remarques sur quelques points de la langue romane en Europe et dans le Levant. (Paris, Didot.) — *Charte latine* sur papyrus, du VI⁰ siècle de l'ère chrétienne, appartenant à la Bibliothèque Royale. (Paris, Didot.) — *Fragment inédit* de la fin du VIII⁰ siècle relatif à l'histoire de Charlemagne. — *Hilarii versus et ludi*, publiés d'après un manuscrit inédit de la Bibliothèque Royale avec une préface critique. Ce précieux manuscrit avait été acheté à la vente de la bibliothèque de Rosni, appartenant à Mᵐᵉ la duchesse de Berry. — *Paléographie universelle*, collection de *fac-similés* d'écriture de tous les peuples et de tous les temps, tirés des plus authentiques documents de l'art graphique, chartes et manuscrits existant dans les archives et les bibliothèques de France, d'Italie, d'Allemagne et d'Angleterre, publiée d'après les modèles écrits, dessinés et peints sur les lieux, par M. Silvestre, et accompagnés d'explications historiques et descriptives par MM. Champollion-Figeac et Aimé

CHAMPOLLION-FIGEAC
(Aimé-Louis)
MEMBRE DU CONSEIL GÉNÉRAL DE L'ISÈRE
(1871 — 1877.)

Imp. A. Salmon.

Champollion fils. (4 volumes grand in-f°.) Ce texte descriptif a été traduit en anglais et forme deux volumes in-8°.

Paléographie des classiques latins, d'après les plus beaux manuscrits de la Bibliothèque Royale. Recueils de fac-similés et de notices historiques et descriptives, par Aimé Champollion (1), avec une *introduction par Champollion-Figeac*. (Paris, Panckoucke, in-4°.) — *Documents historiques inédits*, tirés des collections manuscrites de la Bibliothèque Royale et des départements (Collection des Mélanges, documents inédits du ministère de l'instruction publique, tomes I^{rr} à IV, in-4°.) — Lettres des Rois et Reines et autres personnages des cours de France et d'Angleterre, depuis Louis VII jusqu'à Henri IV. (2 volumes in-4°, même collection.) — Cimetière gaulois de Cély (Seine-et-Marne), *Notice* des fouilles faites d'après l'ordre de l'Empereur en l'année 1860. (Paris, Didot, in-8°.) — Histoire des peuples anciens, La *Perse*. (Paris, Magiaty, in-8°, avec planches.) — *Archéologie*, traité des antiquités, monuments de l'art, etc., in-12 (deux éditions). — Correspondance de Bréquigny relative à ses recherches historiques. — *Le Palais de Fontainebleau, ses origines, son histoire artistique et politique, son état actuel*, publié par ordre de l'Empereur. (Paris, Imprim.

---

(1) M. Aimé Champollion reçut, à cette époque, la *lettre suivante de M. Guizot*, ministre des affaires étrangères :

« Paris, le 22 juin 1842.

« Je viens de recevoir, Monsieur, de M. le chargé d'affaires de Russie, la décoration de chevalier de l'ordre de Saint Stanislas, qui vous a été décernée par S. M. l'Empereur de Russie, en récompense de recherches et de travaux scientifiques, dont vous lui avez communiqué le résultat.

« Il m'est bien agréable d'avoir à vous transmettre cette marque de satisfaction d'un souverain étranger ; j'ai pu apprécier moi-même le zèle éclairé qui vous anime dans vos travaux et les amis des lettres verront avec plaisir que vous ajoutiez aux titres si honorables du nom que vous portez. Recevez, etc.

« GUIZOT. »

Impériale, 2 volumes in-f°.) — Monographie du Palais de Fontainebleau, dessinée et gravée par Pnorf, accompagnée d'un texte descriptif par Champollion-Figeac. (2 volumes grand in-f°.)

Champollion-Figeac était officier de la Légion d'honneur, chevalier des SS.-Maurice-et-Lazare d'Italie, officier de l'Université de France et membre de nombreuses Sociétés littéraires de France et de l'étranger.

Les fonctions confiées à Champollion-Figeac par le Prince Président, en 1849, n'étaient que temporaires, ainsi que l'indemnité littéraire qui y était attachée, les Chambres de 1848 ayant supprimé les bibliothécaires des palais royaux ; mais lorsque Napoléon III s'occupa des divers services de sa maison et à cause des nombreuses compétitions qui existaient déjà pour obtenir les fonctions de conservateurs des Bibliothèques des palais, l'Empereur remit tous ces dossiers au premier vice-président du Sénat, M. Mesnard, et lui demanda un rapport sur ces diverses candidatures. Ce rapport fut remis à Napoléon III au moment du premier voyage qu'il fit à Fontainebleau en 1852, et il donna l'ordre de nommer Champollion conservateur des deux Bibliothèques et des objets d'art du palais. L'Empereur, en lui annonçant sa nomination, ajouta : « J'ai donné l'ordre de vous traiter ici le mieux possible, pour que vous n'ayez plus envie de Paris. Je désire vous retrouver à tous mes voyages. »

Les Bibliothèques de Fontainebleau, les plus précieuses de toutes celles qui sont conservées dans les châteaux royaux, possèdent des richesses bibliographiques d'une importance capitale. Chaque fois que la cour venait résider dans le palais, ces Bibliothèques étaient visitées par les personnages les plus marquants de l'entourage impérial et des invités du monarque. Champollion-Figeac était ordinairement désigné pour en faire les honneurs, comme il les fit entre autres : au Roi de Bavière, à la Reine de Hollande, à la grande-duchesse Stéphanie, aux infants de

Portugal, au grand-duc de Russie, au nonce du Pape, etc.

A Fontainebleau, la vie littéraire de Champollion-Figeac fut ni moins active ni moins entourée d'affectueuse considération qu'autrefois à Grenoble, à Figeac et à Paris. Les principales familles qui habitaient cette ville royale et portant des noms illustres en France, depuis bien des siècles : les d'Andigné, les Blacons, les Polignac, les Guitaut, les Coulanges, ces derniers dont Mme de Sévigné, dans ses charmants récits (1), nous a fait connaître les ancêtres, toutes ces familles s'empressèrent de rechercher la société du savant aimable, qui avait trouvé un refuge paisible et honorable au palais des anciens souverains de la France.

Si les splendeurs de la forêt attiraient l'élite des artistes peintres, les richesses littéraires des Bibliothèques du palais de Fontainebleau y amenaient aussi, pendant la belle saison surtout, des célébrités scientifiques et littéraires qui se réunissaient, soit à la Bibliothèque, soit chez Champollion. Au nombre des habitués, on pouvait citer : Flourens, de l'Académie des sciences, Villemain, Couder, Blouet, de Lesseps, de l'Institut ; Gorresio et le comte Sclopis, de l'Académie de Turin ; Dumont, ancien professeur d'histoire à Grenoble et au collège Saint-Louis de Paris, auteur d'une histoire très estimée de la primitive Église ; Eyckoff, ancien bibliothécaire de la Reine ; David, archéologue et inspecteur de la navigation, membre de la famille de l'illustre peintre de l'Empire ; MM. le comte de Circourt, de Lameth, les généraux Lamare, Deshorties et Héraclius de Polignac, l'architecte Paccard, l'archiviste Lemaire, le directeur du journal de la localité M. Bourges, le baron de La Gatinerie.

---

(1) M Léon de La Brière vient de publier dans le *Correspondant* une très intéressante *Notice* sur les châteaux d'Époisse, ayant appartenu aux Guitaud, et sur Bourbilly, qui fut le berceau de Mme de Sévigné. Cette *Notice* complète le volume sur Mme *de Sévigné en Bretagne*, publié par le même auteur, en 1885.

Pendant l'hiver, une société archéologique, dont Champollion était président, tenait des séances hebdomadaires, tantôt à Fontainebleau, tantôt à Melun.

Quant à la correspondance littéraire de Champollion-Figeac avec les savants français et étrangers, elle n'avait jamais été plus active et plus précieuse. Pour ne pas entrer dans des détails qui nous conduiraient trop loin, nous nous bornerons à donner quelques-unes de ces lettres, aussi intéressantes par les sujets qu'elles traitent, que par les illustres signatures qu'elles portent :

I. — BOISONADE, MEMBRE DE L'INSTITUT,
A CHAMPOLLION-FIGEAC (1).

« Ce 2 août 1849.

« Vous m'avez donné, Monsieur, une bien agréable preuve d'amical souvenir. Je parcours avec beaucoup d'intérêt ces deux *Passions* romanes, et suis bien heureux de pouvoir consulter votre fidèle traduction, qui souvent m'aide à comprendre le texte, car je n'ai aucune habitude de cet idiome assez difficile. Aussi, j'ai bien peur de m'être trompé, en donnant au second quatrain de la page 16 une autre ponctuation que la vôtre. Je vous la soumets :

« Trenta trez ans et alques plus,
« Des que carn près, enternos fu. »
Trente-trois ans et quelque plus,
Dès que chair prit, parmi nous il fut.

« Excusez cette témérité d'un écolier et agréez ma reconnaissance et mon dévouement. »

2. — VISCONTI, MEMBRE DE L'INSTITUT, ARCHITECTE
DU LOUVRE.

« Paris, 5 décembre 1852.

« J'ai été heureux, cher Monsieur, de recevoir de vos nouvelles. Il y a bien longtemps que nos relations

---

(1) Voyez aussi page 30, *note*.

sont interrompues, à mon grand regret, je vous assure ; aussi je vous remercie de m'avoir donné l'occasion de vous le dire. Je n'ai pas encore vu M. Salnave ; mais vous pouvez être certain du bon accueil que je lui ferai quand il se présentera.

« Veuillez agréer, etc. »

3. — COMTE SCLOPIS, PRÉSIDENT DU SÉNAT ITALIEN.

« Turin, le 7 juin 1853.

« Monsieur, permettez-moi de venir vous exprimer toute la part que je prends à la perte cruelle que vous venez d'éprouver (la mort de Mme Champollion-Figeac). L'abbé Gazzera, qui me charge de vous offrir le témoignage de ses vifs et profonds regrets et de son inaltérable amitié, nous a fait un portrait exact et touchant des qualités aimables et solides qui se réunissaient en cette âme élevée, que vous avez perdue sur la terre ; mais qui veille sur vous encore du haut des cieux.

« Ce cher abbé n'est pas dans un bon état de santé et nous qui l'aimons beaucoup, nous voyons avec peine que ses indispositions habituelles augmentent et que ses forces diminuent. Nous espérons cependant que la belle saison, qui s'est si longtemps fait attendre cette année, lui fournira les moyens d'améliorer sa santé.

« Je suis fâché que l'espace de temps trop resserré n'ait point permis à Monseigneur le duc de Gênes d'aller visiter le château de Fontainebleau. Il aurait été dans le cas d'en apprécier les beautés et les souvenirs et vous auriez pu connaître les qualités brillantes qui distinguaient ce digne fils du roi Charles-Albert. Ma femme vous prie ainsi que moi de vouloir bien agréer, etc. »

4. — GRUN, CHEF DE SECTION AUX ARCHIVES
DE L'ÉTAT.

« Cher Monsieur, vous m'avez trop bien reçu à Fontainebleau pour que je doute du bon accueil que vous

ferez à ma demande d'aujourd'hui. Je vous ai dit que
je m'occupais d'un travail sur Michel Montaigne : je
l'ai commencé et presque terminé.

« J'ai trouvé ledit Montaigne engagé dans les négociations, qui eurent lieu à la fin de 1583, entre le roi
de Navarre et Henri III, à l'occasion de l'affront fait à
la reine Marguerite, au moment où cette princesse
partait pour aller rejoindre son mari en Gascogne.

« A ce sujet et au bas du passage suivant de l'excel-
lente édition du *Journal de Pierre de Lestoile*, donnée
par M. votre fils, on lit : « En ce mois (janvier 1584),
« M. de Pibrac fut envoié vers le Roi et lui fit une ha-
« rangue de la part du roi de Navarre, sur l'affront
« fait à ladite Reine par le roi Henri III, son frère, au
« sortir de Paris. » — Je lis cette note : « Il y eut une
« longue négociation à ce sujet et le roi et les per-
« sonnages chargés par le roi de Navarre de négocier
« au sujet de l'affront fait à la reine, sa femme, entre-
« tinrent une correspondance suivie avec le monarque.
« Tous les détails de cette affaire nous ont été con-
« servés dans les pièces manuscrites de la Bibliothè-
« que du Roi, collection Brienne. »

« Les pièces que M. votre fils cite dans sa note
doivent avoir une grande importance. Veuillez avoir
la bonté de lui demander par quelle voie je pourrais
arriver à les retrouver. Agréez, etc. »

5. — DE GOLBERY, ANCIEN DÉPUTÉ ET PROCUREUR
GÉNÉRAL.

« Ce 15 avril 1854.

« Mon cher ami, voici mon excuse : J'ai failli mourir
et il y a trois jours que j'étais sur le point d'étouffer.
Quelquefois je me remets pour peu de jours, puis
Dieu me semble m'appeler à lui et déjà je croyais entendre les cloches. Heureusement ce ne sont encore
que des trépilles pour le vendredi saint. Néanmoins,
je suis un vieil....... J'irai me traîner à notre cha-
pelle, à une centaine de pas d'ici. Que de fois, ces jours

derniers, j'ai pensé à vous, à Aimé, à Jules, à Paul, à Madame Zoé..... A chaque heure, fut-ce même la dernière, sainte amitié, liaisons de toute ma jeunesse comme je vous reconnais. Madame Champollion, comme je l'ai pleurée, comme je la pleure encore.

« Voici le résultat de mes propres recherches sur le sujet qui vous intéresse :

. . . .

« Adieu, je vous serre la main, ma femme aussi... Ma fille et ses deux progénitures sont à Besançon ; Anna est ici au couvent à Kiemhzheim.

« Encore un mot pour mon cher Paul ; que n'est-il déjà procureur général... hélas ! je ne puis plus rien pour lui : je dors dans les catacombes. (1) »

6. — FLOURENS, DE L'ACADÉMIE FRANÇAISE, SECRÉTAIRE PERPÉTUEL DE L'INSTITUT.

« Paris, 28 septembre 1854.

« Cher et ancien collaborateur, si je n'avais été accablé d'occupations à mon retour, je vous aurais transmis des remerciements, qui vont *crescendo* depuis le plus petit tapageur. La mère veut que vous sachiez combien elle est reconnaissante pour ses enfants, et vous comprenez que moi je le suis pour la mère et les enfants.

« En nous ouvrant votre bibliothèque modèle, vous m'avez laissé des souvenirs de la nature de ceux que je goûte le plus. Je suis heureux de voir que vos travaux vous attirent dans la voie que je parcours ; croyez bien que vos questions sont de bonnes fortunes : on aime à développer ses pensées avec un penseur tel que vous. Venez le faire au milieu d'une famille qui sera heureuse de se montrer l'interprète de mes sentiments de dévouement. »

_____

(1) Voyez aussi *pièces* justificatives, § XV.

7. — LE MINISTRE DE LA MAISON DE L'EMPEREUR
A M. ***.

« Paris, le ... mai 1855.

« Monsieur, l'Empereur a chargé M. Champollion-
Figeac, bibliothécaire du Palais impérial de Fontainebleau, d'un travail historique sur l'origine de cette
résidence, sur les dépenses des constructions et des
embellissements et sur les événements importants
dont elle a été le théâtre.

« Pour remplir les vues de Sa Majesté, il est à désirer que M. Champollion-Figeac puisse consulter
tous les documents relatifs au palais de Fontainebleau, qui se trouvent dans les bibliothèques et les
archives de l'Empire.

« Je viens donc vous prier, Monsieur, de me transmettre un état détaillé des ouvrages ou pièces, manuscrits ou imprimés, existant dans le dépôt confié à
vos soins et concernant le Palais de Fontainebleau
sous les divers rapports que je viens de vous
signaler.

« Lorsque M. Champollion-Figeac aura pris connaissance de cet état, je vous indiquerai les documents dont la communication lui sera nécessaire. »

8. — DÉSIRÉ NISARD, DE L'ACADÉMIE FRANÇAISE.

« Paris, 26 novembre 1856.

« Mon cher Monsieur, je viens de lire dans le
Bulletin du Bibliophile un article très intéressant
sur un manuscrit inédit de l'abbé de Vertot, relatif
aux ambassades des frères de Noailles au xvie siècle.
L'idée que vous en donnez me fait désirer bien vivement que ce manuscrit puisse m'être communiqué.
Je fais un cours sur l'*éloquence diplomatique* et
l'évêque d'Ax, en particulier, doit y avoir une place
proportionnée à son rare mérite.

« Il me serait bien précieux de pouvoir donner

quelques renseignements utiles sur le personnage.
Dépend-il de vous de donner le manuscrit au lecteur?
Ne pourrait-il pas m'être prêté pour quelque temps,
par l'intermédiaire du ministre de l'instruction
publique ?

« Ayez donc la très gracieuse bonté de m'en
écrire un mot. Je sais que si vous êtes maître de
faire la chose, je pourrais vous remercier d'avance du
prêt du manuscrit comme d'une chose faite. Je ne
vous demande pas de vos nouvelles, votre prose m'en
donne d'excellentes. Recevez, etc. »

9. — MARÉCHAL VAILLANT, MINISTRE DE LA MAISON
DE L'EMPEREUR.

« Paris, 14 juillet 1857.

« Je n'ai pas voulu vous remercier, Monsieur,
avant d'avoir lu et j'ai peu de temps à donner aux lectures d'agrément. Voilà mon excuse pour ne vous avoir
pas déjà prié d'agréer l'expression de ma gratitude.

« Vous devriez bien prendre quelque pitié de ma
pauvre voisine *Alise*, qui passe de la plume aiguë de
M. Quicherat à celle un peu plus douce de M. Rossi-
gnol, puis à cet excellent de *Cognard* (M. de Saulcy),
qui ne me convainc pas non plus. Croyez-vous aux
Commentaires? Je m'en tiens à cette énormité et vous
présente mes salutations très empressées. »

10. — MESNARD, VICE-PRÉSIDENT DU SÉNAT FRANÇAIS.

« Viroflay, le 8 août 1857.

« Monsieur, je vous suis vraiment fort obligé de
l'attention que vous avez eue de m'envoyer ce grand
travail historique, qui n'est encore que l'annonce d'un
travail plus considérable. J'admire en vous ce goût
pour les études sérieuses et cette puissance de pro-
duction à laquelle les années semblent ne devoir
porter aucune atteinte. Soyez persuadé, Monsieur,
que le public accueillera, avec une faveur marquée,

un ouvrage dont le moindre mérite est de donner de votre érudition un nouveau et précieux témoignage. Pour mon compte, je m'empresserai de me mettre en rapport avec vos Persans, qui certainement ont bien des choses à m'apprendre.

« L'Empereur a été fort bien inspiré en vous donnant une mission que vous êtes fait pour si bien remplir (1). Je vous félicite de ce choix, qui fait honneur au souverain et à vous.

« Puisque vous voulez bien vous occuper de mon *Paradis*, laissez-moi vous remercier d'une attention aussi obligeante et ne doutez pas du bon souvenir que vous garde le traducteur de la *Divine Comédie* (2).

« Agréez, etc. ».

11. — WILKINSON, ÉGYPTOLOGUE.

« Londres, le 13 juin 1858.

« Monsieur, je viens de recevoir votre aimable lettre du 1er juin, qui m'a été remise à mon retour de la campagne. Je vous suis très reconnaissant de l'opinion flatteuse que vous m'avez fait l'honneur d'exprimer sur mon ouvrage et je m'empresse de vous dire combien j'ai du plaisir à vous envoyer... Ils auront d'autant plus de prix auprès de moi, puisque je les garderai comme des souvenirs de votre complaisance et de l'estime que j'ai toujours eue pour votre frère, dont j'ai pu si bien apprécier les travaux. Si je pouvais vous être utile ici en quelque chose, je vous prie de commander mes services.

« Agréez, etc. »

---

(1) La mission de publier l'histoire artistique du Palais de Fontainebleau. — M. Champollion venait de publier un volume de son *Histoire des peuples des temps anciens et modernes*, qui devait en avoir douze. Six ont été entièrement rédigés ; la fin de ce travail a été retardée par la publication sur le Palais de Fontainebleau.

(2) Voyez pièces justificatives, § XV, nº LXXX.

12 — MARQUIS DE BRIGNOLE, ANCIEN AMBASSADEUR
D'ITALIE.

« Paris, le 12 juillet 1858.

« .Monsieur, j'ai espéré pendant longtemps que
j'aurais l'honneur de vous voir dans une des courses
rapides que vous étiez dans l'habitude de faire à
Paris, et j'étais aux aguets pour épier votre arrivée ;
mais votre indisposition d'abord, ensuite la présence
de l'Empereur à Fontainebleau, maintenant la belle
saison et mon prochain départ ne m'ont permis, ni ne
me permettent plus, à cette heure, de concevoir cet
espoir. Veuillez donc permettre que je vienne vous
exprimer par écrit toute ma reconnaissance pour le
savant et très intéressant ouvrage sur la *Perse*, dont
vous avez eu l'extrême bonté de me destiner un exemplaire. J'ai trouvé dans ce précieux souvenir un nouveau gage de votre ancienne bienveillance et j'y ai été
très sensible. Conservez-la-moi, je vous prie, pour
l'avenir, et si le cas venait à se présenter où vous me
croiriez bon à quelque chose pour vous, ne m'épar-
gnez pas, je vous en prie (1).

« J'ai le plaisir de voir quelquefois M. Aimé, votre
excellent fils. Il est aussi plein de bonté pour moi ;
mais je lui donne de temps à autre quelques ennuis,
et je crains qu'il ne finisse par me trouver indiscret.
Agréez, etc. »

13. — GORRESIO, SÉNATEUR, SECRÉTAIRE PERPÉTUEL
DE L'ACADÉMIE ROYALE DE TURIN.

« Paris, 24 juillet 1860.

« Mon cher Monsieur Champollion, je sais que votre
obligeance est inépuisable ; toutes les personnes que

---

(1) Voyez pièces justificatives, § XV, n° LXII.

j'ai eu l'honneur de vous adresser n'ont eu qu'à se
louer de votre aimable complaisance.

« Permettez-moi de vous adresser et de vous recommander très vivement une dame de Florence,
Madame la princesse Corsini, qui désire visiter le cha-
teau de Fontainebleau. C'est une dame de la plus
haute distinction et d'un esprit très cultivé. Je suis
sûr que vous serez très content de l'avoir connue.

« Je compte aller bientôt vous faire une petite
visite. En attendant, agréez, mon cher ami, l'assurance, etc. »

14. — MARÉCHAL VAILLANT A CHAMPOLLION-FIGEAC.

« Paris, 23 février 1864.

« Monsieur, j'ai reçu la *Nécrologie* que vous m'avez
envoyée ! Je n'avais pas besoin de cette triste *Notice*
pour regretter beaucoup le colonel Champollion et
pour vous trouver un bien malheureux père. Veuillez
croire à de douloureuse et vive sympathie (1). »

Le Prince impérial, pendant un de ses derniers
séjours à Fontainebleau, vint faire une visite officielle
à Champollion-Figeac, dans son appartement particulier , au Palais, et la garde montante battit aux
champs pendant que le prince traversait à pied la
grande cour d'honneur. Cette visite fut employée par
le prince à se faire expliquer l'usage de divers objets
égyptiens, qui se trouvaient dans le cabinet de travail
de Champollion-Figeac. Les planches gravées, destinées
à compléter le texte de l'*Histoire du Palais de Fontainebleau*, occupèrent particulièrement son attention ;
plusieurs d'entre elles rappelaient l'état primitif de ce
château fort converti en palais de plaisance par Fran-

____

(1) Voyez, sur le même sujet, une lettre du maréchal
Randon, pièces justificatives. § xv, n° LXXXII, et une lettre du général Rolin, adjudant général de la maison de
l'Empereur, n° LXXXI.

çois Ier, grâce aux éminents artistes italiens appelés en France par la munificence d'un souverain ami des arts et des lettres.

Champollion-Figeac avait fait une étude approfondie du château de Fontainebleau, au double point de vue de l'art et de l'histoire. L'Empereur savait quels trésors de notions nouvelles il avait amassés sur cette résidence royale, peuplée de si grands souvenirs ; il ne voulut pas qu'ils fussent perdus à la mort du savant bibliothécaire : il le chargea de les consigner dans une *histoire spéciale*, qui a été publiée à l'Imprimerie Impériale en deux magnifiques volumes in-folio (1). Champollion en offrit le premier exemplaire au souverain, qui avait entouré sa verte vieillesse d'une bienveillance toute particulière ; et bientôt après il terminait sa carrière si utilement et si laborieusement remplie, à l'âge de 90 ans, laissant à la science des œuvres d'un mérite incontesté et aux savants l'exemple d'une vie toute de travail et de dévouement.

ON LISAIT DANS L'*Echo du Quercy*, DU 18 MAI 1867 :

« ... Un service solennel a été célébré, jeudi der-
« nier, à dix heures du matin, dans l'église Saint-

_____

(1) L'édition a péri dans l'incendie des *Tuileries*, en 1871, moins une centaine d'exemplaires distribués par ordre de l'Empereur, ou donnés en cadeau à l'auteur de cet ouvrage.

La confiance qu'inspirait l'érudition de Champollion-Figeac a été des plus utiles en diverses circonstances, notamment lorsqu'on annonçait la découverte de quelques antiquités qui firent soupçonner l'existence d'un cimetière gaulois à Celly ; l'Empereur confia à Champollion le soin d'y faire des fouilles, et prenait à la charge de sa liste civile les frais de cette opération, qui eut pour résultat de faire reconnaître plusieurs tombes et découvrir quelques objets antiques.

On dut aussi aux soins de Champollion la conservation des seuls exemplaires connus, jusqu'à présent, de monnaies frappées en France par le père de Hugues Capet. Elles font partie de la collection de la Bibliothèque Nationale et avaient été trouvées dans la forêt de Fontainebleau.

« Sauveur de Figeac, pour le repos de l'âme de Cham-
« pollion-Figeac.

« Le maire de la ville en uniforme et tout le conseil
« municipal ; le principal du collège et tout son per-
« sonnel ; le clergé de la ville, les principaux fonc-
« tionnaires (M. le sous-préfet était en tournée de
« revision), assistaient à cette cérémonie, qui a été
« célébrée avec une *grande pompe* (1). »

XV.

Lettres, notes, extraits de divers documents inédits servant de preuves à cette Étude biographique et bibliographique, relative aux deux Champollion. (Analyse sommaire.)

Les documents que nous avons réunis dans ce § XV sont classés par ordre chronologique ; ils concernent *les deux Champollion* et leurs travaux archéologiques. Les *Lettres* offrent plus particulièrement un intérêt réel par elles-mêmes, en raison des sujets qu'elles traitent et surtout à cause *des personnages éminents par qui elles ont été écrites*. Quelques-unes servent à compléter la biographie des deux savants archéologues.

Pour faciliter au lecteur le choix des documents à lire, ou dont il désire prendre connaissance, afin d'être fixé sur un point historique énoncé dans cette

---

(1) Pour les *discours* prononcés à Fontainebleau sur la tombe de Champollion par le président de la Société archéologique, M. David, et au nom de la ville de Figeac, par M. Bertrandy, etc., voyez : *Nécrologie, Champollion-Figeac.* (Brochure in-8°.) Dans l'assistance, on remarquait : le marquis de Toulongeon, aide de camp de l'Empereur, le général comte de Polignac, M. le sous-préfet, le maire de la ville, M. de Stadler, ancien élève de l'Ecole des Chartes et inspecteur général des archives. M. Dacier, petit-fils du secrétaire perpétuel de l'Institut. M. de La Chavignerie, etc., etc.

Étude, nous en donnons d'abord une analyse sommaire : un numéro d'ordre, en *chiffres romains,* permettra de retrouver facilement chaque document dans ce chapitre, ainsi que le *texte de l'Étude* auquel il se rapporte, qui est indiqué en *chiffres arabes* et entre parenthèses. Toutes ces lettres sont *adressées à Champollion-Figeac* et font partie des XL volumes de *Papiers de famille,* conservés par son fils.

I. — (Voyez *Étude,* p. 7 et *note*). Lettre du général Darricau, relative au capitaine Champollion, embarqué avec sa compagnie pour l'Égypte, en l'année 1798.

II. — (*Étude,* p. 13). Lettre de Silvestre de Sacy, membre de l'Institut, relative à la publication de Champollion-Figeac sur les *Patois du département de l'Isère.*

III. — (*Étude,* p. 43). Lettre du même, relative à l'inscription hiéroglyphique de Rosette.

IV-V. — (*Étude,* p. 9, 10, 12). Lettres du comte de Fontanes, grand-maître de l'Université, et du baron Fourier, préfet de l'Isère, relatives à Champollion-Figeac.

VI. — (*Étude,* p. 11, 44). Lettre d'Abel Rémusat, membre de l'Institut, sur le haut enseignement à la Faculté des Lettres de Grenoble.

VII. — (*Étude,* p. 14, 15). Note relative à la correspondance de Champollion-Figeac avec sa famille, datée de Paris, *pendant les Cent-Jours,* et donnée à son fils. — Décret contresigné par Carnot, concernant l'Institut, en 1815.

VIII-XIII. — (*Étude,* p. 17, 45, *note*). Lettres et rapports du comte de Bastard, commissaire extraordinaire de police, et du comte de Montlivaut, préfet de l Isère, relatifs aux *motifs de fantaisie* pour exiler les deux Champollion, en 1816.

XIV. — (*Étude,* p. 12, 52). Tableaux pour l'enseignement mutuel fondé à Grenoble. Ces tableaux ont été rédigés par Champollion le Jeune, pour l'enseignement de la grammaire et de l'histoire.

XV. — (*Étude*, p. 12). Lettre de Champollion le Jeune, relative à ses affections de famille.

XVI. — (*Étude*, p. 29). Lettre de M. Salt, consul d'Angleterre en Égypte, relative au voyage et aux découvertes de Caillaud dans cette contrée (antiquités et minéralogie).

XVII. — (*Étude*, p. 25, 30). Lettre de Petit-Radel, président de l'Académie des Inscriptions, relative aux publications de Champollion-Figeac sur *Uxellodunum* et sur les *Annales des Rois Grecs d'Égypte*, ouvrages couronnés par l'Institut.

XVIII. — (*Étude*, p. 15). Lettre du duc Decaze, relative à *Uxellodunum*, ouvrage publié par Champollion-Figeac.

XIX. — (*Étude*, p. 25). Lettre de M. Grille, directeur des Arts et des Lettres au ministère de l'intérieur, même sujet.

XX. — (*Étude*, p. 32, 102). Lettre du comte Alexis de Noailles, relative à ses sentiments affectueux pour Champollion-Figeac.

XXI. — (*Étude*, p. 33). Lettre du comte Siméon, secrétaire d'État, relative au Cabinet des chartes et diplômes.

XXII. — (*Étude*, p. 25, 52, et document xiv). Lettre du président duc de Lavauguyon et des secrétaires de la Société pour le développement de l'enseignement élémentaire en France.

XXIII. — (*Étude*, p. 29). Lettre de M. Calmon, directeur général au ministère des finances, relative à cette société.

XXIV. — (*Étude*, p. 31). Lettre du duc de Blacas, premier gentilhomme du Roi, au sujet de l'Institut de France.

XXV. — (*Étude*, p. 29). Lettre de M. Jomard, membre de l'Institut, relative à la Société de Géographie.

XXVI. — (*Étude*, p. 31). Lettre du comte de Choiseul-Daillecour, relative aux candidatures académiques.

XXVII. — (*Étude*, p. 62, 63). Lettre du baron Georges Cuvier, relative aux Musées d'Italie et à M. Breton, docteur en médecine à Grenoble.

XXVIII. — (*Étude*, p. 62). Lettre de M. de Lour-douoix, directeur des Lettres et des Arts au ministère de l'intérieur, relative au zodiaque de Denderah et à la collection Drovetti.

XXIX. — (*Étude*, p. 62, 65, 76, 111). Note relative aux conférences de Mgr de Frayssinous, dans laquelle il est question de *Moïse historien des temps primitifs*, du zodiaque et des grandes pyramides d'Égypte.

XXX. — (*Étude*, p. 29, 39). Lettre d'Andrieu, de l'Académie française, relative à la lecture d'une tragédie que Champollion-Figeac lui avait demandée pour un de ses amis.

XXXI. — (*Étude*, p. 29). Lettre de Golbéry, député de Colmar, sur ses affections littéraires.

XXXII. — (*Étude*, p. 33). Lettre du marquis de Pastoret, grand chancelier de France, relative à la publication des *œuvres de Fréret*, par Champollion-Figeac.

XXXIII. — (*Étude*, p. 63). Lettre de Passalaqua, relative à sa collection d'antiquités égyptiennes transportée à Paris.

XXXIV. — (*Étude*, p. 32, 109). Lettre de Golbery, député de Colmar, relative à ses affections littéraires.

XXXV. — (*Étude*, p. 29, 65, *note*). Lettre de Pacho, voyageur dans la Cyrénaïque, relative à la publication de son voyage.

XXXVI. — (*Étude*, p. 33). Lettre de Lacabane, professeur à l'École des Chartes, relative à la publication de la Charte de la commune de Gréalou, en langue romane, avec des remarques sur quelques points de cette langue en Europe.

XXXVI *bis*. — (*Étude*, p. 39). Lettre de M. Royer-Deloche, de Grenoble, relative à sa biographie.

XXXVII. — (*Étude*, p. 58, 66, 103). Rapport au Roi Charles X, *rédigé par Champollion-Figeac* et

10

signé par le vicomte de La Rochefoucauld, relatif à la fondation du Musée Égyptien du Louvre.

XXXVIII. — (*Étude*, p. 66). Première Note relative au même Musée, rédigée par le même.

XXXIX. — (*Étude*, p. 66). Seconde Note relative aux attributions des conservateurs du Musée, rédigée par le même.

XL. — (*Étude*, p. 39, 62). Lettre du comte Costa, secrétaire d'État en Sardaigne, relative à la collection d'antiquités grecques et romaines de l'avocat Cambiano, de Turin.

XLI. — (*Étude*, p. 29). Lettre du consul français en Égypte, M. Drovetti, relative au voyage de M. de Vaucelle et aux projets de Champollion le Jeune.

XLII. — (*Étude*, p. 32). Lettre de Vatout, bibliothécaire de Mgr le duc d'Orléans, relative à un tableau de Gudin : *Vue de Grenoble*.

XLIII. — (*Étude*, p. 78, 82). Lettre du vicomte de La Rochefoucauld, relative à la *collaboration* des deux frères Champollion au même ouvrage.

XLIV. — (*Étude*, p. 82, 78). Lettre du vicomte de La Rochefoucauld, relative à la collection égyptienne de Passalaqua transportée à Paris.

XLV.— (*Étude*, p. 118). Lettre du comte Daru, pair de France, concernant une publication de Champollion-Figeac relative aux étymologies.

XLV *bis*. — (*Étude*, p. 75). Lettre de Champollion le Jeune à M. Thévenet, lors de son départ pour l'Egypte.

XLVI.— (*Étude*, p. 108). Lettre de M. Sallier, d'Aix, relative à une découverte faite par Champollion le Jeune dans sa collection égyptienne, et *Note* relative à cette découverte.

XLVII. — (*Étude*, p. 39). Lettre du docteur Pariset, partant pour l'Égypte pour y étudier la peste.

XLVIII. — (*Étude*, p. 33, 84, 88). Lettre du vicomte de Vatimesnil, ministre de l'instruction publique, relative aux deux Champollion.

XLIX. — (*Étude*, p. 75). Lettre de M. Camille

Teisseire, de Grenoble, relative au voyage de Champollion le Jeune en Égypte.

XLIX *bis*. — (*Étude* p. 76). Lettre inédite de Champollien le Jeune, écrite d'Egypte à M. Thévenet et datée de la seconde cataracte, le 1er janvier 1829.

L. — (*Étude*, p. 35). Lettre de M. Rives, directeur des sciences, des lettres et des arts, relative à l'École des Chartes.

LI. — (*Étude*, p. 35). Rapport de Champollion-Figeac à M. Rives, concernant la réorganisation de l'École des Chartes.

LII-LIII. — (*Étude*, p. 35, 39). Lettres de M. Rives, même sujet.

LIV. — (*Étude*, p. 84, 88). Lettre du duc de Broglie, ministre de l'instruction publique, relative aux deux Champollion.

LV. — (*Étude*, p. 30). Lettre du baron Silvestre de Sacy, relative à la publication des *Mémoires* de l'Académie des Belles-Lettres.

LVI. — (*Étude*, p. 38). Lettre du duc de Doudeauville, relative au docteur Falret.

LVII. — (*Étude*, p. 112). — Lettre de Verninac de Saint-Maur, relative à l'obélisque de Louqsor.

LVIII. — (*Étude*, p. 36). Lettre d'Augustin Périer, relative à la statistique du Dauphiné et à l'esprit politique du département de l'Isère.

LIX. — (*Étude*, p. 61). Lettre de Ferdinand de Lesseps, consul général en Égypte, relative à des voyageurs en Abyssinie, MM. Combes et Tamisier.

LX.— (*Étude*, p. 37). Lettre de Villemain, ministre de l'instruction publique, relative aux travaux historiques de la Bibliothèque Royale, sous la direction de Champollion-Figeac.

LXI. — (*Étude*, p. 37). Rapport de Champollion-Figeac relatif à ces mêmes travaux historiques.

LXII. — (*Étude*, p. 117). Lettre de S. E. le marquis de Brignole, ambassadeur du Roi de Sardaigne à Paris, relative aux ouvrages de Champollion-Figeac.

LXIII. —(*Étude*, p. 111). Lettre du général Cass,

ministre d'Amérique à Paris, relative au système hiéroglyphique de Champollion le Jeune.

LXIV. — (*Étude*, p. 36, 113). Lettre du comte Xavier de Blacas, relative à son voyage en Égypte.

LXV. — (*Étude*, p. 37). Lettre de Victor Cousin, ministre de l'instruction publique, relative aux travaux historiques de la Bibliothèque Royale.

LXVI. — (*Étude*, p. 113). Lettre de Lepsius, relative à son projet de voyage en Égypte.

LXVII. — (*Étude*, p. 38). Lettre de Villemain, ministre de l'instruction publique, relative aux travaux historiques qui s'exécutaient à la Bibliothèque Royale, sous la direction de Champollion-Figeac.

LXVIII. — (*Étude*, p. 115). Lettre de M. de Boismilon, secrétaire des commandements de M. le comte de Paris. Audiences de S. A. R. Madame la duchesse d'Orléans.

LXIX. — (*Étude*, p. 114). Lettre de Villemain, ministre de l'instruction publique, relative aux élèves de l'École des Chartes.

LXX. — (*Étude*, p. 117). Lettre de S. Exc. le prince de Ligne, ambassadeur de Belgique en France, relative aux papiers historiques concernant sa famille.

LXXI. — (*Étude*, p. 116). Lettre du vicomte de Santarem, ancien ministre des affaires étrangères de Portugal sous Dom Miguel, relative à son *Histoire politique de ce royaume*.

LXXII. — (*Étude*, p. 65). Lettre de M. de Miribel, maire de Grenoble. relative à la collection de médailles du marquis de Pina à acheter pour la Bibliothèque de cette ville.

LXXIII. — (*Étude*, p. 114). Lettres de Madame Angelet, dame de LL. AA. Royales les princesses Marie et Clémentine d'Orléans ; visites artistiques des princesses à la Bibliothèque Royale.

LXXIV. — (*Étude*, p. 116). Lettre du duc de Luynes, relative à ses recherches historiques sur Chevreuse.

LXXV. — (*Étude*, p. 116). Lettre d'Alexandre de

Humboldt, relative au savant indianiste allemand Goldstucquer.

LXXVI. — (*Étude*, p. 65 *n.*). Lettre de M. Leprovost, député de l'Eure, relative au voyage en Asie de Lotin de Laval.

LXXVII. — (*Étude*, p. 119). Lettre du comte de Salvandy, ministre de l'instruction publique, relative au projet de Champollion-Figeac d'imprimer le *Catalogue des manuscrits français de la Bibliothèque Royale.*

LXXVIII. — (*Étude*, p. 134) Lettre de Paulin Paris, membre de l'Institut, relative à la nomination de Champollion-Figeac comme conservateur des Bibliothèques du Palais de Fontainebleau.

LXXIX. — (*Étude*, p. 134). Lettre du comte Pelet de la Lozère, ancien ministre de l'instruction publique, relative à la nomination de Champollion-Figeac.

LXXX. — (*Étude*, p. 136). Lettre de M. Mesnard, premier vice-président du Sénat français, relative aux travaux littéraires.

LXXXI-LXXXII. — (*Étude*, p. 144, 147). Lettre du général Rolin, adjudant général du Palais impérial : condoléances de l'Empereur et de l'Impératrice, à l'occasion de la mort d'un fils de M. Champollion, — et lettre du maréchal comte Randon, relatives aux services militaires et à la mort du colonel Champollion-Figeac.

LXXXIII. — (*Étude*, p. 145). Obsèques de Champollion-Figeac père à Fontainebleau le 9 mai 1867. Les nombreuses lettres de sympathiques condoléances adressées à sa famille forment un volume spécial. En tête se trouve le nom du ministre de l'instruction publique ; viennent ensuite des lettres d'un grand nombre de personnages de France et de l'étranger.

Documents inédits servant de preuves.

DOCUMENT N° I. — (Voyez *Étude*, p. 7). Lettre du général Darricau.

« Au citoyen Champollion, restant à la Grande-Rue, n° 56, à Grenoble, département de l'Isère.

« *Division militaire. — République française.*

« Augustin Darricau, chef de brigade de la 32e de ligne, au citoyen Champollion.

« Le capitaine Champollion , dont vous me demandez des nouvelles, Citoyen, se trouvait embarqué et bien portant sur un bâtiment grec, que les vents contraires et le mauvais temps ont forcé de relâcher dans plusieurs ports. Je viens d'apprendre avec plaisir que six compagnies de la brigade, qui avaient éprouvé le même désagrément, sont, à la fin, arrivées à Gênes. Il n'y a pas de doute qu'il ne s'empresse de vous donner promptement de ses nouvelles. Je vous salue.

« A. DARRICAU. »

(L'expédition d'Égypte était partie le 19 mai 1798.) — Voyez aussi une *note* imprimée dans les *Chroniques Dauphinoises*, t. III, p. 187, et une *lettre* de Champollion à son père, alors à Figeac, lui exprimant le regret de n'avoir pas été attaché à la commission scientifique d'Égypte. (*Papiers de famille,* t. Ier, p. 37, v°.)

II. — (*Étude*, p. 13). Lettre de Silvestre de Sacy.

« Paris, le 28 mars 1810.

« Je me suis empressé, Monsieur, de présenter à la classe d'histoire et de littérature ancienne l'exemplaire de vos *Recherches sur les patois du département de l'Isère...* Vos recherches sur les patois de votre département m'ont beaucoup intéressé, et il serait à souhaiter qu'un travail pareil fût exécuté dans toutes les parties de la France. »

« SILVESTRE DE SACY. »

III. — (*Étude*, p. 43). Lettre du même.

« ... Je suis sensible au souvenir de Monsieur votre frère et je l'engage à ne point abandonner la littérature orientale. Je ne pense pas qu'il doive s'attacher au déchiffrement de l'*inscription de Rosette*. Le succès, dans ces sortes de recherches est plutôt l'effet d'une heureuse combinaison de circonstances que celui d'un travail opiniâtre, qui met quelquefois dans le cas de prendre des illusions pour des réalités.

« SILVESTRE DE SACY. »

IV. — (*Étude*, p. 9, 10, 12). LE COMTE DE FONTANES, grand-maître de l'Université, et FOURIER, préfet de l'Isère.

IV. — FOURIER, préfet.

« Grenoble, le 5 septembre 1811.

« M. Champollion aîné, professeur de littérature grecque à l'Académie de Grenoble, se rend à Paris .. Je prends la liberté d'appeler de nouveau sur lui toute votre attention et votre bienveillance. J'ai souvent eu l'occasion d'entretenir Votre Excellence des qualités rares qui le distinguent, et je sais que son mérite personnel le rend supérieur à toutes les recommandations que je pourrais en faire.

« Depuis l'établissement de la Faculté des Sciences dans cette ville, M. Champollion a toujours rempli avec la plus haute distinction les devoirs de professeur. Il s'est occupé spécialement aussi des fonctions d'administrateurs dont les membres du Conseil se sont en quelque sorte reposés sur lui. Il s'y est livré avec le zèle le plus désintéressé et s'est rendu vraiment utile sous ce rapport à l'Académie de Grenoble. Je le connais depuis longtemps et j'ai toujours remarqué en lui une grande facilité pour ce genre d'occupation. Il y est surtout propre par un caractère doux et conciliant, un sentiment juste de toutes les conve-

nances, et il réunit à beaucoup d'ordre et de clarté
dans les idées une exactitude peu commune.

« ... Cette opinion est unanime ; mais l'intérêt des
Lettres et de l'Université impériale le destinaient plus
spécialement à l'instruction publique...

« FOURIER. »

V. — RÉPONSE. — LE SÉNATEUR GRAND-MAITRE DE
L'UNIVERSITÉ IMPÉRIALE COMTE DE FONTANES A
M. LE PRÉFET FOURIER. (*Papiers de famille*, t.
XXXIX, p. 12.)

« Paris, le 4 novembre 1811.

« Monsieur le Préfet, je partage l'intérêt que vous
m'exprimez en faveur de M. Champollion aîné. Ses
talents littéraires m'étaient connus depuis longtemps.
L'éloge que vous faites de ses qualités sociales, de son
zèle et de son aptitude aux fonctions administratives,
ne peut qu'ajouter à l'estime qu'il m'avait déjà ins-
pirée... Si les circonstances me permettent de l'em-
ployer selon son vœu, je serais charmé de lui donner
une nouvelle marque de ma confiance.

« FONTANES. »

VI. — (*Étude*, p. 11 et 44). ABEL RÉMUSAT, *membre
de l'Institut*.

« Paris, le 20 novembre 1811.

« ... C'est à Grenoble qu'on doit attendre de grands
et importants ouvrages, qui feront époque dans la
République des lettres. La littérature grecque exposée suivant un système philosophique et neuf ;
l'égyptienne sortant d'un tombeau de vingt siècles et
renaissant de ses cendres, voilà ce que vos préludes
font espérer au monde savant, et ce ne sont pas là
les objets petits et minutieux qu'on trouve à discuter
chez les Chinois. (*Papiers de famille*, t. XXXIX,
p. 15.)

« ABEL RÉMUSAT. »

VII. — (*Étude*, p. 14 et 15). NOTE RELATIVE A LA CORRESPONDANCE DE CHAMPOLLION-FIGEAC en 1815.

Dans la période des *Cents-Jours* du premier Empire, Champollion-Figeac eut de fréquents rapports avec l'Empereur, soit aux Tuileries, soit à l'Élysée. La plus grande partie des lettres que notre savant écrivait de Paris à sa famille, à Grenoble, existent encore et ont été données à son fils. Elles relatent une foule de nouvelles de l'intérieur du palais, sur les voyages fréquents de Napoléon à la Malmaison, sur les bruits et les terreurs de l'entourage impérial, selon la nature des nouvelles. — Nous avons trouvé au milieu de ces lettres un « Arrêté du ministre de l'intérieur, en date du 24 mars 1815, par lequel Carnot annule l'ordonnance du 5 mars 1815, apportant des changements dans la forme et la composition de l'Institut de France. » La Restauration rapporta aussi ce décret et promulgua une autre ordonnance non moins sévère. La Bibliotheque Royale, dans la *Collection des Papiers de M. Saint-Martin*, membre de l'Institut, possède aussi des lettres politiques et littéraires des deux Champollion et portant différentes dates.

VIII. — (*Étude*, p. 17 et *note*). MOTIFS DE FANTAISIE POUR EXILER LES DEUX CHAMPOLLION à Figeac, en 1816. (*Papiers de famille*, t. XI.)

Pour prononcer cet exil contre deux savants archéologues, d'habitudes paisibles, il suffit de quelques phrases dans deux *Rapports*, l'un du préfet de l'Isère et l'autre du commissaire extraordinaire de police, comte de Bastard, tandis que, pour faire rapporter cette mesure arbitraire et inique, il fallut, après deux années d'exil, des démarches sans nombre d'amis et de députés et plus de douze rapports aux ministres sur cette affaire ; enfin une décision prise en conseil des ministres. Voici les documents officiels :

VIII *bis*. — LE MAITRE DES REQUÊTES, COMMISSAIRE
GÉNÉRAL DE POLICE A GRENOBLE, AU MINISTRE DE
LA POLICE.

« Grenoble, 22 février 1816.

« Monseigneur,

« Dans le rapport que j'ai eu l'honneur de vous
adresser sur la situation morale et politique du département de l'Isère, j'ai cru devoir dire à Votre Excellence qu'un moyen capable de donner une impulsion
favorable à l'opinion était d'éloigner, pour quelque
temps au moins, de Grenoble, plusieurs individus qui
s'agitent en secret et entretiennent une agitation fu-
neste parmi le peuple. Les nouvelles les plus absurdes
circulent de toute part, et ces individus ne sont nullement étrangers à de pareils bruits ; la plupart médecins, notaires, avocats, ils s'emparent de la clientèle
qui les entoure pour aller colporter dans les campa-
gnes ces mensonges indécents, auxquels ils ne
croient pas, mais dont ils se servent malheureusement avec succès pour entretenir une certaine fermen-
tation dans le peuple. Ces hommes dangereux, tels
que Champoléon, Proby, Boissonet, ont tous joué un
rôle principal dans *les cent-jours* de l'usurpation ; ils
étaient à la tête des fédérés et tout ce qu'il y a de
mauvais a les yeux sur eux.

« Je les fais surveiller de tous mes moyens ; mais,
comme ce sont des individus extrêmement fins et de
beaucoup de moyens, *leur conduite apparente ne peut
donner lieu à aucun reproche grave*. Cependant, il est
certain qu'ils ont des conciliabules, et les motifs et le
but de pareilles réunions sont contraires aux intérêts
du gouvernement.

« Proby est le plus dangereux ; il est le chef des
malveillants et peut les faire mouvoir à son gré. On
prétend qu'il répand de l'argent provenant de la caisse
de la fédération.

« COMTE DE BASTARD. »

IX. — RÉPONSE DU MINISTRE DE LA POLICE
GÉNÉRALE (extrait).

« Paris, le 3 mars 1816.

« ... Relativement aux mauvaises dispositions des
sieurs Boissonet, Proby et Champoléon, de Grenoble, qui exercent dans cette ville une influence dangereuse, ils doivent être l'objet d'une surveillance
spéciale. Je vous engage à vous concerter avec M. le
Préfet, afin d'examiner si la tranquillité du département et le bien du service du Roi exigent que ces
trois individus *soient déplacés de leur domicile* et
même *éloignés du département de l'Isère.* Dans ce
dernier cas, je vous autorise à les envoyer en surveillance spéciale à Valence, à Aix, à Digne. Vous voudrez bien en prévenir les préfets. »

X. — LE MAITRE DES REQUÊTES, COMMISSAIRE
GÉNÉRAL DE POLICE.

« Grenoble, ce 19 mars 1816.

« ... M. le préfet a pensé que, dans un moment
où se renouvelaient des faux bruits, qui, en s'accré-
ditant dans l'esprit du peuple, pouvaient entretenir de
criminelles espérances, il était bien de montrer de
l'énergie contre ces hommes pour qui rien n'est sacré,
en déployant une vigueur utile contre les principaux
agitateurs et contre les individus notoirement connus
pour dangereux.

« Depuis longtemps, les frères Champoléon étaient
désignés par l'opinion générale comme ennemis du
gouvernement, d'autant plus à craindre qu'ils réunis-
sent beaucoup d'hypocrisie à beaucoup de talent, d'esprit et de connaissances. M. le préfet leur a ordonné
de se rendre à Figeac...

« COMTE DE BASTARD. »

XI. — LE PRÉFET DE L'ISÈRE AU MINISTRE DE LA
POLICE GÉNÉRALE.

« Grenoble, 29 mars 1816.

« ... MM. Champollion frères se proposent de réclamer auprès de vous contre leur éloignement. Quant
à moi, je le regarde comme nécessaire dans le moment actuel et d'un très bon effet pour la tranquillité
de la ville... Ils paraissaient affligés d'aller dans un
pays où le nom de Bonaparte est en horreur. Tous les
deux ont assez marqué pendant l'usurpation : l'aîné,
comme ayant été chargé par Bonaparte lui-même de
la rédaction du *Journal de l'Isère,* qui a publié le
premier les actes de l'usurpation ; le second, comme
secrétaire du comité de fédération de l'Isère, pour que
leurs craintes ne fussent pas sans fondement .. Le
rapport que j'adresse, aujourd'hui, au ministre de
l'intérieur, sur la situation du département, constate
qu'elle est en général fort tranquillisante. C'est aussi
l'opinion de l'autorité militaire, avec laquelle je me
concerte journellement.

« Deux des principaux partisants des Champollion,
MM. Bilon et Fournier, médecins, craignant avec raison le même sort, viennent, *par écrit,* de me faire leur
soumission entière et sans restriction au gouvernement royal et légitime, ainsi que l'avocat Boissonet.

« L'arrestation du général Mouton-Duvernet (voyez
ci-dessus, p. 15), que je viens de faire publier, est
encore un gage de tranquillité publique dans tout le
département et qui fait évanouir les criminelles espérances des malveillants.

« COMTE DE MONTLIVAUT. »

XII. — LE PRÉFET DE L'ISÈRE.

« Grenoble, le 2 juillet 1816.

« ... Cependant, quoique le sentiment bien connu
des frères Champollion puisse *aisément faire présu-*

mer qu'ils n'étaient point étrangers aux derniers troubles de Grenoble (conspiration Didier), je n'ai eu aucune lettre ni aucun écrit de M. Champollion ainé qui y fût relatif; une seule lettre du cadet, d'un style assez enveloppé, *aurait pu faire naître quelques doutes*, mais trop légers, et d'ailleurs aussi difficiles à éclaircir que faciles à nier. (Voyez ci-dessus, p. 17.)

« COMTE DE MONTLIVAUT.

XIII. — NOTE RELATIVE AU RAPPEL DE L'EXIL.

Indépendamment des nombreuses démarches qui eurent lieu à différentes époques pour obtenir de faire rapporter cette mesure d'exil, des quantités de lettres furent écrites aux ministres pour cet objet. Nous citerons, entre autres, *trois reclamations* signées des deux frères et portant les dates des 23 mars (4 pages in-folio), avril et 16 septembre (3 pages) (voyez ci-dessus, p. 17), et de nombreuses lettres explicatives de M. Duguet; plusieurs lettres de M Sapey, député; *deux protestations* de Champollion-Figeac, adressées au préfet Montlivaut, une autre au marquis de La Valette, député de l'Isère, d'autres à M. Planta, président de la Cour prévôtale; des *lettres du préfet du Lot*, favorables aux frères Champollion; de nombreux rapports aux ministres sur ces réclamations, enfin plusieurs lettres du ministre de l'intérieur M. Lainé et la décision du ministre comte Decazes.

Ces deux années d'exil ne firent pas perdre à Champollion-Figeac l'influence et la popularité dont il jouissait à Grenoble et dans le canton de Vif. Lors de son premier retour dans sa maison de campagne, toute la population du canton de Vif lui fit fête, et des démonstrations publiques de joie très bruyante eurent lieu. La garde nationale alla à sa rencontre jusqu'à Varces; elle fit de nombreuses décharges de mousquetterie; le soir, il y eut illumination générale du bourg et feu d'artifice. Cette tradition s'est conservée. Une démonstration populaire analogue eut lieu longtemps après, lorsque son fils fut élu membre du Conseil général de l'Isère pour le canton de Vif, époque où il vint de nouveau habiter la maison paternelle, déserte depuis longtemps.

Quant à M. Proby, déclaré *très dangereux* par le préfet, c'était une des trois personnes de ce nom résidant ordinairement au Grand-Lemps. L'une était notaire ; la seconde, commandant d'infanterie en disponibilité ; la troisième exploitait une papeterie ; le commandant est mort en Amérique. La troisième avait la réputation d'être un jurisconsulte très instruit ; après l'incendie de la papeterie, qui n'était pas assurée, il fut nommé secrétaire général de l'hôpital de Grenoble, où on le consultait habituellement sur des points de droit contestés et obscurs. Un de leurs descendants est aujourd'hui notaire à Vinay (Isère).

XIV. — (*Étude*, p. 12 et 52). NOTE RELATIVE AUX ÉCOLES D'ENSEIGNEMENT MUTUEL.

A son retour à Grenoble, Champollion le Jeune consacra beaucoup de son temps à organiser l'enseignement mutuel dans cette ville. Indépendamment des fréquentes réunions de la Commission d'organisation, il se chargea de plus de rédiger le texte de nombreux *tableaux* pour l'enseignement des jeunes élèves. Il en régla les dispositions matérielles et scientifiques. Ce travail fut considérable. On décida de le faire imprimer en placards de format grand in-folio. Nous possédons une collection complète de ces *tableaux imprimés* et dont quelques-uns, en épreuves, portent des corrections de la main de Champollion le Jeune. Ces tableaux n'étaient que le développement de la *Grammaire française* rédigée par un de ses neveux (voyez *Étude*, p. 26) ; d'autres sont consacrés à l'enseignement de l'histoire ancienne et présentent un résumé très succinct de son cours d'histoire à la Faculté des lettres.

XV.— (*Etude*, p. 12). CHAMPOLLION LE JEUNE A MA-
DAME CHAMPOLLION-FIGEAC.

« Vous avez donc cru, ma chère et bonne sœur,
que j'ai cessé, parce que je n'écris pas, de vous porter
le vif attachement que vous méritez si bien? C'est bien
peu me connaître et je suis presque tenté de me
fâcher, ce que je ferais si je ne craignais de vous pei-
ner. Je vous dirai seulement que je suis aussi obstiné
dans mes affections que dans mes haines et que les
unes et les autres ne font qu'augmenter avec l'âge.
Vous êtes d'ailleurs, puisqu'il faut vous l'apprendre,
une de ces personnes qu'on n'oublie jamais, quand on a
vécu auprès d'elles, et ce ne sera pas moi qu'on pourra
accuser de perdre le souvenir des personnes qui ont
bien voulu me témoigner de l'attachement et de l'amitié. Sous ce rapport, je vous dois plus qu'à toute autre
et je serai toujours jaloux de vous prouver que ces sentiments de cœur, c'est-à-dire ce que je mets en première ligne dans ce pauvre monde, ne sauraient s'af-
faiblir chez moi ni par l'éloignement ni par le défaut
de relations.

« J'aurais préféré, ma chère Zoé, vous dire tout cela
de vive voix et arriver à Vif avec les Berriat-Saint-
Prix, mais..... En attendant qu'on veuille bien nous
rendre justice, j'ai un peu rattrapé de ma santé. Je ne
suis pas aussi frais que jadis ; mais je puis travailler
une partie de la journée et cela me distrait. Quand on
travaille, on ne pense pas à tous les ennuis qu'on
peut avoir. Mon frère se porte bien, sauf quelques
petites attaques de migraine..... Ma femme est la
plus malade de la maison, parce qu'elle ne se ménage
pas assez et veille souvent trop tard. Nous allons tous
passer une dizaine de jours à la campagne et cela fera
du bien à tout le monde.

« Adieu, ma chère sœur, je vous embrasse ainsi
que M. Berriat, auquel je vous prie de présenter tous
mes respects.

« J.-F. CHAMPOLLION. »

XVI. — (*Étude*, p. 29) SALT, CONSUL EN ÉGYPTE.

« Le Caire, 8 octobre 1818.

« Monsieur, c'est avec un bien réel plaisir que je me procure l'avantage de vous écrire la présente, dont le but essentiel est de vous recommander M. Caillaud, minéralogiste français, qui aura l'honneur de vous remettre la présente en personne. Ce jeune Français, par ses découvertes récentes faites dans ce pays, s'est fait honneur à lui-même et à sa patrie.

« L'année passée, il a eu le bonheur de faire ouvrir pour Son Altesse le pacha les mines d'émeraudes, près de la mer Rouge, et, dans le voisinage, il a découvert un village ancien au pied d'une montagne où sont excavés deux petits temples grecs, portant des inscriptions un peu effacées dans la même langue, mais contenant le nom de la Bérénice. La première Notice que j'ai eue m'a porté à croire qu'elle pouvait être la ville de Bérénis, si longtemps recherchée par les savants ; mais la vue de la carte que M. Caillaud a si bien dessinée de ses voyages m'a convaincu qu'elle ne mérite pas ce titre et les estations (*sic*) ensuite visitées par le même monsieur (qu'on peut bien croire d'être ceux de Jovis et d'Avistonis) constatent assez clairement que Bérénice doit être trouvée plus au sud dans la latitude d'Assuan.

« Un petit temple, trouvé la même année près d'Edfou, est encore assez intéressant pour les voyageurs. M. Caillaud a ajouté beaucoup cette année à ses recherches par le voyage qu'il a entrepris dans la grande Oasis, où il a fait la découverte inattendue de nombreux temples égyptiens.

« Une découverte encore plus extraordinaire, quand on considère que les voyageurs Poncet et Bronn ont passé par toute l'étendue du pays de Khargé jusqu'à Berisse, sans même avoir entrevu la moindre nouvelle de tels superbes restes d'antiquités.

« Les détails de ces édifices, fidèlement dessinés par M. Caillaud, et les inscriptions qu'il a copiées avec tant de soins offrent un grand intérêt aux amateurs de l'histoire, surtout les deux où l'on trouve le nom de Marcus Rufilius Lupus, préfet dans le temps de Trajan (nommé dans l'ouvrage de Nicéphore, I, 127), et le nom du préfet Alexandre, où le droit de ce peuple d'être jugé dans leur propre langue est cédé par l'empereur Galba.

« C'est un doux plaisir pour moi de vous faire connaître des découvertes si intéressantes, faites par ce Français, et je prends la liberté de vous prier de lui accorder votre appui auprès de vos grandes connaissances que vous avez à Paris. En publiant ces découvertes, je remplis moi-même un devoir bien satisfaisant à mon cœur. Je vous prie en même temps d'agréer, etc.

« Henry Salt. »

(Papiers de famille, t. XII, p. 567.)

XVII. — (*Étude*, p. 25 et 30). petit-radel, président de l'académie des inscriptions et belles-lettres, de l'Institut de France.

« Paris, le 11 septembre 1820.

« L'Académie, Monsieur, a reçu, avec la même continuation d'intérêt dont elle vous a donné plusieurs marques, le nouvel ouvrage *sur la position d'Uxellodunum,* que vous venez de lui adresser nommément par votre lettre du 8 septembre. L'intérêt que l'Académie prend à vos travaux s'accroîtra nécessairement par l'envoi que vous annoncez de votre supplément aux *Annales des Lagides,* et l'Académie ne doute pas que ce nouveau travail ne tende à vous faire ajouter le suffrage absolu du public au jugement relatif qu'elle a porté sur votre *Mémoire* principal. Agréez, etc.

« Petit-Radel. »

(Entièrement autographe. *Papiers de famille,* t. XII, p. 511.)

11

XVIII. — (*Étude*, p. 25). LETTRE DU DUC DECAZES.

« Londres, 28 septembre 1820.

« Je serai toujours heureux, Monsieur, des marques de votre souvenir et j'ai reçu avec reconnaissance celle que vous avez bien voulu me donner en m'envoyant votre excellent *Mémoire sur Uxellodunum*, que j'ai lu avec beaucoup d'intérêt et qui m'a laissé une complète conviction. Agréez, etc.

« DECAZES. »

(*Papiers de famille*, lettre entièrement autographe, t. XIII, p. 528.)

XIX. — (*Étude*, p. 25). M. GRILLE, ancien directeur des Beaux-Arts et des Belles-Lettres.

« Paris, ... septembre 1820.

« Quelle maladresse de ma part, Monsieur, de manquer une occasion si belle de vous recevoir. J'étais hier soir chez moi, dans ma chambre, et du fond de ma solitude, j'écrivais à ma femme, s'il vous plaît, lorsque le bruit de la sonnette a frappé mon oreille. Je n'ai pas douté que l'on n'allât ouvrir et ce n'est que quelques minutes après que, voyant que personne n'entrait, je suis allé moi-même à la porte, trouvant alors votre livre, votre carte et m'assurant ainsi de la perte que je venais de faire de quelques doux moments que j'aurais pu passer avec vous.

« Ce matin, en me levant, j'ai pris votre livre et avant de sortir je l'avais achevé, non pas de parcourir, mais d'étudier à fond.

« Vous avez l'art de faire des livres d'érudition, comme d'autres font des ouvrages de philosophie et de morale. Toutes vos pages sont semées de traits curieux, ou de pensées généreuses, ou d'ingénieux aperçus. Le style est clair, le jugement sûr, sain, les chapitres bien distribués, de telle sorte qu'on arrive à la fin sans pouvoir quitter les yeux de dessus, parce que tout s'enchaîne et se déduit si bien l'un de l'autre, que dès qu'on a vu le commencement on veut à toute force connaître vos conclusions.

« Brave Lucter, te voilà remis en lumière ; ta mémoire est vengée et ton noble dévouement sera surtout apprécié en ce temps-ci, où l'amour de l'indépendance est d'autant plus vif dans le cœur des Français, qu'il a été plus cruellement blessé.

« Vous citez fort à propos cette *charte de Charles VI*, qui n'était pas trop imbécile le jour où il parlait des Anglais comme des éternels ennemis de son peuple.

« Enfin, vous livrez avec raison à l'infamie ce d'Espagnac, allié fidèle des vainqueurs... et qui n'a que trop aujourd'hui d'imitateurs odieux !

« Vous reprochez à certaines gens de plaider pour leur ville natale ; mais n'êtes-vous pas un peu allé à Capdenac ou aux environs ? A la noblesse de vos idées, on vous prendrait du reste pour un des fils des vigoureux guerriers d'*Uxellodunum*. Quoi qu'il en soit, vos motifs de préférence me semblent si forts, que je crois tout à fait que la question est maintenant résolue et l'affaire close. Aussi, Monsieur, l'opinion des lecteurs vulgaires est d'accord en votre faveur avec celle des académiciens, et votre succès sera aussi général qu'il est peu douteux.

« Il faut que je vous dise, en terminant, que je vois à regret la pierre tumulaire d'un des descendants de Lucter transportée de Capdenac à Cahors. Pourquoi ne pas la laisser aux lieux mêmes qu'habitait cette famille illustre et patriote ? Pourquoi ces déplacements des monuments de la mort ? N'est-ce pas assez de déranger les vivants ? Le maire de la ville antique eût offert les moyens de conserver avec soin cette marque, ce témoignage de gloire. Cahors, un jour peut être, dira : Lucter naquit dans mon sein, l'inscription que voici le prouve ; lui et les siens étaient mes enfants et, s'ils sont nés dans mes murs, ce sont mes murs aussi qu'ils ont défendus.

« Voyez où cela nous engage et quelles querelles peuvent renaître d'une mesure prise par de bons sentiments, sans doute, mais peu réfléchis ; je dirais presque peu religieux, car notre religion à nous est celle qui enseigne le respect pour les braves, les justes, les héros !

« Adieu, voilà bien de la causerie ; excusez-moi et aimez-moi.

« Grille. »

(Autographe, *Papiers de famille*, t. XI, p. 507.)

XX — (*Étude*, p. 32, 102). LE COMTE DE NOAILLES.

« Canton de Vaud, Rolle, le 11 août 1821.

« J'ai reçu, Monsieur, votre lettre en date du 29 juillet. J'ai été charmé de recevoir de vos nouvelles et d'avoir une occasion de vous témoigner combien je pense à vous souvent, et combien je mets de prix à vous prouver les sentiments que vous m'avez inspirés... J'éprouve le plus vif regret de me trouver loin de Paris et des moyens de vous être utile par mes instances. Je vais écrire à M. Portalis, sous-secrétaire d'État, chargé du personnel, et à M. Reboul, chargé de cette division, afin qu'ils nous aident en cette affaire et nous assurent un plein succès. Je me trouve bien heureux d'avoir à solliciter pour M. votre frère, et si bonne occasion de parler de ce que vous inspirez. Je vous donne ma parole que je ne négligerai aucun moyen de succès.

« Je vais écrire à M. Rivière. Je ne veux laisser échapper aucune sorte de démarche. J'ai le plus vif regret de l'éloignement où je me trouve, aussi à cause du retard que ma réponse va éprouver. Je vous prie de me le pardonner et de croire à l'assurance de mon tendre attachement. (*Papiers de famille.*, t. XIV, p. 303.)

« LE COMTE ALEXIS DE NOAILLES. »

XXI. — (*Étude*, p. 33). COMTE SIMÉON, secrétaire d'État.

« Paris, le 10 décembre 1821.

« Monsieur, je vous préviens qu'après avoir examiné votre projet relatif au dépôt des chartes existant à la Bibliothèque du Roi, et les motifs qui ont engagé M. l'administrateur de l'Établissement à appuyer vos vues, j'ai décidé que, sous la direction de cet administrateur, vous continuoriez le travail qui fut autrefois commencé par M. de Béquigny.

« J'ai tracé à M. Dacier le plan que vous devez suivre en le chargeant de me rendre compte tous les trois mois du résultat de l'entreprise.

« Recevez, etc. (*Papiers de famille*, t. XXXIX, à sa date.)

« SIMÉON. »

XXII. — (*Étude*, p. 25, 52). LES PRÉSIDENT ET SE-CRÉTAIRES DE LA SOCIÉTÉ POUR L'INSTRUCTION ÉLÉ-MENTAIRE.

« Paris, 5 février 1822.

« Monsieur et cher collègue, l'époque approche où la société doit tenir son assemblée générale ; il est nécessaire, dans cette circonstance, que le Conseil d'administration réunisse tous les faits, quels qu'ils soient, relatifs à la *situation actuelle des écoles en France* et qu'il profite des lumières de tous ses membres. C'est le moyen de faire connaître à l'assemblée, d'une manière exacte, le résultat de nos efforts et de nos travaux communs. Persuadé, Monsieur et cher collègue, que, par l'assiduité des membres du Conseil d'administration, on arrivera plus promptement et plus sûrement au but que l'on s'est proposé : *celui de consolider et de perfectionner les écoles*, nous vous prions d'assister le plus régulièrement possible aux séances ordinaires, qui ont lieu le mercredi, de 15 en 15 jours.

« Agréez, etc.

« Duc de la Rochefoucauld,
« le duc de Doudeauville, le duc de la Vau-
.« guyon, le comte de Lasteyrie, Ch. Renouard,
« Jomard, Francœur, Alph. Mahul. (*Papiers de*
« *famille*, t. XXXIX, à sa date.) »

XXIII. — (*Étude*, p. 29.) — m. calmon.

« Vous m'avez offert de faire admettre ma souscription pour l'enseignement mutuel ; je viens vous
prier de réaliser votre offre.

« Je vais partir pour le Quercy ; je me chargerai avec
plaisir de vos commissions.

Je vous prie d'agréer, etc.

« Calmon. »

XXIV. — (*Étude*, p. 31). le duc de blacas,
premier gentilhomme de la chambre du Roi. (*Papiers
de famille*, t. XV, p. 183.)

« Aux Tuileries, ce 27 septembre 1823.

« Le duc de Blacas a reçu les observations de
M. Champollion-Figeac *sur un projet d'ordonnance qui intéresse les lettres*. Il le remercie d'avoir
bien voulu les lui adresser et il le prie d'être persuadé qu'il fera tout, autant que possible, pour seconder ses intentions et pour que ses craintes ne se réa-
lisent pas.

« Il saisit cette occasion pour offrir à Monsieur
Champollion-Figeac l'assurance de sa parfaite considération. (Entièrement autographe, *Papiers de famille*,
t. XV, p. 183.)

« Blacas d'Aulps. »

XXV. — (*Étude*, p. 29.) SOCIÉTÉ DE GÉOGRAPHIE.

« Paris, le 4 mai 1824.

« Monsieur et cher collègue, la Commission centrale, animée du vif désir d'atteindre promptement le but que s'est proposé la Société de Géographie, et jalouse de réaliser les espérances conçues par les savants de tous les pays, fait chaque jour de nouveaux efforts pour s'acquitter dignement de la mission qu'elle a reçue et pour justifier la confiance des souscripteurs. Déjà sa correspondance a pris beaucoup d'activité.

« Des voyageurs, sortis de son sein, munis de ses instructions, sont partis pour faire de nouvelles découvertes, et d'autres sont sur le point de les suivre. La Commission ne laisse passer aucune séance sans leur proposer de nouvelles questions à résoudre ; mais ces questions, quoique mûries par leurs auteurs, ont encore besoin d'un examen approfondi, et le concours de tous les membres de la Commission est indispensable pour éclairer les décisions. Enfin la Société voit avec regret que les assemblées de la Commission centrale ne sont pas suivies avec assiduité.

« Votre amour pour les sciences, l'intérêt que vous prenez aux travaux et aux succès de la Société vous engageront, sans doute, Monsieur, à redoubler de zèle en cette occasion et à apporter plus fréquemment à la Commission centrale le tribut de vos lumières. Les progrès d'une science qui vous est chère et la réputation de la Société y sont également intéressés. Agréez, Monsieur, etc. (*Papiers de famille*, t. XV, p. 288.)

« Les Président et Secrétaires de la Commission centrale :

« JOMARD, BARBIER DU BOCAGE, MALTE-BRUN. »

XXVI. — (*Étude*, p. 31). MARQUIS DE CHOISEUL-DAILLECOUR.

« Paris, ce 2 décembre 1824.

« Ce n'est pas en vain que notre excellent secrétaire perpétuel aura compté sur moi. J'ai bien le regret d'avoir été circonvenu fort à l'avance par le concurrent de M. Champollion-Figeac ; mais j'ignorais encore quels seraient les prétendants, et M. Dacier ne m'avait pas indiqué ce qu'il jugeait convenable dans l'intérêt de l'Académie. Ce que j'ai lu de M. Champollion m'a donné une grande idée de l'étendue de ses vues sur plusieurs points historiques fort obscurs ; il est certainement homme d'esprit autant qu'érudit.

« Vous pouvez, Monsieur, être assuré que je serai demain des vôtres ; je m'empresse de vous le témoigner en arrivant de la campagne ; me faisant savoir ce que mon oncle eût fait dans cette circonstance, vous affermissez ma résolution. Il est vrai que M. Hase ne lui était pas non plus indifférent. Veuillez me garder le secret de tout ceci et recevoir la nouvelle assurance des sentiments d'attachement et de considération avec lesquels j'ai l'honneur, etc.

« CHOISEUL-DAILLECOUR. »

XXVII. — (*Étude*, p. 62). BARON G. CUVIER.

« Paris, le 5 décembre 1824.

« ... M. votre frère a eu l'attention de m'envoyer un exemplaire des savantes *lettres* qu'il vient de publier sur les antiquités égyptiennes déposées à Turin. Les nouvelles découvertes, dues à ses recherches laborieuses, exciteront vivement l'intérêt du monde savant, et ce n'est pas sans une utilité réelle pour l'histoire qu'on retrouvera maintenant, gravés sur des monuments authentiques, les noms de ces rois que Manéthon avait désignés comme appartenant à l'une

des plus anciennes dynasties et dont l'existence était
contestée par plusieurs.

« Je ne manquerai pas d'appuyer auprès du ministre
de l'instruction publique la demande de M. Breton,
de Grenoble, dont j'aime à conserver le souvenir. Il
paraît que des suffrages très honorables le portent à
la place vacante par le décès de M. Bilon. Je saisirai
avec plaisir cette occasion de concourir à son avancement et de faire en même temps quelque chose qui
vous soit agréable.

« Recevez, etc.

« BARON CUVIER. »

(*Papiers de famille*, t. XV, p. 385)

XXVIII. — (*Étude,* p. 61, 62), M. LOURDOUEIX,
directeur des Beaux-Arts.

« Paris, 28 décembre 1824.

« ... Quel malheur que nous n'ayons pas acheté
cette collection Drovetti, au lieu de ce zodiaque, qui
nous a coûté si cher et nous a appris si peu ; mais
vous savez que nous avons eu la main forcée et que
ce n'est pas de son plein gré que M. de Corbière s'est
mis dans l'impossibité de conserver à la France les
trésors d'antiquités où puise M. votre frère.

« Agréez, etc. (*Papiers de famille*, XV, p. 396.)

« LOURDOUEIX. »

XXIX. — (*Étude,* p. 62, 65, 111). MOÏSE ET LE
ZODIAQUE DE DENDERAH. — LES PYRAMIDES D'ÉGYPTE.

Rappelons, à l'occasion de la lettre qui précède cette
Note, que Mgr de Frayssinous, après sa conversation
avec Champollion-Figeac sur Moïse, sur le zodiaque
de Denderah et sur la *Chronique égyptienne* découverte récemment à Turin par son frère, se servit des
travaux de Champollion le Jeune relatifs à l'écriture
égyptienne dans sa *Conférence sur Moïse historien des*

temps primitifs (p. 61), pour constater que le zodiaque, dont les astronomes exagéraient si extraordinairement l'antiquité, avait été sculpté du temps de la domination romaine, puisqu'on lisait dans un cartouche le titre honorifique *autocrator*. Nous avons dit aussi que Champollion-Figeac, pour des raisons dont il était seul juge et que nous connaissons par des notes de sa main, avait l'autorisation de modifier ou de supprimer certains passages des *Lettres de son frère à lui adressées pendant le voyage d'Egypte* et destinées à être publiées (v. édition Didot). Le zodiaque va nous en fournir un exemple.

Dans sa lettre sur Denderah (p. 89), Champollion dit : « Dans tout l'intérieur du naos et des chambres (p 92), *il n'existe pas un seul cartouche sculpté.* » Mais il ajoutait de plus : « Le plus plaisant de « l'affaire, *risum teneatis, amici!* c'est que le « morceau du fameux zodiaque circulaire qui portait « le cartouche est encore en place et que ce même « cartouche est *vide*, comme tous ceux de l'intérieur « du temple et n'a jamais reçu un seul coup de ciseau. « Ce sont les membres de la commission qui ont « ajouté à leur dessin le mot *autocrator*, croyant « avoir oublié de dessiner une légende qui n'existe « pas. Cela s'appelle porter les verges pour se faire « fouetter. Du reste, que Jomard ne se presse pas de « triompher parce que le cartouche du zodiaque est « vide et ne porte aucun nom, car toutes les sculptures « de ces appartements sont atroces... »

Nous possédons de plus un très *beau dessin de M. Prisse*, représentant le fragment du zodiaque qui se trouve encore à Denderah et reproduisant ce cartouche complètement vide ; ce dessin avait été envoyé par l'auteur à Champollion-Figeac sur sa demande.

Quant aux grandes pyramides qui servent de tombeau royal à Menkérès, nous ne reproduisons pas le nombre de siècles que représente ce monument pour ne pas entrer dans de trop longues explications chronologiques tirées des notes laissées par Champollion-

Figeac dans son tableau des dynasties égyptiennes.
Nous nous bornerons à renvoyer à la publication de
Ch. Lenormant relative aux fouilles faites en 1837 dans
cette pyramide. Le tombeau qui y fut découvert avec
une inscription « *recule les bornes de la certitude
historique* au delà de tout ce qu'on peut imaginer jusqu'à ce jour. »

XXX. — (*Étude*, p. 29, 30). ANDRIEU, de l'Académie française.

« Paris, le 11 février 1825.

« Monsieur, vous m'avez écrit une lettre tout
aimable, toute persuasive, et l'on ne peut mieux s'y
prendre pour amener les gens à faire ce qu'on veut.
Votre courtoisie, toutefois, ne me fait point illusion ;
je suis loin de me croire une autorité légitime et
j'aurais de bien bonnes raisons pour motiver *mon
refus de lire des manuscrits de tragédies et de comédies.*
Ah ! Monsieur... combien il s'en fait... Quelle perte
de temps... je n'ai plus d'yeux, j'ai 66 ans ; je suis
occupé de travaux sérieux et qui pourraient avoir peut-
être quelque utilité, etc., etc. Enfin, l'estime que votre
nom et vos travaux m'inspirent, le désir de faire
quelque chose qui vous soit agréable, me fait passer
par-dessus les désagréments et je pourrais dire les
dégoûts auxquels ces sortes de complaisance m'ont
cent fois exposé.

« Je lirai donc votre manuscrit avec impartialité, *sine
ira et studio*, et, puisque vous le voulez, je vous en
dirai mon avis, sous la condition s'il vous plaît, que
vous ne me demanderez pas une seconde fois de
perdre mon temps à une lecture qui, je le sais par
expérience, ne sert presque jamais à rien.

« Agréez, etc. (*Papiers de famille*, XV, p. 462.)

« ANDRIEU. »

« Ma lettre n'est pas aussi aimable que la vôtre, il
s'en faut de beaucoup ; je vous en demande pardon ;

mais si vous saviez combien je suis assassiné de propositions de lectures et combien je perds de temps. »

XXXI. — (*Étude*, p. 29). DE GOLBERY, député.

« Colmar, ce 12 février 1825.

« Mon cher Monsieur, je ne me plains pas de ce que votre silence met ma vie littéraire dans une espèce de machine pneumatique ; car ce que je perds en satisfaction individuelle, la science le gagne en belles et bonnes choses, et il ne faut pas être par trop égoïste.

« Je ne vous envoie, ce mois-ci, que trois articles : 1° parce que mon envoi d'Allemagne a manqué ;

2° Parce que je préside les assises. Je serai plus gras une autre fois, et, ce qui diminue mes regrets, c'est que vous avez encore à moi quelques bribes de 1824.

« Si j'osais vous demander si vous avez reçu l'exemplaire des *Monuments de l'Alsace*, dont je vous fais hommage, et celui que je destine à l'Académie, me feriez-vous en quatre mots un petit accusé de réception ? On aime ordinairement ceux qu'on a obligés, et vous devez, sur ce pied-là, avoir beaucoup d'affection pour moi.

« Avez-vous reçu une lettre pour vous, une pour le président de l'Académie des Inscriptions, une pour M. Buchon. Si vous n'avez pas le temps de me dire cela en détail, mettez un grand *oui* sur une feuille de papier, pliez-la en quatre et jetez-la dans la boîte. Je recevrai ce mot-là avec plaisir. Il y a quinze ans, je trouvais que c'était le plus beau de la langue. J'ai pour tout cela la voie ordinaire, à laquelle je confie encore aujourd'hui mes trois articles tudesques pour plus de sûreté et de promptitude. — Ne pensez-vous pas à venir passer quelque temps en Alsace ? J'y possède un vieux donjon, où je serais heureux de vous recevoir. Faut-il qu'il y ait entre nous cent lieues et la permis-

sion d'un garde des sceaux ? Adieu. (*Papiers de famille,*
XV, p. 464.)

« GOLBERY. »

XXXII. — (*Étude,* p. 33). MARQUIS DE PASTORET.

« Paris, 9 juillet 1825.

« Je vous remercie, Monsieur, de la bonté que vous
avez eue de m'envoyer le premier volume des *Œuvres
de Fréret ;* il serait difficile de trouver un homme dont
les travaux littéraires méritassent mieux d'être entièrement recueillis et conservés. Vous en annoncez
entre autres que je suis bien impatient de connaître :
ceux qui concernent les États Généraux et l'administration de la France sous le rapport des finances en
particulier, objet que j'ai essaye de traiter, sinon d'une
manière générale, du moins pour les revenus publics
et l'impôt, dans les discours préliminaires des trois
derniers volumes des *Ordonnances de nos Rois.*

« Adieu, Monsieur ; dites bien à mon excellent et vé-
nerable ami, si digne du noble hommage que vous lui
offrez, combien je m'unis à lui pour l'intérêt que vos
travaux lui inspirent. (*Papiers de famille,* t. XVII,
p. 548.)

« PASTORET. »

XXXIII. — (*Étude,* p. 63, 65). PASSALAQUA, de
Trieste, propriétaire d'une collection de monuments
égyptiens.

« Paris, 27 juillet 1825.

« Monsieur, ayant décaissé mes antiquités, je me
fais un devoir de vous en prévenir. Je serais bien
aise si vous preniez la peine de venir les examiner et,
comme M. Letronne doit venir demain, à midi, pour
observer surtout les fragments et les papyrus grecs
que je tiens, je serais charmé, de même que lui, si
vous vous y trouvez ensemble.

« Ayez la bonté de me dire, par la petite poste, si
vos occupations vous le permettent, sinon ayez la
complaisance de m'écrire si samedi prochain vous pouvez venir, en m'indiquant l'heure à laquelle je devrai
vous attendre chez moi.

« Je serais venu en personne pour vous en parler,
si M. Dubois, qui a vu ce matin ma collection et qui
m'a promis de revenir demain, ne m'avait observé
que je ne vous aurais pas trouvé chez vous à cette
heure.

« Je n'ai vu annoncée dans aucun journal ma collection ; peut-être aura-t-on égaré la *note* que vous
aviez donnée. J'ai l'honneur, etc. (*Papiers de famille*,
t. XV, p. 558.)

« PASSALAQUA. »

XXXIV. — (*Étude*, p. 32). DE GOLBERY, député de
Colmar.

« Colmar, 28 août 1825.

« Comme je vous l'ai dit en vous quittant : c'est
entre nous à la vie à la mort. Je suis attaché à ce vœu
que j'ai fait par la reconnaissance et par le sentiment
d'admiration que, dès longtemps, m'avaient inspiré vos
utiles travaux. Je vous prie donc de me regarder
comme vôtre en toute occasion. Quant à moi, chaque
fois que je pourrai courir à Paris, je me réjouirai plus
encore de vous revoir que de retrouver une foule de
cousins, de cousines, d'oncles et de tantes, dont le
sort a peuplé cette grande cité. Les amitiés intellec-
tuelles sont vives et durables, et quelques jours de
fréquentation leur donne une consistance que ne peut
produire le temps le plus long, pendant lequel on aurait côtoyé un imbécile ou un homme ordinaire, dont
le hasard vous a affublé, soit dans votre famille, soit
dans vos relations sociales.

« Je vous envoie, par l'adresse indiquée, mon contingent du mois et toujours à la même époque ; il se

renouvellera plus ou moins gros, selon ce que l'Allemagne aura enfanté.

« Je ne crois pas avoir eu l'honneur de vous dire que je suis logé derrière vous, dans la *Revue Européenne*. Quelques considérations de délicatesse m'ont fait demander à n'y être pas imprimé. Quand j'y paraîtrai *post tanta nomina*, je serai la vôtre..... fier de tenir dans le même sac et dans la même proportion d'importance que ce cocher, qui, après avoir versé l'archevêque, lui dit : « Monseigneur, un rien de « plus et il y avait deux sièges vacants. »

« Permettez que je me présente à la barre du *Bulletin* en sollicitant ; Schweighauser et moi nous serions bien aises d'y voir annoncer l'ouvrage dont voici le prospectus.

« Je vous prierai de faire mille compliments de ma part à M. de Férussac ; quand M. votre frère reviendra, chargé de tant de lauriers, dites-lui qu'un pauvre Tuboque ou Sequanum était venu à Paris en son absence et qu'il espère un jour aimer celui qu'il admire, espérance d'autant plus fondée que ce serait la seconde fois dans la même famille.

« Adieu, Monsieur, je n'ai plus besoin de vous dire que ma science est la très humble servante de la vôtre ; mais je vous aime déjà trop pour me traîner sur des formules dont sans doute vous me dispensez. » (*Papiers de famille*, t. XVII, p. 566).

« GOLBERY. »

XXXV. — (*Étude*, p. 29 et 65 *note*). PACHO, voyageur dans la Cyrénaïque.

« Paris, le ..... 1825 (?)

« Je m'empresse de vous apprendre que vos généreuses démarches auprès de MM. Didot, pour assurer la publication de mon voyage, ont obtenu tout le succès qu'elles méritaient. J'ai signé , aujourd'hui même, un contrat avec MM. Firmin Didot ; les conditions que nous avons stipulées me paraissent très raisonnables ; elles sont en majeure partie les mêmes que celles que vous avez eu la bonté d'établir vous-même.

« L'atlas sera publié in-folio ; chaque livraison contiendra dix planches gravées au burin et à l'eau-forte. Le texte sera imprimé in-4° et divisé en quatre parties offrant entre elles des lignes de démarcation aussi naturelles par l'étendue que par la nature de leurs sujets.

« La première livraison de texte et de planches, contenant la carte générale de mon voyage, paraîtra incessamment. Vous dire que je m'empresserai d'aller vous les présenter, c'est vous assurer que je ne ferai que m'acquitter du moindre de mes devoirs à votre égard.

« Je me recommande à la continuation de votre bienveillance et au puissant secours de vos profondes lumières.

« Je vous prie d'agréer l'hommage de ma reconnaissance et l'assurance de mon parfait dévouement, etc...

« J.-R. PACHO. »

« P.-S. — J'ai corrigé aujourd'hui la dernière épreuve de mon prospectus ; il paraît après-demain, je prendrai la liberté d'aller en déposer plusieurs exemplaires chez vous. » (*Papiers de famille*, t. XV, p. 405).

XXXVI. — (*Étude*, p. 33.) LACABANE, professeur à l'École des chartes.

« Paris, le 6 novembre 1825.

« Monsieur et très honorable compatriote... Je suis charmé que ma charte originale de Fons vous ait été de quelque utilité pour rétablir le texte de l'antique constitution de Gréalou. Je vais regarder si, dans ma collection de pièces, il ne se trouverait pas quelque autre monument patois, aussi ancien que celui-là. Si ma recherche n'est pas infructueuse, je me ferai un plaisir et un devoir de vous donner communication de mes nouvelles découvertes.

« Je ne perds pas de vue les annales authentiques de notre Figeac, et les moments de libres que me laissent les travaux de la direction sont en partie consacrés à augmenter ma collection de *notes* et de *pièces justificatives*. Il ne me resterait plus, pour avoir moisson à peu près complète, que de faire un voyage en Quercy, afin de visiter quelques archives publiques et particulières, dépôts presque ignorés de nos jours et bien plus précieux qu'on ne le pense en général.

« J'ai l'honneur d'être, etc. (*Papiers de famille*, t. XV, p. 593.)

« L. LACABANE. »

XXXVI *bis*. — (*Étude*, p. 39). ROYER-DELOCHE.

« Grenoble, ce 25 décembre 1825.

« Mon cher compatriote, je profite de l'occasion de Mᵐᵉ Chaper pour vous faire parvenir une nouvelle rédaction de ma *Notice biographique*, plus correcte, à laquelle peut-être j'aurai fait quelques changements, additions ou soustractions, attendu que je l'ai recopiée de mémoire. Je vous prie de la lire et, si vous approuvez les changements, de la substituer à la première que vous brûlerez. (*Papiers de famille*, t. XV, p. 204.)

« ROYER-DELOCHE. »

XXXVII. — (*Étude*, p. 66, 103). RAPPORT AU ROI, rédigé par Champollion-Figeac et signé par le vicomte de La Rochefoucauld, relatif au Musée Royal des antiquités au Louvre et à la nomination de Champollion le Jeune comme conservateur des antiquités égyptiennes,

chargé de faire un cours d'archéologie égyptienne.
(*Papiers de famille*, t. XVII, p. 191.)

« Paris, 15 mai 1826.

« Sire, chaque époque mémorable dans l'histoire
des progrès des connaissances modernes a été marquée par quelque acte de la munificence de vos au-
gustes aïeux. La fondation des bibliothèques, des
observatoires, des musées ; l'établissement des compagnies savantes, des cours publics pour toutes les
branches de l'enseignement supérieur, rappellent les
noms vénérés de François Ier, de Louis XIV et de
Louis XV..... attentifs à la marche de l'esprit hu-
main ; leurs illustres successeurs ajoutèrent à tant de
bienfaits des bienfaits nouveaux, qui répondaient à de
nouveaux besoins ; la France conserva ainsi, par la
sollicitude de ses rois, cette suprématie littéraire que
l'étranger ne lui conteste point, et Paris est encore la
capitale du monde savant ; tant de succès multipliés
dans tous les genres d'études ont dignement répondu
à la royale protection qui les encourage en les hono-
rant.

« De nouveaux progrès appellent de nouveaux
bienfaits, et je viens les solliciter de Votre Majesté, qui
comprend si bien les vœux de la France, qui partage
si vivement tous les intérêts de sa renommée littéraire et qui croit, comme Louis XIV, que « le soin des
« lettres et des beaux-arts a toujours contribué à la
« splendeur des États. »

« Il y a trente ans, les travaux historiques sur la
Grèce, sur Rome et l'ancienne Europe semblaient près
d'être épuisés, et l'Orient paraissait fermé pour toujours aux justes désirs des savants et des artistes.
Mais bientôt la puissance anglaise leur révéla les trésors littéraires de l'Indoustan, et une expédition française, toute militaire dans son but, toute scientifique
dans ses résultats, livra à leurs méditations l'antique
Égypte tout entière. Il était réservé à Votre Majesté
d'en faire terminer la *description*, ouvrage monumen-

tal où la puissance des arts des sociétés modernes s'est appliquée à reproduire les prodiges des arts des sociétés primitives, rapprochant ainsi le berceau de la civilisation des progrès actuels qu'elle doit au temps, à l'étude et à l'expérience.

« Ainsi deux mondes nouveaux, tous deux riches de faits et de souvenirs historiques, ont été ouverts sans restriction au zèle explorateur des savants de l'Europe ; des matériaux inépuisables, heureusement élaborés, ont ajouté aux connaissances acquises d'autres connaissances qui n'ont pas été sans effet sur les doctrines jusque-là accréditées, surtout à l'égard de l'étude comparée des langues ; les annales des anciens peuples ont été aussi mieux connues, leurs origines, leurs relations et les influences réciproques, plus exactement déterminées ; l'histoire y a conquis beaucoup de certitudes et si un louable patriotisme a fait de l'archéologie indienne une sorte de propriété littéraire pour l'Angleterre, le même sentiment a donné pour ainsi dire en apanage à la France l'archéologie égyptienne.

« Le feu Roi, d'immortelle mémoire, ce Prince qui consacra durant son règne, par la plus éclatante protection envers les lettres, le souvenir des consolations qu'il avait reçues d'elles loin du Trône de ses Pères, associa la France aux avantages des études qui ont l'Asie pour objet, en créant deux chaires nouvelles dans son Collège Royal, pour l'enseignement du chinois et du sanscrit. Il encouragea aussi par des témoignages d'un intérêt éclairé les recherches dont les monuments de l'Égypte étaient l'objet.

« Les résultats de ces premières recherches avaient jeté quelque confusion dans les temps primitifs de l'histoire, et une érudition consciencieuse ne pouvait opposer que des deductions conjecturales à des assertions que les uns disaient fort savantes et les autres fort systématiques. Les monuments portaient en eux-mêmes la solution de tant de difficultés ; mais l'interprétation des écritures hiéroglyphiques était encore un mystère qui durait depuis quinze cents ans.

« Tout fut subitement changé par la découverte de l'alphabet des hiéroglyphes, fruit de quinze années des plus persévérantes études d'un jeune savant français, M. Champollion, qui annonça et publia, en 1822, cette découverte inespérée, l'une des plus mémorables des temps modernes. Le suffrage public des savants les plus distingués de l'Europe a consacré des résultats dont l'application a déjà été très utile à la vérité de l'histoire, à l'agrandissement de nos connaissances, à l'étude de l'art des anciens et à l'affermissement des saines doctrines littéraires, car, et Votre Majesté ne l'a pas oublié, ce sont les découvertes de M. Champollion le Jeune qui ont démontré, sans opposition, que ce zodiaque de Denderah, qui semblait alarmer la croyance publique, n'est qu'un ouvrage de l'époque romaine en Égypte.

« L'éclat de cette découverte, qui fera un éternel honneur aux lettres françaises, fut encore rehaussé par la protection spéciale dont le feu Roi l'honora. A son exemple, les souverains étrangers ont dès lors encouragé l'étude de l'archéologie égyptienne, en faisant rechercher les monuments nécessaires à cette étude. A Londres, Vienne, Berlin, Saint-Pétersbourg, Turin, Florence et Rome, on s'empressait à les recueillir à grands frais, tandis qu'à Paris, où un intérêt de gloire nationale semblait les appeler de préférence, on n'avait à exprimer que des regrets sur une collection fixée à Turin et que les travaux mêmes de l'interprète français des hiéroglyphes sur cette collection avaient rendue encore plus regrettable. Mais Votre Majesté, attentive à ces regrets, ainsi qu'aux vœux publics qui en étaient la source, voulut calmer les uns et satisfaire les autres : elle ordonna d'acheter, sur le trésor de la liste civile, la grande collection nouvellement déposée à Livourne, très riche en monuments des arts et de l'histoire. Ainsi la munificence royale a fait aux lettres françaises un nouveau présent, dont leur reconnaissance gardera un respectueux souvenir.

« C'est pour supplier Votre Majesté de compléter son propre ouvrage, que j'ai l'honneur de porter de nouveau son attention sur ces monuments.

« L'accroissement considérable que le Musée Royal du Louvre a déjà reçu par l'acquisition du cabinet Durand et qu'il va recevoir encore par celle de la collection de Livourne ; la nécessité d'établir dans l'ensemble du Musée un ordre et une classification favorables aux travaux des savants et des artistes, commodes pour l'empressement et les habitudes du public français et étranger, et en même temps convenables à l'éclat et à la magnificence de cet établissement royal, exigent de nouvelles dispositions dont Votre Majesté appréciera tous les motifs.

« L'histoire et l'étude de l'art se fondent à la fois et sur la comparaison générale des monuments produits par tous les peuples anciens, et sur l'étude spéciale des procédés et des règles pratiqués par chacun d'eux en particulier. La réunion, dans le même établissement : 1° de tous les monuments d'un même peuple ; 2° des monuments de tous les peuples en général, est donc le moyen le plus propre à favoriser tous les genres d'études dont ces monuments peuvent être l'objet pour la critique, l'artiste, l'historien et l'archéologue. Les nouvelles dispositions à prendre pour le Musée atteindront complètement ce but si désirable.

« Les monuments grecs, romains ou du moyen âge sont très nombreux au Musée Royal du Louvre. Quant aux monuments égyptiens, ils s'y trouvaient jusqu'à ce jour en trop petit nombre pour que l'on dût en former une division à part ; mais les dernières acquisitions en augmentent considérablement la quantité et l'importance. Ces monuments sont aussi de genres plus variés, puisqu'ils ne se composent plus seulement de grands et de petits monuments de sculpture, mais de manuscrits, figurines, amulettes, bijoux, costumes, ustensiles civils et religieux, pierres gravées, médailles, etc. Ces monuments de toute espèce sont en même temps le produit des arts de l'Égypte, aux diverses époques de son existence, c'est-à-dire de l'Égypte libre et de l'Égypte grecque ou romaine. Ils forment en quelque sorte par leur ensemble les archives de l'histoire générale de cette contrée célèbre. Il paraît donc nécessaire, et c'est l'avis de M. le Directeur général des Musées, de faire des monuments égyptiens, ou provenant de l'Égypte, une division spéciale du Musée du Louvre, à laquelle il devient dès lors indispensable d'attacher un conservateur chargé de la former, de la mettre dans l'ordre méthodique exigé par le goût général pour les études égyptiennes, d'en dresser l'inventaire authentique pour les archives de l'administration, d'en publier le catalogue instructif, afin de faire connaître au monde savant les richesses que la France possède en ce genre. L'entier accomplissement des vues bienfaisantes de Votre Majesté et la justice due au savant français dont les découvertes ont créé cette nouvelle somme d'instruction, m'engagent à le proposer pour cet emploi, qui le mettra à portée de continuer à Paris des travaux littéraires analogues à ceux qu'il a déjà exécutés à Rome et à Turin, sous les auspices de Sa Sainteté et de S. M. le Roi de Sardaigne.

« Si Votre Majesté daigne adopter les propositions que j'ai l'honneur de lui soumettre, la conservation des antiques du Musée royal du Louvre formera à l'avenir deux divisions principales.

« La première comprendra les monuments grecs, romains et du moyen âge ; ces monuments, très nombreux et qui sont le fonds général du Musée, resteront dans les attributions de M. le comte de Clarac, conservateur actuel, dont le zèle et les lumières ne cessent de mériter l'approbation de Votre Majesté.

« La seconde division comprendra les monuments égyptiens de toutes les époques ou provenant de l'Egypte, et elle formera les attributions de M. Champollion le Jeune, en y ajoutant les monuments orientaux, dont le petit nombre ne permet pas d'en faire une division à part, tels que les monuments phéniciens, puniques, arabes, persépolitains et indous.

« Tels sont les motifs du premier titre du projet d'ordonnance qui fait suite à ce Rapport et que j'ai l'honneur de soumettre à l'approbation de Votre Majesté.

« Le second titre du même projet est le complément du premier, et en daignant l'approuver aussi, Votre Majesté ne laissera plus rien à faire de ce qu'exigent, à cet égard, l'honneur littéraire de la France et le succès des bonnes doctrines.

« La France a ouvert la route des certitudes dans les recherches sur l'histoire de l'antique Égypte, et cet avantage mémorable a assez de prix en lui-même pour que la France ne doive rien négliger afin d'en assurer la durée. Cependant, les éléments de ces importantes notions, soit à cause de leur nouveauté, soit à cause de leur étendue et des grandes études qu'elles exigent, ne sont encore tombées en partage qu'à un petit nombre d'adeptes assez courageux pour surmonter les difficultés par leur propre zèle, et sans autres ressources que les ouvrages mêmes publiés par le savant français, créateur de ces doctrines. Lui-même, quoique entièrement voué au soin de les compléter et d'en faire connaître tous les éléments, n'a pu en publier jusqu'à ce jour qu'une faible partie dans l'ouvrage exécuté à l'Imprimerie Royale par l'ordre du feu Roi. L'enseignement de l'archéologie égyptienne s'établit dans les universités étrangères d'après les livres du savant français ; mais ce même savant formerait plus facilement et plus complètement un grand nombre de maîtres, s'il pouvait les réunir par un enseignement méthodique, lequel embrasserait toutes les parties de sa théorie.

« Ce nouveau motif d'utilité publique me fait considérer comme le complément nécessaire des dispositions soumises à l'approbation de Votre Majesté la mesure par laquelle M. Champollion le Jeune sera chargé de faire, tous les ans, durant la belle saison, un cours public et gratuit d'archéologie égyptienne, en face des monuments mêmes ; l'exemple serait ainsi à côté du précepte, et je ne doute pas que ce cours n'attire à Paris une foule d'étrangers, qui, en transportant ensuite dans les diverses régions de l'Europe les doctrines de l'école française, n'oublieront pas qu'ils doivent à la protection dont Votre Majesté honore cette école les avantages d'une science importante et très étendue, dont la source serait ainsi dans les propres bienfaits du Roi. Il en résulterait aussi un autre avantage et Votre Majesté l'appréciera avant tout : cette foule de suppositions contraires aux faits de l'histoire écrits dans nos livres saints s'anéantiraient devant le langage irrécusable des monuments. On voit donc se réunir à la fois, en faveur de cette nouvelle proposition, l'intérêt des arts, celui des sciences historiques, l'honneur littéraire de la France et l'affermissement des saines doctrines que l'étude des monuments ne peut que mettre dans un plus grand jour.

« Elles seront redevables de ce bienfait de plus à Votre Majesté, si elle daigne donner son approbation à toutes les parties du projet d'ordonnance que j'ai l'honneur de lui soumettre. J'attends les ordres du Roi.

« Paris, le 15 mai 1826.

« Le vicomte de la Rochefoucauld.

« Approuvé : Charles. »

XXXVIII. — (*Étude*, p. 66). première note de Champollion-Figeac relative à l'organisation des Musées Royaux du Louvre.

« Dans l'état actuel des choses, MM. les conservateurs du Musée des statues du Louvre devraient réunir plusieurs genres de connaissances, qui se rencontrent rarement dans la même personne : le goût épuré d'un artiste et toute la science d'un archéologue.

Visconti en a offert l'exemple, mais il n'a pas été possible de le remplacer.

« L'arrangement d'un Musée, pour être méthodique, doit offrir la réunion des produits variés des arts de tous les peuples anciens, et ces produits doivent être classés selon chacun de ces peuples et dans l'ordre des temps pour chacun d'eux. On a ainsi sous les yeux toute l'histoire de l'art, ses origines, les imitations réciproques, ses progrès et sa décadence.

« Mais pour assigner chaque morceau au peuple et à l'époque qui l'ont produit, il faut savoir lire les inscriptions latines, grecques, étrusques, égyptiennes, persépolitaines et autres qui se trouvent sur les marbres. Il faut aussi connaître les attributs et les symboles qui les accompagnent, et c'est là que la science de l'antiquaire est indispensable.

« Lorsque l'administration se propose d'acquérir un marbre, si les renseignements lui manquent sur l'importance historique ou littéraire d'un morceau, elle s'expose à payer fort cher une chose de peu de valeur : exemple le zodiaque de Denderah, ou à prendre des décisions de protection.

« Il faut donc au Musée des statues une personne qui puisse servir l'administration à cet égard ; tout en démontre la nécessité, et lorsque les savants étrangers visitent le Louvre, il est de l'honneur de la France qu'un savant les y reçoive, leur donne sur les monuments les renseignements littéraires qu'ils désirent, réponde à leurs questions, satisfasse leur érudition, leur présente les choses selon l'ordre réglé par les travaux scientifiques, leur indiquant ce qui a été interprété ou non, leur en procurant des copies fidèles quand ils les demandent , enfin qu'il préside à l'arrangement littéraire, pour prévenir toutes les erreurs qui pourraient exposer le Musée à de justes critiques, qui retombent en définitive sur l'administration. On a vu au Musée deux pierres, formant une seule inscription grecque, placées dans deux salles différentes.

« L'intérêt public, l'honneur des lettres françaises,

les accroissements marquants du Musée des statues
par l'effet de la munificence royale, demandent donc
un conservateur de plus dans ce Musée. M. le comte
de Clarac y suffira pour la partie qui regarde l'artiste ;
celui qui est à nommer doit répondre à ce qu'exigent
la science et l'érudition. Il faut considérer aussi que
les monuments égyptiens deviennent la partie la plus
nouvelle, la plus étendue et la plus importante du
Musée, sous le rapport littéraire et historique. Le
conservateur à nommer doit avoir fait ses preuves
dans ce genre de connaissance, l'objet actuel des
études des savants de l'Europe.

« Le nom de Champollion le Jeune se présente donc
de lui-même et sans rival pour le nouvel emploi ; sa
réputation européenne justifie d'avance le choix qu'on
fera de lui ; il est d'ailleurs très versé dans l'érudition
grecque et latine, dans les langues orientales et, à
Rome, il a été autant remarqué pour sa connaissance
dans les arts que dans l'archéologie ; ses découvertes
l'ont mis d'ailleurs hors de pair sans contestation.

« Pour tous ces motifs, il faudrait, vu la diversité
des monuments du Musée, *diviser la conservation en
deux sections*, comme la conservation de la Bibliothèque du Roi l'est en quatre. Il y aurait donc *un conservateur des statues et objets d'art* : M. le comte
de Clarac ; *un conservateur des monuments historiques et littéraires* : M. Champollion le Jeune.

« Par monuments historiques et littéraires , on
entendrait : les inscriptions en toutes langues, les
papyrus, les pierres gravées, les meubles, armes et
ustensiles civils et religieux, le cabinet des figurines
en toutes matières et autres morceaux, qui ne sont
pas proprement des objets d'art seulement. Avec
cette destination, le conservateur actuel ne perdrait
aucune de ses attributions, puisque tous les objets
de la nouvelle subdivision proviennent des acquisitions récentes ; il resterait donc à M. de Clarac les
statues et tout ce qui en dépend, c'est-à-dire le Musée

tel qu'il a toujours été, plus la collection des vases peints achetée de M. Durand.

« Les deux conservateurs concourraient d'ailleurs simultanément au service du Musée, et ils s'entendraient facilement, M. de Clarac étant très lié avec M. Champollion, le consultant souvent pour ses travaux, et M. Champollion le Jeune réunissant aux plus rares et aux plus solides connaissances une grande aménité de caractère et de manières et tout le savoir-vivre que donne l'usage du monde.

« L'intérêt public demande hautement qu'en nommant M. Champollion au Musée, il soit également chargé de faire chaque année, durant trois mois de la belle saison, un cours public et gratuit *de langue et d'archéologie égyptiennes*, au milieu des monuments mêmes. Ce cours est la chose la plus désirable pour l'affermissement des bonnes doctrines, pour arrêter le débordement de l'ignorance et de la mauvaise foi, qui voudrait s'emparer d'une science nouvelle pour nuire à ces doctrines, et le Roi fonderait ainsi une école qui serait l'honneur de la France et à laquelle se rendraient infailliblement des savants de toutes les universités étrangères, chargés d'écouter le savant français et de transporter son enseignement dans leur patrie. Ce serait donc un séminaire pour les bonnes doctrines. Cette création serait une des choses les plus mémorables que Son Excellence puisse faire ; ce serait le plus honorable complément de tous les services qu'elle a déjà rendus aux arts et aux lettres.

« Il est aussi de la plus haute importance, pour l'administration surtout, qu'il existe un *catalogue méthodique et raisonné* des collections nouvelles ; le nouveau conservateur aura, de plus, ce devoir à remplir pour son département ; la publication de ce *catalogue* serait une chose très utile au monde savant ; on s'en occuperait successivement. Le Pape vient de faire publier, à ses frais, le *catalogue des monuments égyptiens du Vatican*, que M. Champollion le Jeune a rédigé à Rome, sur la demande du Saint-Père. Un catalogue semblable pour le Musée serait un vrai présent fait à la littérature savante. Il y a donc beaucoup de bien, beaucoup d'utilité publique dans le projet soumis à l'examen et à l'attention particulière de S. Exc. M. le duc de Doudeauville et ce projet ne saurait être trop tôt réalisé sous ses auspices. »

XXXIX. — (*Étude*, p. 66). DEUXIÈME NÔTE DE M. CHAMPOLLION-FIGEAC relative aux fonctions de conservateur du Musée du Louvre. (Réponses à diverses objections.)

« L'esprit de la *Note* communiquée à M. Champollion-Figeac n'est nullement conforme à l'intérêt du Musée. On établit : 1º que tout ce qui existe à présent au Musée sera dans les attributions de M. le comte de Clarac, et 2º que tout ce qui y arrivera sera dans celles de M. Champollion. C'est à cela que se réduisent les termes de la proposition.

« L'administration ne peut pas entrer dans cette distinction et ne doit consulter que l'intérêt des arts et du public. Il ne s'agit pas d'ailleurs d'une sorte de partage entre deux cohéritiers, mais d'un concours commun au bien public et au service du Roi.

« Il y a des monuments égyptiens au Louvre ; il y en aura encore plus dans quelques mois et, d'après le projet, les premiers rentreraient dans les attributions de M. de Clarac, et les seconds seraient mis dans celles de M. Champollion : ce n'est là ni de l'ordre ni de la raison.

« Le Roi de Sardaigne avait aussi un magnifique Musée composé de morceaux grecs, romains et égyptiens. S. M. a acheté ensuite la collection Drovetti : elle a formé, dans une salle spéciale, une collection égyptienne des anciens et des nouveaux morceaux, et a nommé un nouveau conservateur chargé spécialement de la collection égyptienne. Il n'y a pas autre chose à faire à Paris, si l'on veut présenter le Musée en bon ordre aux savants, aux artistes et au public

L'intérêt et l'honneur de l'administration doivent
primer toutes les vues particulières.

« Elle ne peut adopter que l'un des deux projets
suivants : 1° Diviser fictivement le Musée, et sans
déplacement aucun, en *monuments de l'art* et qui
n'intéressent que les artistes proprement dits, et en
monuments historiques et littéraires, c'est-à-dire
ses *monuments écrits* et qui portent des inscriptions.
M. de Clarac resterait, conservateur des monuments
des arts, et M. Champollion le serait des monuments
historiques et littéraires.

« 2° Diviser encore fictivement, et sans déplacement
aucun, le Musée en monuments grecs, romains et
du moyen âge et en monuments égyptiens ou provenant de l'Égypte : la première division serait celle
de M. de Clarac, et la seconde, celle de M. Champollion.

« Le second projet est le meilleur, parce qu'il n'en
résulte pas, pour chaque division, un mélange de monuments de tous les peuples et beaucoup d'incertitude
sur la classe à laquelle quelques-uns devraient appar-
tenir.

« M. de Clarac, *conservateur des monuments
grecs, romains et du moyen âge*, aurait dans ses
attributions : 1° tout ce qui forme le Musée actuel,
sans les huit ou dix morceaux égyptiens qui s'y trouvaient ; 2 toute la collection Durand, vases, émaux,
ustensiles, figurines en toutes matières, en un mot
tout ce qui n'est pas égyptien, les inscriptions grecques
et romaines, et c'est tout ce qui lui est attribué dans la
note, sauf les morceaux égyptiens.

« M. Champollion le Jeune, *conservateur des monuments égyptiens* ou provenant de l'Égypte, aurait
dans ses attributions les monuments de toute nature
ayant cette origine, c'est-à-dire statues et figurines
de toute sorte, bas-reliefs, inscriptions, scarabées,
amulettes, papyrus, momies, sarcophages, temples,
stèles, tableaux, meubles et ustensiles, soit purement
égyptiens, soit égyptiens de l'époque grecque ou de

l'époque romaine ; ce sont toujours des produits des arts égyptiens et se rapportant à l'histoire de l'Égypte.

« Il faut remarquer que les deux dénominations ci-dessus soulignées tranchent suffisamment les limites des attributions ; mais comme il ne s'agit pas ici d'une propriété, mais plutôt de l'ordre à établir au Musée dans l'intérêt de l'administration et du public, ii faut seulement que chacun des conservateurs soit chargé de la partie dans laquelle il a fait ses preuves. M. Champollion aura donc les monuments égyptiens ou provenant de l'Égypte.

« Il en publiera une *Notice raisonnée*, comme on l'a fait pour le Musée actuel ; il est donc indifférent, même pour le public, que quelques monuments restent à la place où ils sont, pourvu qu'ils entrent dans le catalogue de M. Champollion, où ils doivent se trouver nécessairement, ce qui n'arriverait pas si ces monuments appartenaient à une autre division du Musée qui aurait aussi son catalogue. On peut donc s'en tenir aux deux dénominations proposées, et il n'y en a pas d'autre de convenable.

« Il serait utile que Son Excellence décidât en même temps que, quoique les monuments égyptiens non classés doivent former une collection spéciale, néanmoins les statues qui sont aujourd'hui en place dans le Musée n'en seront pas ôtées pour entrer dans la collection égyptienne ; il n'y aurait ainsi aucun dérangement, à moins que d'autres statues grecques ou romaines n'exigent la place occupée par les morceaux égyptiens, qui feraient néanmoins partie de la collection égyptienne mise dans les attributions spéciales de M. Champollion.

« La même décision pourrait le charger de faire, chaque année, *un cours public et gratuit*, de trois mois, sur la littérature et l'archéologie égyptiennes ; on sait combien ce cours serait important et honorable pour l'administration. »

XL. — (*Étude*, p. 62). COMTE COSTA, *secrétaire d'État du Roi de Sardaigne.*

« Turin, le 17 mai 1826.

« Vous devez être étonné, Monsieur, de ce que, sans avoir l'honneur de vous connaître personnellement et sans avoir aucun titre à votre bienveillance, j'ose vous prier de vouloir bien vous intéresser en faveur de M. l'avocat Philippi Cambiano, qui vient à Paris pour se défaire d'une collection d'antiquités grecques et romaines. Je n'ai pas vu la collection et, par conséquent, je ne suis pas dans le cas de vous en parler.

« M. votre frère nous laisse tout à fait sans nouvelles. Peut-être l'Égypte de Livourne l'empêche-t-elle de s'occuper de ce qui n'est pas Égypte à Turin.

« Je finirai en vous priant, Monsieur, d'agréer l'offre de mes services à Turin et l'assurance, etc. (*Papiers de famille*, t. XVI, p. 37.)

« A.-L. COSTA, secretaire d'État du
Roi de Sardaigne. »

XLI.— (*Étude*, p. 29). DROVETTI, *consul général de France en Égypte.*

« Alexandrie, le 6 juin 1826.

« Monsieur, je me félicite que la venue de M. Vaucelle en Égypte m'ait procuré l'honneur de recevoir de vos lettres et l'occasion de vous être agréable. Charmé d'avoir fait sa connaissance, je me suis empressé de pourvoir à ce que son voyage dans la Thébaïde et la Nubie eût lieu le plus commodément et le plus sûrement possible.

« Il est seulement à regretter qu'il ne soit pas arrivé dans une saison plus propices à ces sortes d'excursions dans le pays qu'il va parcourir. Si quelqu'un, parmi les Européens qui sont en Égypte, doit être mortifié de n'avoir encore rien fait pour vous témoigner, ainsi qu'à M. votre frère, le grand intérêt qu'inspirent vos travaux sur l'histoire, la chronologie et les monuments de l'antique berceau des sciences et des arts, c'est certainement moi.

« Cependant, étant en correspondance avec M. Artaud, directeur du Musée de Lyon, aussitôt que j'ai appris que M. votre frère se proposait aussi de visiter *le Vallon sacré*, qu'on peut, sous les rapports scientifiques, regarder désormais comme son apanage, je me hâtais de lui faire offrir tous mes services et de me mettre entièrement à sa disposition, convaincu d'avance des précieux résultats de ce voyage. Je n'aurais rien tant à cœur que de le lui rendre sûr, facile et agréable. Les offres dont je fis part alors à M. Artaud, je les renouvelle aujourd'hui par votre entremise, vous priant d'y voir une preuve des sentiments de haute considération et de parfait dévouement avec lesquels j'ai l'honneur d'être , etc. (*Papiers de famille*, t. XVI, p. 46.)

« DROVETTI. »

XLII. — (*Étude*, p. 32). VATOUT, *bibliothécaire de Mgr le duc d'Orléans et membre de l'Académie française*.

« Palais-Royal, 16 juin 1826.

« Monsieur, je publie la Galerie Lithographiée de M. le duc d'Orléans. Nous allons faire paraître une *vue de Grenoble*, par M. Gudin. Je m'étais adressé à M. de Dolomieu pour avoir une *Notice* d'une ou deux pages sur cette ville si intéressante. M. de Dolomieu m'a répondu que mieux que personne, Monsieur, vous pourriez me fournir cette *Notice*, et il m'a autorisé à me servir de son nom auprès de vous pour vous la demander.

« J'ose donc espérer en votre bienveillance. Votre nom distingué ne sera pas une mésalliance dans notre ouvrage où MM. Villemain, Casimir Lavigne, Soumet, etc., ont bien voulu placer des morceaux de leur composition. D'ailleurs, si vous tenez à n'être pas nommé, on étoilerait votre nom.

« Soyez assez bon, Monsieur, pour me faire savoir si je puis croire aux promesses de M. de Dolomieu et si vous avez l'extrême complaisance de les acquitter.

« Je vous prie d'agréer, etc. (*Papiers de famille,* t. XVI, p. 50.)

« J. VATOUT. »

XLIII. — (*Étude,* p. 78). VICOMTE DE LA ROCHE-FOUCAULD, aide de camp du Roi, chargé du département des Beaux-Arts.

« Paris, le 8 août 1826.

« Monsieur, j'ai reçu l'ouvrage que vous m'avez fait l'honneur de m'adresser, ayant pour titre : *Lettres relatives au Musée égyptien de Turin.* J'ai été extrêmement sensible à l'offre que vous avez bien voulu me faire de cet ouvrage : *La double coopération de deux savants aussi distingués que vous et Monsieur votre frère, lui donne à mes yeux un prix inestimable,* et j'applaudis, avec tous les amis des arts et de l'archéologie, au but éminemment utile de cette publication; qui se rattache, d'ailleurs, à d'autres intérêts si graves et si dignes de la méditation des esprits élevés.

« Veuillez bien agréer, Monsieur, tous mes remerciements et croire à l'assurance bien sincère de mes sentiments les plus distingués. (*Papiers de famille,* t. XVII, p. 217.)

« LE VICOMTE DE LA ROCHEFOUCAULD. »

XLIV. — (*Étude,* p. 78, 82). LE VICOMTE DE LA RO-CHEFOUCAULD.

« Paris, 10 janvier 1827.

« Je me suis déjà occupé, Monsieur, de l'affaire dont vous m'entretenez et j'avais pensé à nommer une commission pour procéder à l'estimation de la collection de M. Passalaqua; mais, d'un côté, les deux millions du sacre laissés à la charge de la liste civile ont fait un devoir à mon père et à moi de la plus stricte économie ét, de l'autre, les prétentions de M. Passalaqua étaient tellement exagérées, que je me suis vu forcé de renoncer à ce dessein. Il ne demandait pas moins de cent mille francs et douze cents francs de rente viagère, tandis que des personnes qui s'y connaissent n'estiment sa collection que 50 à 60,000 francs.

« Recevez, Monsieur, l'assurance de, etc. (*Papiers de famille*, t. XVI, p. 145).

« LE VICOMTE DE LA ROCHEFOUCAULD »

XLV. — (*Étude*, p.). COMTE DARU, pair de France.

« Paris, 17 janvier 1828.

« J'ai à vous remercier de votre nouvean bienfait. Votre article *Étymologie* est un modèle. Parmi les étymologies, il y en a de curieuses, de raisonnables, qu'il est utile de connaitre. Je n'ai jamais pu obtenir qu'on les insérât dans le *Dictionnaire de l'Académie*; on s'en est toujours défendu, en en citant quelques unes qui, de l'aveu de tout le monde, sont ridicules.

« Il me semble que pour y suppléer, il ne faudrait que classer les mots de la langue par famille; ainsi par exemple votre mot *désagréablement*, que vous avez si bien analysé, se trouverait naturellement une des branches de la famille *gré, gratus*. On aurait ainsi trois grandes séries grecques, romaines et velches, et le nombre des étymologies se trouverait plus grand qu'on ne croit.

« Vous m'avez fait grand plaisir en me disant que vous êtes persuadé qu'avec un travail de dix ans, on pouvait mettre les gens de tête en possession de nos richesses historiques. Pour en terminer l'inventaire dans un délai raisonnable, il ne faut pas vouloir faire trop bien. Il y a bien des gens que ce conseil ne contrarierait pas ; mais je n'ose espérer que vous l'approuvez.

« Recevez, Monsieur, tous les remerciements que je vous dois et l'assurance de la haute considération, etc. (*Papiers de famille*, t. XVI, p. 292.)

« COMTE DARU. »

XLV *bis*. — (*Étude*, p. 75). LETTRE DE CHAMPOLLION LE JEUNE A M. AUGUSTIN THÉVENET, à Grenoble. — Départ pour l'Égypte.

« Paris, le 10 juillet 1828.

« Je ne veux point quitter l'Europe, mon cher ami, sans te dire adieu, à toi, le plus ancien de mes amis et celui qui toujours a conservé une première place dans mes affections. Je crois n'avoir point affaire à un ingrat et que j'ai toujours dans ton cœur la place que j'y occupais autrefois, car nous ne sommes plus, l'un et l'autre, dans l'âge où l'on fait de nouvelles liaisons au détriment de celles qui se sont développées et qui ont grandi avec nous. Si tu avais jugé d'après mon silence à ton égard, que mon attachement pour toi avait diminué par le temps et la distance, tu te serais trompé, car j'ai toujours pris la part la plus vive à tout ce qui a pu t'arriver d'heureux ou te survenir de triste et de pénible. Je me flattais toujours que tes affaires t'amèneraient à Paris ; mais c'est vainement que je t'ai attendu. Je comptais t'embrasser à Grenoble en passant. Je suis tellement pressé, que le temps me marque absolument pour satisfaire à cet espoir.

« Il faut absolument que je sois à Toulon le 25 de ce mois, car la corvette l'*Églé*, qui doit me conduire à Alexandrie avec les quatorze personnes qui m'accompagnent, mettra irrévocablement à la voile le 30.

« Je pars de Paris mercredi prochain 16 du courant, par le courrier, et je serai à Lyon vendredi 18. J'y resterai jusques au dimanche 20 au soir, que je partirai pour Marseille, ou plutôt pour Aix, où je dois m'arrêter un jour. Si tes affaires te permettaient de

venir me voir à Lyon et passer deux jours avec moi,
cela serait charmant. Je pars pour un voyage tellement chanceux, que j'ai soif d'embrasser les personnes qui me sont chères, et tu dois penser combien je
serais heureux de te revoir avant d'aller me jeter au
milieu des faces basanées qui m'attendent sur le rivage
d'Afrique. Tâche d'arranger cette partie de plaisir,
car s'en est une bien douce et la distence est si petite !
Tu me trouveras à l'hôtel du Nord, près de la place des
Terreaux, ou, plus sûrement, tu sauras mon adresse
chez M. Artaud, conservateur du Musée de Lyon, au
Palais de St-Pierre.

« Je compte presque sur le plaisir de te revoir; aussi je ne te dis pas adieu, persuadé que tu feras tout
pour cela. Je t'embrasse donc comme je t'aime de tout
cœur. »

XLVI. — (*Étude*, p. 108). M. SALLIER.

« Aix, le 4 août 1828.

« Monsieur, vous avez su déjà par Monsieur votre
frère l'heureux résultat de la visite qu'il a eu la bonté
de me faire à son passage par Aix. La découverte des
manuscrits qu'il a trouvés dans ma collection est si
merveilleuse, que j'ai cru devoir en faire un rapport
à la société académique de notre ville ; et elle en a
tellement apprécié l'importance, qu'elle a cru devoir
adresser un extrait de mon rapport à toutes les sociétés savantes de l'Europe. Vous l'aurez par conséquent connu avant que cette lettre vous arrive,
attendu qu'elle sera confiée à un ami, pour éviter les
frais de poste.

« Monsieur votre frère m'a fait part du désir que
vous aviez de posséder un *fac-similé* du fragment
d'inscription que je possède, contenant le préambule
d'un édit de Dioclétien Maximien et qui fixe le prix
des denrées. J'ai distribué tous les exemplaires que
j'en avais fait tirer. En l'état, le creux des lettres a
été rempli d'un mastic coloré pour en faciliter la lec-

ture ; mais je m empresserai de faire nettoyer la pierre et de prendre une empreinte à la brosse, si vous tenez encore à l'avoir, après avoir reçu celle-ci. Mais je dois vous observer que le marbre qui se trouve à Stratonicee n'est pas le restant de l'inscription qui se trouve chez moi. C'est une seconde édition complète du même édit, qui fut placardé dans toutes les provinces de l'empire. Les deux marbres sont parfaitement conformes, et cet édit a été publié dans une brochure anglaise qui est arrivée de Paris à l'adresse de M. de Fomcolombe, qui s'était occupé de l'explication de cette inscription. Il pense que c'est M. Reinaud, employé à la Bibliothèque Royale pour les manuscrits orientaux, qui l'a lui a adressée.

« Si ces renseignements ne vous suffisent pas, je me ferai un vrai plaisir de vous fournir tous ceux qui seront à ma disposition. Disposez de moi en toute liberté. Je me rappelle souvent avec reconnaissance les bontés que vous avez eues pour moi, il y a environ quatre ans, quand j'allais voir chez vous M. Artaud, de Lyon, à qui vous aviez donné l'hospitalité.

« Je vous prie de témoigner à Monsieur votre frère, quand vous lui adresserez des lettres, combien je lui souhaite bonne santé et réussite. Il va travailler pour la communauté des savants, et il est à peu près certain que les résultats de son voyage vont faire révolution dans beaucoup de têtes ; il y aura beaucoup à oublier et beaucoup à apprendre.

« Je vous prie, Monsieur, de vouloir bien agréer l'assurance des sentiments d'estime et d'affection avec lesquels j'ai l'honneur, etc. (*Papiers de famille*, t. XVII, p. 346.)

« SALLIER. »

NOTE. — Ce papyrus de M. Sallier contenait le récit d'une campagne de Sésostris, l'énumération des peuples vaincus, la date de l'événement et celle de la composition du récit ou du poème que Champollion retrouva aussi gravé sur une des parois du temple

d'Ipsemboul, autour des tableaux et des bas-reliefs
peints qui représentaient les principaux événements de
cette campagne contre les peuples de l'Asie occidentale et de l'Asie mineure.

Ces inscriptions hiéroglyphiques reproduisaient les
harangues du Roi, le dénombrement des forces égyptiennes, les récits de divers combats, la paix faite
avec l'ennemi dont le Roi a serré la main ; enfin
l'armée de Sésostris lui défère des titres de gloire.

XLVII. — (*Étude*, p. 39). LE DOCTEUR PARISET. —
Voyage en Égypte pour y étudier la peste.

« Toulon, 20 août 1828.

« Eh bien ! cher ami , tout est à souhait. La permission de partir est arrivée ! Sous quelques jours nous
serons à la mer ; il est possible que la nécessité nous
fasse faire un crochet en Morée. Qu'importe ? Pourvu
que nous arrivions !

« Quant a MM. les journaux, faites ce qui vous
semblera hon ; vous avez carte blanche. Il me suffit
de sentir que ce n'est ni appétit d'argent ni sensualité
de renommée qui me pousse, pour que je sois tranquille sur les propos. Je ne respire que bien public,
qu'honneur pour le pays, qu'amour pour la vérité ;
ils n'y croyent pas, qu'est-ce que cela fait ! Toutefois,
parlez, parlez s'il est bon de le faire et parlez selon
votre conscience.

« Ah ! quel bonheur ravissant je me promets en
revoyant ce bon frere ! Et combien de fois nous pen-
serons à vous. Bonjour, cher ami, je vous donne dans
deux ans rendez-vous au lazaret. (*Papiers de famille,*
t. XVII, p. 349.)

« PARISET. »

XLVIII. — (*Étude*, p. 33, 84, 88). LE VICOMTE DE
VATIMESNIL, ministre de l'instruction publique.

‹ Samedi, 18 novembre 1828.

« Monsieur , M. de Férussac m'a dit que vous

désiriez me faire une communication. Si effectivement vous avez cette intention, j aurai l'honneur de vous recevoir mercredi prochain, à midi. Je serai heureux de trouver cette occasion de faire la connaissance d'un homme dont les travaux contribuent si puissamment à la gloire de la France

« Agréez, etc. (*Papiers de famille*, t. XVII, p. 472.)

« VATIMESNIL. »

XLIX. — (*Étude*, p. 75). CAMILLE TEISSEIRE, ancien député de Grenoble.

« Grenoble, 30 mai 1829.

« Je reçus hier, Monsieur, avec une reconnaissance infinie la 2° publication des lettres que Monsieur votre frère vous adresse d'Égypte. Rien n'est plus intéressant que cela, si ce n'est l'ouvrage dont ces lettres ne sont que l'annonce. Que de richesses historiques vont être trouvées ! Vous voilà dans un heureux concours avec Monsieur votre frère pour établir, par pièces, l'histoire égyptienne, *et le concert de vos deux talents peut laisser un des monuments les plus utiles et les plus beaux de la nouvelle histoire du monde.* Je dis nouvelle, car au flambeau du droit naturel de l'humanité, exhumée de dessous les décombres des pouvoirs absolus et oligarchiques, l'histoire se recommence, non plus dans l'intérêt du pouvoir et des gouvernants, mais dans celui du droit et des gouvernés.

« Quand vous écrirez à Monsieur votre frère, veuillez, je vous en prie très particulièrement, lui parler des vœux bien affectueux que je mets à sa suite pour sa santé et ses succès. *C'est pourtant vous qui avez fait tout cela ; vous avez donné à Monsieur votre frère une éducation très éclairée ; vous l'avez introduit dans les langues étrangères ;* de celles d'Europe, il a passé à celles de l'Asie ensuite de l'Afrique et du grec inscrit sur la colonne de Pompée, il a déduit la lecture de l'inscription hiéroglyphique placée auprès de cette inscription grecque De là, la grammaire et le dictionnaire de la langue des hiéroglyphes qui semblait perdue à jamais.

« Vous voyez que je mérite, par l'intérêt que je mets à l'accroissement des lumieres, le cadeau que vous voulez bien me faire des lettres imprimées de Monsieur votre frère ; j'en suis plus digne encore par l'intérêt affectueux que je vous porte à l'un et à l'autre.

« J'ai fait usage des instructions que vous me donniez dans votre précédente lettre, relative au jeune orientaliste auquel je m'intéresse. Il se prépare et j'espère que sous peu vous pourrez l'aider dans une recherche toute sensée qu'il se propose. Gardez-moi donc vos bonnes intentions et agréez les sentiments d'estime et d'attachement avec lesquels j'ai l'honneur d'être votre tout dévoué. (*Papiers de famille*, ت. XVII, p. 383.)

« Camille TEISSEIRE. »

XLIX *bis*. — (*Étude,* p. 76). LETTRE INÉDITE écrite d'Égypte par Champollion le Jeune à M. Thévenet, à Grenoble.

« Ouadi Halfa, à la seconde cataracte,

1er janvier 1829.

« Je t'écris ces trois lignes, mon cher ami, pour te souhaiter *la bonne année, accompagnée de plusieurs autres*, ainsi qu'à tous nos bons amis que tu embrasseras à mon intention. Je tenais à te prouver, ainsi qu'à eux tous, que malgré les distances, je n'oublie pas ceux que j'aime ; que j'ai beau être au fond de la Nubie, avoir une barbe de capucin, être habillé comme un Arabe du désert, ne savoir plus ce que c'est qu'un chapeau ou une calotte, manger du *pilau* avec ses doigts, fumer trois fois par jour et boire de l'eau du Nil à discrétion, tout cela ne m'est allé qu'à la peau et je suis toujours au fond *Dauphinois endiablé!*

« Me voici au terme de mon voyage ; la seconde cataracte arrête tout court mon escadre, composée de *six superbes barques* à trois lits et d'*un vaisseau amiral* à quatre, armé d'une pièce de canon de trois, que m'a prêtée le commandant de la province d'Esné. J'aurais eu le projet d'aller plus loin, que force me serait de revirer de bord ma caravane de vingt-huit bouches (sans compter celle du fameux canon), risquant de mourir de faim au fond de cette triste Nubie. Mais c'est ici que j'avais planté d'avance mes Colonnes d'Hercule.

« Je vais donc descendre le Nil, en écumant tout ce que je trouverai d'hiéroglyphes sur mon passage, sur les monuments que j'ai visités en remontant, pour m'en former une idée et calculer le travail d'avance. Je retournerai en Égypte vers le milieu de février pour m'établir, jusques à la fin d'août, à Thèbes, c'est-à-dire au milieu de ce que *la main des hommes a fait de plus magnifique, de plus grand et de plus merveilleux.* Tous les superlatifs du monde ne sont *que bagasse,* quand il s'agit de parler de cette aînée des villes royales. J'y ai resté huit jours à courir comme un fou, au milieu des colosses, des obélisques et des colonnades qui passent ce que l'imagination peut concevoir de plus grandiose. Maintenant, j'y resterai sept mois au moins et je crains de ne pouvoir jouir encore de tout ce qu'elle renferme d'intéressant et de curieux. C'est un monde de monuments, ou plutôt *c'est Thèbes* et c'est tout dire : c'est le plus grand mot qui existe dans aucune langue.

« Je compte toujours regagner l'Europe à la fin de cette année. J'y arriverai avec l'Égypte entière dans mes portefeuilles ; mes espérances ont été surpassées sous le rapport scientifique et je n'ai à me plaindre ni du climat ni des habitants. Ma santé s'est soutenue jusques ici en très bon état, j'espère qu'elle durera. Je suis sobre autant par nécessité que par vertu, et l'une aidant l'autre, j'éviterai les maladies du pays.

« Vous devez grelotter dans ce moment-ci ; pour moi, je sue tout le jour comme un veau et me charge de laine le matin, la nuit et le soir, que l'air devient très frais et même froid. J'ai cru geler en passant le tropique et à mon entrée dans la zone torride ; cela n'a duré que trois jours. Maintenant nous avons régulièrement nos 28 degrés, tant que le soleil est sur l'horizon. On peut vivre avec cette temperature. Pour vous autres chauffez-vous bien, et, au coin de votre feu, pensez souvent à votre ami le Nubien ou l'Égyptien, qui s'occupe souvent aussi de vous tous. Adieu, mon cher ami, tout à toi de cœur. »

L. — (*Étude*, p. 35). M. RIVES, conseiller d'État, directeur des Lettres et des Arts au ministère de l'intérieur.

« Paris, le 22 septembre 1829.

« Monsieur, j'eus l'honneur de vous manifester l'autre jour le vif désir que j'éprouvais de faire remettre en activité l'*École des Chartes*, et d'introduire dans son organisation toutes les améliorations dont l'expérience a pu indiquer la nécessité. Déjà le ministre vient de décider, sur mon rapport, que les cours seront repris le 1er janvier prochain. La présentation de candidats pour les places d'élèves qui sont à sa nomination seront bientôt demandées à l'Académie des Inscriptions et Belles-Lettres.

« En attendant, je m'empresse, Monsieur, de vous rappeler la promesse que vous avez bien voulu me faire *de me communiquer vos vues sur les meilleurs moyens à prendre,* afin de retirer de cette institution tous les services qu'on s'en est promis en la créant.

« *Je recevrai votre travail avec une vive reconnaissance* et je serai charmé, *en le mettant sous les yeux du ministre,* de lui donner une nouvelle preuve de votre mérite et de la noble sollicitude que vous inspire tout ce qui se rattache à l'accroissement de notre gloire littéraire.

« J'ai l'honneur, etc.

« RIVES. »

LI. — (*Étude*, p. 35). RAPPORT ADRESSÉ A M.RIVES PAR CHAMPOLLION-FIGEAC, relatif à la réorganisation de l'École des Chartes.

« Paris, le 28 septembre 1829.

« Une timidité inexplicable présida à la création de l'École des Chartes. On craignait d'être accusé de ressusciter l'ancien régime tout entier. Un député plus clairvoyant n'y aperçut cependant que le retour de la féodalité, et l'école sortit de cette première épreuve devant les Chambres, avec une dotation annuelle de 10,200 francs.

« D'après l'ordonnance de création de l'École (22 février 1821), cette somme fut répartie entre deux professeurs à 1500 francs pour chacun et à douze élèves pensionnaires à 600 francs Les résultats de cette création n'ont point répondu, il faut le dire, aux vues et aux espérances du gouvernement, ni aux besoins, sans cesse croissants qu'éprouvent les études sur le moyen âge. La constitution de l'École doit donc renfermer quelques vices capitaux; en voici peut-être l'énumération:

« 1° L'école est divisée en deux sections absolument isolées l'une de l'autre, et ne s'entendant ni sur l'ordre et la marche des études ni sur les progrès comparés des élèves; rien ne constate ni leur assiduité ni leur aptitude ni leurs succès ; on ignore, à la fin de leur seconde année d'études, s'ils sont plus instruits qu'au commencement de la première. Enfin ces deux sections forment au ministère une double comptabilité mensuelle.

« 2° La liste double des candidats-élèves étant présentée par l'Académie seule, les fils, les parents et même les secrétaires des académiciens n'y furent point oubliés , ils devinrent élèves pensionnaires, et pas un d'eux n'a rendu depuis le moindre service aux études du moyen âge. D'autres sujets, appelés vers elles par un goût natif, comme le prouvait leur assiduité dans nos diverses bibliothèques, n'ont point été appelés à l'école et ont cherché fortune ailleurs

« 3° Les deux professeurs désignés ont borné leur enseignement à la simple lecture des chartes de diverses époques. Ils donnaient à l'élève une charte à copier ; l'élève communiquait sa copie au maître qui la corrigeait, et voilà tout.

« Le véritable enseignement de la diplomatique, ou science critique des monuments écrits du moyen âge, a donc manqué à l'école des Chartes, science qui a pour objet de constater l'authenticité des documents, de reconnaître les caractères qui constatent, altèrent ou détruisent cette authenticité en tout ou en partie ; de fixer avec certitude les dates de ces actes par l'interprétation des notes chronologiques si variables et si arbitraires, même pour chaque règne ; de reconnaître, toujours dans l'intérêt de la certitude historique, les formules et protocoles propres à chaque époque, selon les variations qui s'introduisaient dans la haute administration de l'État ; d'exposer les caractères qui distinguent les uns des autres les chartes, les diplômes, les lettres, épîtres, indults, rescrits, édits, capitulaires, lois, lettres sacrées, etc., etc. Il en est de même de la diplomatique pratique ou de l'arrangement matériel des archives, de l'ordre qu'on doit y apporter, de leurs inventaires, répertoires, etc. On ne s'en est pas occupé.

« 4° On devait expliquer aux élèves les divers dialectes du moyen âge, qui, outre le latin plus ou moins corrompu, sont le langage ordinaire des chartes ; il n'en a pas été question jusqu'ici dans l'école.

« 5° Enfin, de tous les élèves qui ont suivi l'école depuis sa création, trois ou quatre seulement ont répondu à la sollicitude du gouvernement ; le reste est demeuré inconnu.

« Cet état trop réel des choses avait, sans nul doute, occasionné la décision qui suspendit les cours de l'école et l'expérience du passé semble ne

promettre de meilleurs résultats pour l'avenir, qu'à
la condition *de quelques nouvelles mesures* que cette
même expérience indique assez clairement ; telles
paraissaient être les suivantes, qui ont l'avantage de
compléter les études de l'école sans nuire à personne :

« 1° Établir un professeur de diplomatique et de paléographie françaises pour l'école. Les élèves des deux
sections (Bibliothèques et Archives) seraient réunis
deux ou trois fois par semaine aux leçons de ce professeur ; les autres jours de la semaine, ils conti-
nueraient leurs études de lecture et de copie avec les
deux autres professeurs. Celui de diplomatique exposerait en 50 leçons élémentaires l'immense ouvrage
des Bénédictins ; chaque précepte serait éclairci et
démontré par des exemples tirés des chartes originales, qui seraient mises sous les yeux des élèves. Le
reste des leçons de l'année serait employé à des
lectures critiques et à l'interprétation orale : 1° des
actes latins depuis le IV° siècle, pour reconnaître la
barbarie progressive de cette langue et l'introduction
des mots, formes et formules amenés par chaque
siècle ; 2° des écrits en vieux français depuis l'origine
de cette langue et de ses divers dialectes, afin de
reconnaître celle qui fut propre aux actes de chaque
siècle et ceux qui furent particuliers aux diverses
provinces en deçà de la Loire ; 3° des actes écrits en
langue romane et dans ses dialectes principaux
d'outre-Loire, avec l'interprétation française de ces
dialectes, dont on exposerait les règles grammaticales.

« Cet enseignement devrait être confié au conservateur des chartes de la Bibliothèque, comme celui
de l'archéologie l'est au conservateur des médailles,
celui de la paléographie grecque au conservateur-
adjoint chargé des manuscrits grecs ; enfin, parce que
les précieux documents qui doivent servir à cet enseignement ne peuvent pas sortir des mains du conservateur, qui en est responsable. Ce dernier a d'ailleurs
publié plusieurs ouvrages sur les monuments du

moyen âge, soit en français, soit en langue romane.

« 2° On bornerait à huit le nombre des élèves pensionnés à 600 fr. (le nombre 12 est un maximum dans l'ordonnance) ; bien choisis, ils suffiraient à ce nombre ; il resterait de libre sur le budget de l'école 2,400 fr. pour le nouveau professeur, en attendant que son traitement pût être porté au même taux que celui de ses collègues professeurs à la Bibliothèque.

« 3° Outre les huit élèves pensionnaires, on pourrait admettre à l'école huit élèves externes.

« 4° Il y aurait à chaque cours un registre de présence qui constaterait l'assiduité des élèves.

« 5° A la fin de la seconde année, les élèves pensionnaires subiraient un examen devant un jury composé du conservatoire de la Bibliothèque du Roi, du directeur des Archives du royaume et d'un ou deux membres de l'Académie des Inscriptions désignés par le ministre de l'intérieur. Les élèves seraient examinés sur toutes les parties de l'enseignement et ceux qui, sur le rapport du jury, auraient répondu d'une manière satisfaisante et justifié ainsi de toutes les connaissances nécessaires dans la science des chartes, recevraient du ministre de l'intérieur un brevet d'archiviste.

« Ces élèves seraient employés de préférence dans tous les travaux à entreprendre, soit à Paris, soit dans les départements, pour la mise en ordre des archives. Ils seraient également préférés pour les places d'archivistes et pourraient être successivement autorisés auprès des tribunaux ou du Domaine, pour la transcription ou traduction des instruments du moyen âge.

« 6° D'après ce qui précède, il y aurait d'abord à former une première liste de seize candidats pour les huit places de pensionnaires. L Académie fournirait une liste de huit et le conservatoire de la Bibliothèque, auquel se réunirait le directeur des Archives du royaume, fournirait une autre liste de huit.

« 7° Pour les huit externes, il suffirait qu'ils fus-

sent *autorisés à suivre les cours de l'École* par le
conservatoire de la Bibliothèque, qui, avec le directeur
des Archives, délibérerait sur les demandes qui leur
seraient adressées à ce sujet. Il serait donné communication de ces autorisations, avec leurs motifs, au
ministre de l'intérieur.

« 8° Tous les élèves pensionnaires ou externes
seraient obligés à la même assiduité, et des absences
trop fréquentes leur feraient perdre leur place.

« 9° A l'expiration du premier cours bisannuel, une
partie (la moitié au moins) des places de pensionnaires
serait mise au concours parmi les élèves externes.
Le même jury procéderait à ce concours et adresse-
rait ses propositions au ministre. Les élèves externes
puiseraient dans cette disposition nouvelle des motifs
puissants d'encouragement.

« 10° L'âge d'admission sera fixé à 18 ans. A cette
époque, les jeunes gens ont terminé leurs études classiques et ils pourraient ainsi combiner les cours de
l'École des Chartes avec ceux de l'École de Droit, s'ils
le désiraient. »

« Le projet ci-dessus exposé exigerait une ordonnance royale à l'égard des modifications apportées à
celle du 22 février 1821 ; le surplus serait l'objet d'un
règlement donné par S. Exc. le ministre de l'intérieur.

« L'ordonnance ne contiendrait ainsi que quelques
articles :

« 1° Il y aura à l'École des Chartes, établie à Paris,
un professeur de diplomatique et de paléographie françaises ; il développera aux élèves la partie critique,
historique et chronologique des chartes et leur fera
connaître les divers dialectes en usage en France durant le moyen âge. Les élèves des deux sections actuelles de l'École des Chartes suivront régulièrement
les leçons de ce professeur.

« 2° Le conservateur des chartes et diplômes au département des monuments de notre Bibliothèque

Royale de la rue de Richelieu, est chargé de ce cours.

« 3° Les élèves pourront être reçus à l'École des Chartes dès l'âge de 18 ans.

« 4° Lors de la formation de la liste double des candidats pour les places d'élèves à cette école, l'Académie des Inscriptions présentera à notre ministre de l'intérieur un nombre de candidats égal à celui des places d'élèves, et le conservatoire de notre Bibliothèque Royale de la rue de Richelieu, auquel se réunira le directeur des Archives du royaume, présentera une autre liste d'un nombre égal de candidats.

« 5° Il pourra être admis à l'École des Chartes *un nombre d'élèves autorisés égal à celui des élèves pensionnaires*. Les autorisations seront délivrées à ces élèves après examen des titres par le conservatoire de notre Bibliothèque Royale, auquel se réunira le directeur des Archives. Il en sera rendu compte à notre ministre de l'intérieur.

« 6° Après les deux années d'études auxquelles les élèves pensionnaires sont soumis, ils subiront un examen devant un jury composé du conservatoire de notre Bibliothèque Royale, du directeur des Archives et d'un ou deux membres de notre Académie des Inscriptions désignés par notre ministre de l'intérieur. Sur la proposition de ce jury, les élèves qui en seront dignes recevront de notre ministre de l'intérieur un brevet d'Archiviste, et ils seront employés de préférence aux divers services publics relatifs à leur titre.

« 7° Une partie des places d'élève pensionnaire pourra être donnée, à mesure de vacances, au concours entre les élèves autorisés de l'école, au jugement d'un jury composé comme il est dit à l'article précédent et qui adressera ses propositions à ce sujet à notre ministre de l'intérieur.

« 8° Notre ministre de l'intérieur est chargé de faire les règlements nécessaires pour la discipline intérieure de l'École des Chartes et pour l'ordre régulier des études.

« ,9° Les dispositions de l'ordonnance royale du 22 février dernier sont maintenues en ce qui n'est pas contraire à la présente.

« 10° Notre ministre de l'intérieur est chargé de l'exécution de la présente ordonnance.

« On peut faire beaucoup de bien en complétant ainsi un bienfait du Roi envers les études françaises, qui ont fait pendant plus de deux siècles la gloire de notre littérature et dans lesquelles la France a eu partout des imitateurs et nulle part des rivaux. Ses grandes collections historiques ont servi de modèle dans tous les autres États policés, et il ne faut pas oublier que cet avantage est encore un bienfait de nos rois, qui encouragent si noblement les hommes de mérite voués à ce genre de littérature savante. Les Sainte-Palaye, Foncemagne, Bréquigny, Moreau, Du Theil étaient à la tête de véritables ateliers de notre gloire nationale; la munificence royale leur permettait d'indemniser leurs utiles collaborateurs. Quand cette munificence a été tarie, les travaux ont cessé. On cite ces noms avec reconnaissance quand on connaît ce qui a été fait, et avec regret quand on pense à ce qui reste à faire. Que dire quand on voit, dans la masse des dépenses publiques, que les frais pour les travaux relatifs à l'histoire des monuments de la monarchie française figurent pour une somme de 10,200 fr.? Cette histoire n'est donc plus la nôtre, ou bien les honneurs de cette monarchie sont donc bien assurés, bien garantis; ses antiques insignes n'ont donc jamais été souillés par la boue des révolutions; l'ignorance n'a donc jamais menti sur les bienfaits de la couronne de France; enfin, tout le monde sait donc que les progrès de la civilisation française et son heureuse délivrance du crétinisme intellectuel ont leur véritable source dans ses institutions royales; et si quelqu'un publie le contraire, pourquoi une chaire publique ne trouverait-elle pas une humble place dans le sanctuaire ouvert à tous les peuples et à

14

toutes les sciences utiles par François Iᵉʳ. Pourquoi y
dit-on tous les jours à un auditoire instruit ce qu'il lui
importe le plus de savoir sur les Chinois, les Arabes,
les Mongols et les Turcs, et pas un mot sur les quatorze siècles de la monarchie française, sur lesquels
il y aurait tant à dire, les monuments à la main. Mais
un cours d'histoire de la monarchie française fondée
sur ces monuments, qu'on montrerait même aux incré-
dules, coûterait 5,000 fr. La monarchie s'en passera
et les pamphlets prospéreront : en France, on sait
donc administrativement inhumer la gloire française ! »

LII. — (*Étude*, p 35). M. RIVES A CHAMPOLLION-
FIGEAC.

« Paris, 29 septembre 1829.

« Monsieur, je m'empresse de vous remercier
des *notes* et *rapports*, que vous avez bien voulu m'a-
dresser hier. Je suis d'autant plus touché de
votre empressement, que vous avez fait taire vos souf-
frances pour les rédiger. Il me tardera beaucoup
de vous savoir entièrement rétabli de cette indisposition. Les hommes de votre mérite devraient
n'être jamais malades. Agréez, etc.

« RIVES. »

LIII. (*Étude*, p. 37). M. RIVES A CHAMPOL-
LION-FIGEAC.

« Le système d'économie dans lequel les Chambres
forcent l'administration d'entrer et les diverses sup-
pressions d'emploi qui viennent d'avoir lieu au ministère de l'intérieur sont une difficulté énorme pour
créer, en ce moment, un troisième professeur à l'École
des Chartes.

« Comme il importe surtout de la remettre en activité et de lui donner une meilleure organisation, j'ai
pensé, après y avoir bien réfléchi, qu'il suffirait aujourd'hui de faire décider que la section des Archives

serait chargée du cours élémentaire et que la section
de la Bibliothèque du Roi ferait le cours de diplomatique et de paléographie française.

« Celui-ci ne peut être bien fait que par M. Champollion-Figeac ; mon espoir est que M. l'abbé Lépine,
qui le sentira, nous demandera lui même de n'en
être pas chargé. J'ai espéré que M. Champollion-
Figeac voudrait bien se prêter à cette temporisation
Au surplus, il va voir, par la lecture de ce que j'ai
ébauché, que le cours de diplomatique ne devrait
commencer qu'en 1831.

« Je le supplie, au reste, de ne m'épargner aucune
observation au fond comme dans la forme. Je sais
mieux que personne combien on peut se perfectionner avec ses maîtres, et mon seul objet dans tout ceci
est de faire le mieux possible.

« C'est pour cela que je me suis permis *de copier
dans le rapport au Roi plusieurs passages des observations que M. Champollion-Figeac avait bien voulu
m'envoyer.* »

LIV. — (*Étude*, p. 84, 88). DUC DE BROGLIE,
ministre de l'Instruction publique, relative aux deux
Champollion.

« Paris, le 16 août 1830.

« Monsieur, j'ai pris connaissance de la réclamation
que vous avez faite, en votre nom et en celui de
Monsieur votre frère, pour obtenir votre réintégration et la sienne dans le corps enseignant.

« Il y a lieu de regretter, Monsieur, que l'instruction publique ait été si longtemps privée des
utiles services que vous auriez pu lui rendre l'un et
l'autre. Les travaux auxquels vous vous êtes livrés et
qui ont illustré votre nom, vous donnent des droits
tout particuliers à l'attention bienveillante de l'autorité. Veuillez croire que je ne les perdrai pas de

vue et que je m'occuperai avec intérêt de la réparation que vous demandez.

« Recevez. (*Papiers de famille*, t. XVII.)

> « *Le ministre de l'instruction publique
> et des cultes,*
>
> « DUC DE BROGLIE. »

LV. — (*Étude*, p. 30). BARON SILVESTRE DE SACY, membre de l'Institut.

« 11 septembre 1830.

« On m'a déjà demandé bien des fois à l'Imprimerie Royale, si je pouvais accélérer la remise de la copie nécessaire pour achever le volume des *Mémoires de l'Académie des Belles-Lettres*, qui est sous presse depuis trois ans. J'avais promis de vous en parler et je me suis présenté, aujourd'hui, chez vous pour cela ; mais je n'ai pas été assez heureux pour vous rencontrer.

« Je suis personnellement intéressé à voir publier ce volume, auquel j'ai fourni trois ou quatre *Mémoires*. La lenteur de la publication est d'ailleurs très nuisible aux intérets de l'Académie, en ce qu'elle est la cause ou le prétexte de la pénurie de lectures qui va toujours en augmentant. Par le temps qui court, tout le monde excepté quelques nigauds comme moi, veut être payé comptant de son travail par la publication, et, en vérité, sous ce point de vue, l'Académie des Belles-Lettres est le plus mauvais payeur que je connaisse.

« Je ne veux point adresser cette réclamation à M. Dacier, parce que je sais par l'Imprimerie Royale que c'est sur vous qu'il se décharge de ce soin. D'ailleurs, vous n'avez sans doute pas renoncé à confondre un jour votre intérêt propre avec celui de l'Académie. Vous pouvez au surplus faire part de ma lettre à M. Dacier, si vous le jugez convenable, auquel cas, je

vous prie de lui offrir mes respectueux hommages.
« Recevez, etc. (*Papiers de famille*, t. XXVI,
p. 24.)

« BARON SILVESTRE DE SACY. »

LVI. — (*Étude*, p. 38). DUC DE DOUDEAUVILLE.

« A Paris, ce 1er janvier 1831.

« Votre intérêt, Monsieur, est un bien bon titre à
mes yeux et votre suffrage une puissante recomman-
dation. Je m'occuperai donc, avec plaisir, de votre
protégé. Vous savez que, malheureusement ou heureusement, il a de nombreux et redoutables concurrents. Je serais très aise que le Conseil général des
hospices le jugeât digne de l'emporter sur eux.
Veuillez en recevoir l'assurance, en même temps que
celles des sentiments aussi sincères que distingués,
avec lesquels j'ai l'honneur d'être votre (1), etc.

« DUC DE DOUDEAUVILLE. »

LVII. — (*Étude*, p. 112). VERNINAC DE SAINT-
MAUR. — L'obélisque de Louqsor transporté à
Paris.

« Rade de Toulon, le 11 mai 1833.

« Monsieur, je vous annonce, avec plaisir et à la
hâte, l'heureuse arrivée du *Luxor* à Toulon. Je crois
devoir vous en entretenir des premiers, parce que,
j'en suis sûr, cette nouvelle vous intéressera plus que
personne en France. Voilà une conception gigantesque de votre illustre frère accomplie et le résultat
heureux de notre opération a renouvelé toute la
douleur que m'a causée sa mort, en pensant que lui
seul fait pour apprécier la valeur de ce monument,

---

(1) Il s'agissait du docteur Falret, propriétaire d'une
grande maison de santé à Vanves, près Paris, qui demandait et obtint d'être chargé d'une partie du service
de l'hospice des incurables (aliénés).

sera le seul à ne pas jouir de sa vue à Paris.

« La loi qui accorde une pension à Madame Champollion et des fonds pour l'acquisition des manuscrits qu'a laissés son mari, m'a comblé de joie. Cependant, je suis dans le doute si cette acquisition doit en hâter la publication, ou si c'est pour un simple dépôt à la Bibliothéque. Veuillez bien, je vous prie, me dire quelque chose à cet égard, comme aussi où en est la Grammaire ?

« Nous avons à bord le sarcophage, sans savoir le sort qui lui est destiné; il viendra avec nous à Paris, pour laquelle ville nous nous mettrons en route vers la fin de juin. après avoir fait une consciencieuse quarantaine et quelques réparations.

« M. de Joannis n'a pas pu copier les inscriptions qui se trouvent au-dessus du singe et du triomphe gravées sur les propylées de *Luxor,* votre lettre ne nous étant parvenue qu'après notre départ.

« J'ai commencé par vous dire que j'étais pressé ; je le suis, en effet, pour que ma lettre parte le jour de notre arrivée. Je vous prie d'agréer, etc.

« Veuillez bien m'excuser auprès de Chérubini (Salvador) de n'avoir pas répondu à ses deux lettres ; elles me sont, comme la vôtre, parvenues bien tard. L'agréable souvenir que je conserve de sa connaissance doit lui être un sûr garant que ce n'est qu'à l'espoir, illusoire pendant six mois, de lui porter moi-même la réponse que doit être attribuée ma négligence apparente.

« VERNINAC DE SAINT-MAUR. »

LVIII.— (*Étude*, p. 36). PÉRIER (AUGUSTIN), ancien député de l'Isère et pair de France.

« Grenoble, le 3 août 1833.

« Monsieur, les deux lettres que vous m'avez fait l'honneur de m'écrire à Paris, le mois dernier, sont allées me chercher à ma campagne de Frémigny ; elles ne me sont parvenues qu'à Vizille.

« Je n'avais pas de titre pour faire partie de la Société, qui doit s'occuper de l'histoire de France (1). Cependant, puisque, sur votre proposition, elle a bien voulu m'admettre au nombre de ses membres, je ne puis qu'accepter avec empressement l'honneur qu'elle me fait, et vous remercier de l'obligeant souvenir qui vous a porté à prononcer mon nom dans une réunion où je ne pourrais montrer que du zèle et un véritable intérêt pour l'objet important dont elle s'occupe.

« Avez-vous entièrement perdu de vue le concours que vous nous aviez promis, relativement à la modeste entreprise pour la statistique du Dauphiné. En revoyant ce beau pays, je sens renaître le désir de bien faire connaître ce qu'il était *avant 1788* et le rôle si honorable qu'il joua à cette époque, où il fixa les vrais principes du gouvernement représentatif, *auquel il a fallu revenir après tant de funestes exagérations en sens contraires.*

« Je vois avec peine qu'une partie de notre population se laisse entraîner à des tendances tout à fait démocratiques, que nos vieux amis de la liberté : les Servan, les Mounier, les Barnave, les Savoie-Rollin, etc., *auraient repoussé comme contraire au but élevé et vraiment patriotique vers lequel ils dirigeaient les pensées et les efforts de toute leur vie.* Cependant, même dans le département de l'Isère, l'esprit s'est amélioré et la grande majorité est prononcée pour le gouvernement monarchique de juillet. Agréez, etc.

« AUG. PÉRIER. »

---

(1) Augustin Périer a laissé une *Histoire abrégée du Dauphiné*, que vient de publier *Un vieux Bibliophile Dauphinois* (M. Chaper) et qui contient de très intéressants détails sur l'Assemblée de Vizille. dans le château qui était devenu sa propriété, par héritage de famille comme fils aîné de Claude Périer, son père.

LIX. — (*Étude*, p. 61). FERDINAND DE LESSEPS, consul général de France en Égypte.

« Alexandrie, 18 octobre 1836.

« Monsieur, permettez-moi de vous recommander deux voyageurs français, MM. Combes et Tamissier (1) qui viennent de parcourir l'Abyssinie pendant onze mois et qui retournent en France pour publier leur intéressant voyage. Je crois vous faire plaisir en vous les faisant connaître et je ne doute pas de tout l'intérêt que vous prendrez à entendre leur récit curieux.

« Je saisis cette occasion pour me rappeler à votre bon souvenir, pour vous faire de nouveau mes offres de service en Égypte et pour vous prier d'agréer, etc. »

LX. — (*Étude*, p. 37). VILLEMAIN, ministre de l'instruction publique, relativement aux travaux historiques de la Bibliothèque Royale.

« Paris, 8 octobre 1839.

« Monsieur, je vous prie de vouloir bien m'adresser un *rapport détaillé* sur l'état des travaux de dépouillement des manuscrits, qui s'exécutent sous votre direction, à la Bibliothèque Royale.

De la main du ministre : « Vous concevez, Monsieur, que j'ai le plus grand besoin de ce renseignement pour me fixer sur le mode d'application ultérieure des nouvelles dispositions adoptées par la loi de finances de 1840. — V. »

---

(1) Edouard Combes, ancien vice-consul, a publié avec M. Tamissier leur *Voyage en Abyssinie* (1837-1838). Après avoir exploré les côtes de la mer Rouge, l'Arabie ils s'avancèrent jusqu'aux montagnes de la Lune et parcoururent, en 1841, la Nubie et l'Égypte.

LXI. — (*Étude*, p. 38). RAPPORT DE CHAMPOL-
LION-FIGEAC relatif aux travaux historiques de la
Bibliothèque Royale (1).

« ...Vous avez pris, Monsieur le Ministre, une
assez grande part à l'organisation de ce travail ; vous
avez assez particulièrement connu les motifs et les
intentions du savant ministre qui en conçut la pensée
vers la fin de l'année 1833 et le fonda dès le mois de
novembre de l'année suivante, pour que je doive m'abstenir de m'étendre ici sur ses origines. Le rapport
présenté au Roi par M. Guizot, le 31 décembre 1833,
contient l'exposé des motifs de cette création, et le
rapport du 27 novembre 1834, une idée sommaire de
son organisation et de son utilité générale.

« On savait alors, sur des données dont il est encore
facile aujourd'hui de vérifier l'exactitude, qu'il se
trouvait au département des manuscrits de la Bibliothèque Royale, près de vingt mille volumes dépendant
des collections amassées par de très savants hommes
des deux derniers siècles et contenant près d'un mil-
lion de documents historiques isolés, bien inconnus
pour le plus grand nombre, parce que le plus grand
nombre aussi de ces collections n'était accompagné ni de tables ni de répertoires d'aucune espèce.
On comprend généralement les inconvénients d'un
tel état de choses et, dans ces temps d'universelle
ardeur pour les recherches sur toutes les époques
connues ou inconnues de l'histoire nationale, l'administration publique considéra comme un devoir de seconder cette ardeur, en rendant facile et générale
l'étude méthodique de ces précieuses collections.

« Dès le 6 novembre 1834, leur dépouillement fut
ordonné par M. Guizot, sur un plan uniforme, qui
doit en produire l'inventaire général, dont des tables

_____

(1) M. Guizot a publié dans ses *Mémoires* plusieurs *Rapports* de Champollion-Figeac sur les travaux qui s'exécutaient, sous sa direction à la Bibliothèque Royale.

de plusieurs sortes multiplieront l'évidente utilité, en s'appropriant à tous les ordres de recherches, de vues et même de systèmes. La même décision me déféra l'honneur de diriger et de surveiller ces travaux.

‹ Douze personnes nommées par le ministre en furent chargées ; il leur était prescrit de relever sur une carte la date et le sujet de chaque pièce ; de faire cette opération sur chaque collection isolément et de classer ensuite, dans l'ordre chronologique, les cartes qui en étaient le produit.

« Un point essentiel, dans ces prescriptions diverses, occupa un instant l'attention du ministre. Dans sa pensée, comme dans le vœu de la loi qui avait accordé les fonds pour cette institution nouvelle, on devait rechercher dans les personnes employées le zèle consciencieux qui produit et prendre garde de pensionner quelques oisives incapacités. Le ministre voulut d'abord rénumérer ce travail de dépouillement d'après les produits ; mais l'inégalité manifeste des matériaux le détourna de cette première idée ; les collections, en effet, renferment des pièces du XIVe, du XVe et même du XVIe siècle, très difficiles à déchiffrer. Les plus fortes rétributions auraient donc été assurées aux personnes qui auraient travaillé sur des pièces plus modernes, à celles donc qui auraient employé dans ce travail moins de capacité, moins de science.

« Une indemnité de cent francs par mois fut accordée aux douze employés. Un arrêté, en date du 28 janvier 1835, régla l'ordre de leur service dans tous ses détails et leur attribua une somme annuelle de 15,000 fr., le ministre se réservant de distribuer en gratifications, aux employés les plus méritants, les six cents francs qui restaient libres en sus des douze indemnités de 1,200 fr. chacune.

« Ces mesures diverses suffirent à l'organisation définitive du travail ; ses résultats, à la fin de l'année 1835, justifièrent déjà les prévisions du ministre et le nombre des cartes réalisées, dès cette époque, parut

assez satisfaisant pour qu'on dût s'occuper de la seconde partie du plan général primitivement arrêté,
c'est-à-dire de rechercher, au moyen même de ces
cartes, *les pièces inédites* dont la publication pouvait être immédiatement ordonnée dans le recueil du
gouvernement.

« Un nouvel arrêté, en date du 2 février 1836, ré-
duisant d'abord à sept les douze employés au dépouillement, chargea spécialement les trois plus anciens
de cette nouvelle partie du travail général, maintint
les quatre autres dans leur occupation de l'année
1835 et établit trois ordres d'indemnité : 1,200, 1,500
et 1,800 fr. Il en résulta d'abord une diminution de
la dépense ; des nominations postérieures l'ont re-
portée vers l'allocation primitive.

« Il s'opéra aussi quelques variations dans le personnel de ces travaux ; mais leur plan, leur marche n'en éprouvèrent point de sensibles. Le but et la
voie avaient été indiqués par un esprit trop éminent ;
il n'y avait qu'à ne pas perdre l'un de vue, à ne pas
se détourner de l'autre et le succès ne pouvait être
incertain. Les faits, les chiffres que j'ai l'honneur de
mettre aujourd'hui sous vos yeux, vous confirmeront
dans cette opinion.

« A plusieurs époques, depuis l'année 1835, j'ai
adressé au ministre de l'instruction publique des
rapports détaillés sur l'état successif de cette vaste
entreprise et sur les résultats matériels constatés par
le nombre de cartes analytiques rédigées et classées,
et par le nombre des pièces importantes d'abord exa-
minées et qui se subdivisent en pièces *réservées* et
en pièces *adoptées* et *transcrites* pour l'impression.
Quelques-uns de mes rapports ont été publiés Je
résume aujourd'hui, dans celui-ci, tout ce qu'ils renferment de relatif à l'objet spécial de votre lettre du 8
août dernier.

« ...Le nombre des cartes réalisées ou des pièces
historiques dépouillées *est de 188,310*. Ces cartes
sont *tirées de 2,922* volumes de diverses collections ;

toutes ces cartes sont classées dans l'ordre chronologique, excepté pour trois collections.

« J'ai eu l'occasion, dans mes précédents rapports,
de faire connaître les services qu'en ont déjà retirés
des savants nationaux ou étrangers, de rappeler les
nombreuses demandes de copies de pièces intéressant leur histoire, faites par des gouvernements amis
ou alliés de la France, et d'annoncer que celui de
Belgique a organisé un travail de recherches historiques sur le plan de celui qui a été créé en France.
De tels faits n'ont point besoin de commentaires ;
les tables, les répertoires donnent seuls l'existence et
la vie à toute collection de faits ou de pensées.

« C'est aussi avec le secours des cartes qui sont
déjà réalisées par le travail de dépouillement, qu'on a
pu commencer la recherche et l'examen critique des
plus importants, des plus curieux documents oubliés
dans ces collections, appeler sur eux l'attention
spéciale du Comité historique des chartes et, d'après
son avis, former la réunion des pièces qui entreront
dans le premier volume des *Documents inédits tirés
des archives des départements et de la Bibliothèque
Royale*, dont l'impression a été autorisée par votre
prédécesseur.

« Les trois employés chargés, depuis 1836, de la
recherche et du premier examen de ces pièces inédites ont rempli fidèlement leur mission, chacun
pour la portion des temps historiques de la France
qui lui a été assignée...

« Ces renseignements sont bien sommaires, bien
abrégés ; mais je vous les devais sans phrase ; vos
lumières seules peuvent en assigner la véritable valeur. Je ne puis être ici que pour un peu de zèle,
dont vous connaissez le dévouement. *Ces chiffres et
ces notes* répondent directement à la seconde partie
de votre lettre du 8 août, et l'ensemble de ce
rapport à l'ensemble de vos questions. Je l'écris du
moins dans cette intention.

« Je ne m'arrête pas à considérer quelques cir-

constances antérieures à l'organisation de ces travaux de recherche et de dépouillement, par exemple
l'encombrement qui en résulte pour le département
des manuscrits, dont les salles destinées au public
sont déjà presque insuffisantes; mais l'utilité immé-
diate de ce dépouillement pour la Bibliothèque
Royale fait supporter plus facilement cet embarras.

« J'ai dû me borner à l'exposé des faits, qui intéressent les travaux historiques dans leurs rapports
naturels avec votre administration, et de m'efforcer
de vous mettre en état de juger par vous-même si
cet établissement a un but d'une utilité assez réelle,
assez publique, assez générale, et s'il marche assez
directement vers le but pour mériter votre sanction.
J'aurai, du moins, exactement retracé son histoire,
si cette sanction venait à lui manquer.

« Je suis, etc.

« CHAMPOLLION-FIGEAC. »

LXII.— (*Étude*, p. 117). S. EXC. LE MARQUIS DE
BRIGNOLE, ambassadeur de Sardaigne à Paris.

« Paris, 23 janvier 1840.

« Monsieur, je m'empresse de vous exprimer ma
vive reconnaissance pour le précieux ouvrage que
vous avez eu la bonté de m'envoyer ; tout ce qui sort
de votre plume savante doit nécessairement m'intéresser beaucoup. Vous connaissez assez, j'espère, l'estime que je vous porte pour ne pas en douter ; mais
indépendamment du mérite éminent de l'auteur et de
mes sentiments personnels pour lui, lesdits ouvrages
sont, comme vous l'observez, par la matière qu'ils
traitent, de nature à fixer spécialement mon attention,
ce qui me les fait encore plus particulièrement apprécier. Ce sera donc avec un double plaisir que j'en
ferai la lecture.

« Le Roi, qui connaît déjà vos talents et qui sait
aussi combien vous êtes obligeant envers ceux de ses
sujets que le désir de compléter leurs études ou d'en

suivre de spéciales appelle dans la capitale de la France, le Roi, dis-je, recevra, j'en suis sûr, avec beaucoup de satisfaction, le nouvel hommage que vous vous proposez de lui faire de votre travail sur l'*Égypte ancienne,* où les plus rares monuments du Musée de Turin se trouvent illustrés, et d'un recueil de *Lettres de personnages illustres* et par la naissance et par leurs hauts faits (1), au nombre desquels figure un des princes ses ancêtres.

« Encore une fois, Monsieur, permettez que je vous offre tous mes remerciements, ainsi que l'expression réitérée et bien sincère des sentiments très distingués, avec lesquels j'ai l'honneur d'être, etc.

« BRIGNOLE. »

LXIII. — (*Étude,* p. 111). GÉNÉRAL CASS, ministre plénipotentiaire des États-Unis d'Amérique à Paris.

« Paris, 10 juillet 1840.

« Monsieur, j'ai l'honneur de profiter de votre indulgence, afin de vous demander quelques informations sur le système égyptien des écritures hiéroglyphiques, dont votre frère a tellement facilité la connaissance et dont vous avez continué l'étude avec tant de succès depuis sa mort.

« Je voudrais bien avoir un court abrégé de la Grammaire égyptienne selon les préceptes établis par votre frère. Voulez-vous avoir la bonté de m'expliquer comment on peut déterminer la valeur phonétique des signes hiéroglyphiques et encore comment on peut distinguer les pouvoirs figurés et symboliques des signes.

« Permettez-moi de vous demander, Monsieur, si l'on a fait des progrès dans cette science depuis la

---

(1) *Lettres des rois et reines,* etc., publiées dans la Collection des documents inédits du ministère de l'instruction publique; 2 volumes in-4º.

mort de votre frère et aussi en quoi consiste le principal obstacle qui empêche son plus grand développement. Croyez-vous qu'il y a lieu d'espérer que de plus grands progrès se feront bientôt dans cette étude ?

« Agréez, etc.

« GÉNÉRAL CASS. »

LXIV. — (*Étude*, p. 36 et 113). COMTE XAVIER DE BLACAS D'AULPS. — Voyage en Égypte.

« Paris.....

« Monsieur, je reçois à l'instant votre lettre, ainsi que celles qu'elle contient ; je suis on ne peut plus sensible à tout ce que vous voulez bien me dire et infiniment touché du souvenir que vous conservez à la mémoire de mon père.

« Je m'empresserai de faire usage des lettres que vous avez bien voulu m'envoyer et serai très heureux des agréables et utiles connaissances qu'elles pourront me faire faire.

« Je connais et ai lu avec grand intérêt le livre dont vous me parlez ; mais l'édition en étant épuisée (1), je n'ai pu me le procurer que par prêt ; ce serait donc avec une véritable reconnaissance que je recevrai celui que vous voulez bien me proposer L'amabilité à laquelle je le devrai augmente pour moi le prix de l'ouvrage.

« Dans les rapports que je pourrai avoir avec les agents consulaires, les lettres de vous me seront aussi agréables qu'utiles. Recevez encore, Monsieur, tous mes remerciements pour vos offres si obligeantes, ainsi que l'assurance, etc. »

---

(1) *Lettres écrites d'Égypte* (à son frère) par Champollion le Jeune (Paris, Didot, 1833, in-8°).

LXV. — (*Étude*, p. 37, 38). COUSIN (VICTOR) (1),
ministre de l'instruction publique.

« Paris, 5 septembre 1840.

« Monsieur, l'organisation nouvelle que viennent
de recevoir les Comités historiques, ayant pour objet
principal de donner plus d'activité à la publication
des monuments écrits de l'histoire de France, il m'a
paru utile de me faire rendre un compte général de
l'état actuel des travaux entrepris. Je vous serais donc
très obligé de vouloir bien m'adresser, dans le plus
bref délai possible, un *rapport détaillé* sur le dépouillement des collections manuscrites de la Bibliothèque
Royale, qui se poursuit sous votre direction.

« Je désire savoir quel a été, jusqu'à ce jour, le résultat des dispositions nouvelles arrêtées le 20 février
dernier. Il est important que les renseignements que
vous voudrez bien me transmettre portent sur tout ce
qui concerne les trois parties de la publication que
vous avez bien voulu vous charger de diriger ; *sur ce
qui a été recueilli, transcrit, rédigé* par chacun des
employés, sur le zèle et l'aptitude de chacun d'eux.

« J'espère, Monsieur, que vous voudrez bien m'a-
dresser désormais un Rapport semblable tous les
trois mois, conformément à l'article 7 de l'arrêté du
24 février 1840.

« Agréez, etc.　　　　« V. COUSIN. »

---

(1) Victor Cousin avait renoncé depuis longtemps à sa
chaire de philosophie de la Sorbonne ; il était remplacé,
autant qu'on pouvait remplacer M. Cousin, par Laromiguière, esprit fin, modéré et des plus spirituels,
dont le cours de philosophie obtint un grand succès.
Laromiguière était du département du Lot, et comme
compatriote de Champollion Figeac, ils eurent de fréquentes relations littéraires et amicales. On citait
souvent les *mots* de ce célèbre philosophe qui se répétaient
de bouche en bouche à cause de leur exactitude his-

LXVI. — (*Étude*, p. 113). LEPSIUS. — Projet de voyage en Égypte.

« Berlin, le 7 février 1842.

« Très cher Monsieur, je ne savais à qui m'adresser mieux qu'à vous, pour avoir certains renseignements sur le voyage d'Égypte de votre célèbre frère. Vous étiez probablement plus initié aux détails de cette entreprise que les compagnons mêmes de Champollion. En faisant maintenant le projet du voyage que je dois entreprendre moi-même dans cette année et en précisant les préparations que j'ai à faire là-dessus à mon gouvernement, j'ai senti qu'il me serait du plus haut intérêt de connaître les conditions extérieures sous lesquelles Champollion a fait son expédition. Je suppose qu'il vous sera facile de revoir les papiers qui doivent exister là-dessus.

« Champollion avait huit ou dix compagnons sous sa direction. Je n'en aurai que la moitié ; cela n'empêche pas de profiter, pour mon voyage beaucoup plus simple, des expériences que l'expédition française a faites sur une plus grande échelle. Le temps que je resterai en Égypte sera à peu près le même ; je crois que vos voyageurs sont restés près de deux ans, ou au moins dix-huit mois en Égypte : or quels sont les frais de voyage qu'on lui a accordés en partant et comment vos calculs sont-ils justifiés après son retour ? Avait-il une caisse commune pour tous, ou est-ce que ses compagnons avaient des engagements à part et voyageaient à leurs propres frais ? Je suppose que le calcul du premier équipement et du retour en Europe n'a pas été confondu avec les frais de voyage pendant le séjour en Égypte.

« Avait-il des fonds à part pour des fouilles et pour

---

torique. Nous regrettons de ne pas pouvoir publier plusieurs lettres de Laromiguière, adressées à Champollion-Figeac.

des achats à enrichir votre Musée? Je sais qu'il a rapporté un certain nombre d'objets très importants.

« Quant aux portefeuilles qu'il a rapportés, je pense que tous les dessins appartenaient au gouvernement, les esquisses et les notes aux voyageurs. Voilà les principales questions que j'avais à faire sur les frais en général et sans les conditions des compagnons. Ajoutez-y, je vous prie, tout ce que vous pensez profitable pour mon voyage. On doit avoir fait bien des expériences pendant cette expédition, qu'aucune autre n'avait jamais égalée en résultats pour l'antiquité égyptienne.

« J'avais demandé, il n'y a pas longtemps, à M. Letronne si le dessin de la Chambre où Ptolémée Évergète II fait des offrandes à ses prédécesseurs, se trouvait dans vos portefeuilles et si, dans ce cas, je pouvais en avoir une copie? *Il ne m'a pas répondu!*

« J'entends avec le plus grand plaisir que vous avez déjà publié la première partie du *Dictionnaire hiéroghyphique;* j'attends tous les jours de la voir arriver, et j'espère vivement qu'aucun des papiers qui existent encore de la main de votre frère ne sera remis et que vous publiez tout ce qui se trouve et aussi fidèlement que possible. Comment trouvez-vous maintenant l'intérêt du public pour les ouvrages de Champollion et pour vos monuments de l'Égypte, dans le rapport commercial et dans les différents pays?

« On vient de me nommer professeur à l'Université de Berlin; mais je ne sais pas encore si cela m'obligera à faire un cours sur l'Égypte avant mon départ, qui est fixé à peu près au mois de juin. J'ai encore beaucoup à faire jusque-là et le temps me suffira à peine pour publier encore tout ce que j'ai maintenant sous les mains. Le grand Rituel funéraire de Turin sera bientôt prêt à être distribué ; on imprime maintenant l'introduction ; je l'ai publié en 80 planches in-4°, et je vous prierai d'accepter un exemplaire, aussitôt que tout sera prêt. Mes travaux chronologiques, que je publierai en partie avec M. Bu..., suivront immédiatement après.

« Agréez, etc. »

LXVII. — (*Étude*, p. 38). VILLEMAIN, ministre de l'instruction publique.

« Paris, 30 mars 1842.

« Monsieur, vous me faites l'honneur de me rendre compte, chaque mois, des progrès des recherches qui s'exécutent sous votre direction pour le dépouillement des collections manuscrites de la Bibliothèque Royale. Un des résultats les plus importants qu'on peut attendre de ce travail est la préparation d'un catalogue complet de ces collections. Je sais, Monsieur, que c'est là un des buts que vous vous proposez et que c'est dans cette vue que vous faites rédiger des cartes pour les différentes pièces composant chacun des cartons qu'on s'occupe de dépouiller. Mais je désirerais qu'on transcrivît ces cartes sur un registre, de manière à les convertir en un catalogue régulier et méthodique.

« J'ai l'honneur de vous prier de me faire connaître ce qui a déjà été fait à cet égard, en m'indiquant exactement les principaux résultats qui ont été obtenus et ceux que vous espérez pouvoir bientôt réaliser.

« Agréez, etc. »

LXVIII. — (*Étude*, p. 115). DE BOISMILON (Jacq.-Dom.), secrétaire des commandements de Monsieur le Comte de Paris.

« Neuilly, samedi ... 1842.

« Monsieur, d'après les ordres de Madame la duchesse d'Orléans, j'ai l'honneur de vous informer que Son Altesse Royale désirerait vous voir aux Tuileries demain dimanche, à 2 heures.

« Je profite de cette occasion pour vous renouveler, etc. »

(Dans la collection des *Papiers de famille,* nombreuses lettres analogues.)

LXIX. — (*Étude*, p. 114). Villemain, ministre de l'instruction publique, relative aux élèves de l'École des Chartes.

« Paris, 9 mai 1842.

« Monsieur, mon collègue Monsieur le ministre de l'intérieur vient de me faire savoir que les mesures qu'il a prescrites, depuis deux ans, pour le classement des archives départementales et dont l'exécution se poursuit avec activité, ont donné lieu à des mutations nombreuses dans le *personnel des archivistes.* Il m'a exprimé le désir qu'il aurait eu, dans l'intérêt même des archives, que le plus grand nombre des emplois vacants eût été occupé par des élèves de l'École des Chartes, que leurs études rendent propres à la lecture et à l'appréciation des documents historiques, et il me demande, en même temps, des informations sur les élèves de l'École des Chartes *munis du brevet d'archivistes paléographes*, auxquels on pourrait offrir des emplois de ce genre et qui seraient disposés à les accepter.

« J'ai pensé, Monsieur, que vous pourriez, dans cette circonstance, m'aider à faire connaître à Monsieur le ministre de l'intérieur les anciens élèves de l'école qui ne sont pas encore employés définitivement, et qui désireraient être appelés aux emplois d'archivistes dans les départements. Je vous prie, en conséquence, de vouloir bien m'indiquer ceux de ces élèves qui vous sont connus, pour que je puisse les informer de cette mesure, qui assure de nouveaux avantages aux porteurs de brevets d'archivistes paléographes, et leur faire connaître la marche qu'ils auraient à suivre pour profiter à l'avenir des vacances qui se présenteront »

LXX. — (*Étude*, p. 117). S. EXC. LE PRINCE DE
LIGNE (Eugène Lamoral), ambassadeur du Roi des
Belges à Paris, président du Sénat Belge.

« Paris, 10 janvier 1843.

« Monsieur, la Bibliothèque Royale renfermant des
documents qui concernent ma famille, dont il me
serait possible de prendre connaissance, je viens vous
demander'quelques instants, jeudi 12 de ce mois. Je
me rendrai à cet effet à la Bibliothèque, à 2 heures,
ou à telle autre que vous voudrez bien me désigner, et
je trouverai à cette visite un double intérêt : celui de
voir un établissement aussi remarquable et de faire de
vous, Monsieur, la connaissance d'un savant aussi
justement apprécié. Veuillez agreer, etc. »

LXXI. — (*Étude*, p 116). VICOMTE DE SANTAREM,
ancien ministre des affaires étrangères de Portugal.

« Paris, 10 mai 1843.

‹ Mon cher Monsieur, je vous prie de vouloir bien
agréer l'hommage des trois premiers volumes de
mon ouvrage diplomatique sur les relations politiques
du Portugal avec les différentes puissances du midi,
depuis le commencement de la monarchie jusqu'à
nos jours, que je publie par ordre du gouvernement
de Sa Majeté très fidèle.

« J ajoute à cet envoi, celui de quelques opuscules
et d'un exemplaire du fameux *Traité de philosophie
morale composé par le roi Edouard de Portugal*, en
1428, publié pour la première fois d'après un manuscrit contemporain de la Bibliothèque du Roi. Dans la
préface j'ai rempli un devoir de gratitude et de reconnaissance en déclarant que le Portugal doit ce
livre, d'un si haut intérêt pour la philologie et pour
l'histoire de la langue et des mœurs des Portugais au
moyen âge, à l'empressement et à la libéralité que
vous avez mise à m'obtenir la permission pour le faire
publier.

« Je profite de cette occasion pour vous renouveler, etc. »

LXXII. — (*Étude*, p. 65). M. DE MIRIBEL, maire
de la ville de Grenoble. — Collection de médailles
à acheter pour la Bibliothèque de cette ville.

« Grenoble, ce 16 mai 1844.

« Monsieur, la ville de Grenoble étant sur le point
de terminer un marché avec la famille de Monsieur
de Pina pour l'acquisition de son médailler, j'aurais besoin d'un renseignement qu'il vous sera, je pense,
facile de me procurer. L'an dernier, ce médailler fut
mis en vente publique ; plusieurs marchands vinrent,
entre autres M. Rollin fils; il poussa les enchères,
je crois, jusqu'à 14,100 fr.; mais la famille couvrant
toujours, nous n'allâmes pas plus loin.

« Depuis cette époque, Madame de Pina, qui était
restée adjudicataire, m'a fait offrir de traiter de gré
à gré, ce que n'avait pu faire la succession. Pour établir le prix, on me parle sans cesse d'une offre nouvelle que M. Rollin aurait faite par lettre, de la
somme de 15,000 fr., pour ce dont il n'avait voulu
d'abord donner que 12,500 fr. ou 13,000 fr. au
plus.

« Je désirerais fort que ce fait fût établi d'une manière certaine, car si M. Rollin offre 15,000 fr. pour
revendre, la ville, qui veut garder, peut donner le
même prix sans craindre de payer trop cher.

« Si vous pouvez me rendre le service de parler
de tout ceci à M. Rollin et me faire savoir au plus
tôt l'exactitude des faits, vous me rendriez un grand
service. Je suis poussé d'un côté par la famille de
Pina et de l'autre par mon conseil municipal.

« Veuillez m'aider à me tirer d'embarras.

« Agréez, Monsieur, etc. »

LXXIII.— (*Étude*, p. 114). MADAME ANGELET, dame de LL. AA. RR. les princesses Marie et Clémentine d'Orléans.— Les princesses à la Bibliothèque Royale.

« Paris, samedi matin... 1844.

« Madame Angelet a l'honneur de saluer Monsieur de Champollion ; elle est chargée par les princesses Marie et Clémentine de lui demander si Elles ne lui causeraient pas trop de dérangement en se rendent lundi, à huit heures et demie, à la Bibliothèque Royale, pour y voir des manuscrits. »

(Nombreuses lettres analogues, collection des *Papiers de famille.*)

LXXIV. — (*Étude*, p. 116). DUC DE LUYNES, membre de l'Institut.

« Paris, 20 janvier 1845.

« Monsieur, j'ai l'honneur de vous offrir, ainsi qu'à Monsieur votre fils, mes remerciements empressés pour l'obligeance avec laquelle vous avez bien voulu rechercher et m'indiquer les pièces historiques relatives à Chevreuse. Avant la fin de la semaine, j'irai les consulter ; mais je ne veux pas attendre jusque-là pour vous exprimer toute ma reconnaissance, avec la nouvelle assurance de, etc. »

LXXV. — (*Étude*, p. 116). BARON ALEXANDRE DE HUMBOLDT.

« Paris, 11 août 1845.

« Monsieur, la bienveillance que vous m'avez accordée depuis un si grand nombre d'années, l'instruction que je puise souvent dans vos ouvrages et les sentiments d'admiration qui ont lié Guillaume de Humboldt et moi à votre illustre frère, m'inspirent le courage de vous adresser une prière, dont l'accomplissement me rendra très heureux.

« Un de mes compatriotes, également distingué par ses vastes connaissances et par l'aménité de son caractère, M. Goldstucquer, fait de grands et utiles travaux sur cette philosophie de l'Inde, dans laquelle les autres philosophies de l'Orient pourraient bien trouver leurs premières racines. Son séjour à Paris ne pourra pas être assez long pour épuiser le magnifique manuscrit du *Mahabharata* que possède la Bibliotheque du Roi, renfermé, je crois, en 16 boîtes longues et étroites. M. Goldstucquer, connaissant tout le prix de ce trésor et donnant par la moralité de son caractère une garantie supérieure à toute garantie officielle, nourrit l'espérance que ce manuscrit sanscrit de l'admirable poème épique du Mahabharata, pourrait peut-être lui être confié dans son voyage à Spreysberg.

« Ce n'est qu'en France où l'amour des lettres inspire toujours des sentiments si élevés, que j'ose en appeler, Monsieur, à votre généreuse intervention. J'ai le courage de réclamer votre protection en faveur de mon compatriote; il soignera mieux ce trésor en l'emportant lui-même, et le manuscrit pourrait revenir par l'intermédiaire du consulat de France à Herenberg ou Dantzig, et par celui de M. le marquis de Dalmatie, envoyé extraordinaire à Berlin. M. Goldstucquer, pour marquer sa vive reconnaissance pour des procédés si généreux, s'occuperait, à Berlin, de fournir au département des manuscrits le catalogue de quelques manuscrits de Lord Chambers, dont le Roi de Prusse a fait l'acquisition lors de son avènement au trône.

« Daignez, je vous supplie, Monsieur et respectable ami, excuser la hardiesse de ma prière et agréer, etc. »

LXXVI. — (*Étude*, p. 65 *n*). LEPROVOST, député de l'Eure, relativement au voyage en Asie de Lottin de Laval.

« Paris, 1er février 1846.

« Auguste Leprovost présente ses compliments empressés à Monsieur Champollion-Figeac et, en même temps, ses vifs regrets de n'avoir encore pu aller le remercier de la complaisance d'avoir bien voulu lui faire passer une lettre de M. Lottin de Laval (1). Il se concertera avec lui , pour tâcher de procurer à M. Lottin de Laval quelques secours du gouvernement. Il a bien fait tout ce qu'il a pu pour parvenir à ce but; mais ses efforts isolés et peut-être mal dirigés n'ont malheureusement eu aucun résultat. Il espère parvenir à voir Monsieur Champollion dans l'un des premiers jours de la semaine ; mais, il ne veut pas attendre jusque-là pour le prévenir que le médecin qui est envoyé par M. Guizot au Roi de Prusse partira dans le commencement de cette même semaine, et qu'il n'y a pas un moment à perdre pour adresser au ministère la correspondance qu'il aurait à faire passer à ce jeune voyageur, qu'il veut bien honorer de tant d'intérêt. »

LXXVII. — (*Étude*, p. 119). COMTE DE SALVANDY, ministre de l'instruction publique, relative au projet de Champollion-Figeac d'imprimer le catalogue des manuscrits français de la Bibliothèque Royale.

« Paris, 9 septembre 1847.

« Monsieur, j'ai reçu, joint à la lettre que vous m'avez fait l'honneur de m'écrire, le projet d'impression du *Catalogue des manuscrits de l'ancien fonds fran-*

---

(1) René-Victor Lottin de Laval, romancier, puis voyageur français en Asie mineure et en Asie occidentale, a rapporté de très curieux moulages des antiquités de ces diverses contrées, obtenus par des procédés inventés par lui et appelés *Lottinoplastie*. Cette invention a été acquise plus tard par l'État. Un grand nombre des lettres de Lottin de Laval sont adressées à Champollion-Figeac.

çais et en langues modernes (1), que vous avez déjà présenté au Conservatoire dans l'année 1842.

« J'ai communiqué ce projet à M. le directeur de la Bibliothèque Royale, qui pense, avec moi, que ce travail est d'une incontestable utilité; mais qu'il ne saurait être publié à part, dans l'intention où je suis, d'ailleurs, de faire une publication complète de tous les catalogues des manuscrits de la Bibliothèque Royale.

« Je vous remercie, néanmoins, de m'avoir transmis ce document, que j'ai fait classer avec soin pour le consulter en temps opportun.

« Recevez, etc.

« SALVANDY. »

LXXVIII. — (*Étude*, p. 134). PAULIN PARIS, membre de l'Institut. — Nomination de Champollion-Figeac à la Bibliothèque du palais de Fontainebleau.

« Paris, 21 novembre 1852.

« Monsieur et honorable collègue, je ne veux pas être le dernier à vous exprimer, en mon nom et au nom de tous les miens, l'extrême plaisir que votre nomination a fait éprouver ici à tout le monde. J'entends tous les honnêtes gens de la Bibliothèque. En vérité, nous avons regardé la justice tardive qu'on vous avait faite, comme si nous en devions personnellement ressentir les effets. Vous n'êtes pas le seul qui ayez ressenti l'effet des plus odieuses iniquités. Grâce à Dieu! tous ces souvenirs s'évanouissent et Fontainebleau

---

(1) Le but de cette communication avait été de répondre à un reproche adressé publiquement par un député, sur ce que le catalogue des manuscrits *ne se publiait pas*. La décision du ministre, prise par l'influence du directeur de la Bibliothèque, tendait à faire ajourner l'impression d'un travail prêt en grande partie, parce que le catalogue des livres imprimés ne l'était pas et n'a été commencé à imprimer qu'après le remplacement de ce directeur, c'est-à-dire en 1854.

doit vous sembler, comme à nous, mille fois plus
agréable que les noires murailles de la Bibliothèque de
a rue Richelieu.

« Je lisais, il y a quelque temps, dans les notes du
Cabinet des titres, un mot, qui m'a paru joli, sur votre
résidence actuelle. C'était sur la fin du règne de
Louis XIV ; le Roi était à Fontainebleau avec la cour et
celle-ci se plaignait du maréchal-des-logis du Roi, M. de
Cavoie, qui avait logé les uns dans un grenier, les
autres dans un chenil, dans un corridor, dans d'af-
freuses mansardes. Le Roi dit à Cavoie : « Monsieur
de Cavoie, j'aime à penser que tous ceux que j'invite
sont bien traités chez moi et l'on se plaint grandement
de vous. » — « De moi, Sire ? Ils devraient se plaindre
du lieu, des bâtiments, du château qui ne me permet
pas de les accommoder comme ils le désireraient. »
— « Comment du château ? N'est-ce pas la plus
grande de mes maisons ? François Ier, Henri IV, mon
aïeul, lui reprochaient d'être trop grand, et feu mon
père, le roi Louis XIII, s'en est toujours parfaitement
contenté. » — « Ah ! Sire, reprit Cavoie en souriant,
Votre Majesté me parle là de plaisants rois. » — Le
mot était hardi, mais il passa et fut parfaitement reçu.

« Je suis persuadé que vous le trouverez vous-
même très heureux, et si j'ai pris la liberté de vous le
rappeler, c'est que nous devons aujourd'hui vous considérer comme le grand maréchal du grand et somp-
tueux palais de Fontainebleau. Je suis bien sûr que
vous allez éclairer d'un nouveau jour bien des points
et des faits qui se rattachent à votre maison. Les gouvernements font bien rarement des choix aussi intel-
ligents et, quoi qu'on puisse dire et penser avec raison
du nouveau règne, on devra convenir que c'est bien
le commencer !

« Veuillez, etc. »

LXXIX. — (*Étude.* p. 135). COMTE PELET DE LA LOZÈRE, ancien ministre de l'instruction publique.

« Villers-Cotterets, 23 décembre 1852.

« On m'a renvoyé ici, Monsieur, la lettre que vous m'avez fait l'honneur de m'écrire le 21, et j'ai éprouvé, en la lisant, beaucoup de regret de ne m'être pas trouvé à Paris, pour recevoir M. Couder, à qui j'aurais fourni bien volontiers tous les renseignements qu'il eût pu désirer sur ce qui doit faire le sujet de son tableau (1). Voici bientôt cinq ans que j'habite à Villers-Cotterets, où le grand âge de ma mère me retient ; mais je vais ordinairement passer les deux ou trois mois du printemps à Paris avec ma femme, et si mes souvenirs du conseil d'État et de l'Empire peuvent alors être utiles à M. Couder, je serais charmé d'en causer avec lui.

« J'ai été bien aise d'apprendre que vous êtes bibliothécaire du palais de Fontainebleau, de ce palais où mes fonctions d'administrateur des forêts de la couronne m'ont si souvent appelé à suivre l'Empereur Napoléon Ier. Je serai heureux de vous y rencontrer, si j'ai occasion de retourner dans cette résidence, où j'ai eu, bien jeune encore, des rapports journaliers avec l'homme extraordinaire qui y recevait les hommages de tous les souverains de l'Europe (2).

« J'ai ici sous les yeux un autre palais, qui fut bâti aussi par François Ier et est plein de souvenirs des Valois. Construit avec moins de luxe que celui de Fontainebleau, il a eu une destinée moins brillante : on l'a donné d'abord en apanage au frère de Louis XIV, et aujourd'hui il est un dépôt de mendicité. De là, des transformations qui permettent difficilement

---

(1) La séance d'installation du Conseil d'État par le premier Consul.

(2) Voyez le jugement de M. Pelet de la Lozère sur *Napoléon Ier et Wasingthon.*

de reconnaître ce qu'il était et surtout quelle était, dn côté de la ville, la disposition des terrains qui l'environnaient.

« N'avez-vous pas, dans la galerie des Cerfs, au palais de Fontainebleau, une peinture représentant le château de Villers-Cotterets ; et ne trouverait-on pas dans la Bibliothèque du palais de Fontainebleau, ou dans la grande Bibliothèque de Paris, un plan du château de Villers-Cotterets et de ses *abords* sous les Valois, avant Henri IV, et un plan des changements faits après Louis XIII, sous les apanagistes les d'Orléans ?

« Ces plans, s'ils existaient, auraient quelque intérêt pour la petite ville que j'habite et je serais curieux de les voir.

« Ma femme vous remercie de votre bon souvenir et se joint à moi pour vous offrir nos meilleurs compliments. »

LXXX. — (*Étude*, p. 136). M. MESNARD, premier vice-président du Sénat, président de Chambre a la Cour de cassation.

« Paris, 23 novembre. 1856.

« Monsieur, je vous remercie beaucoup de la part affectueuse que vous voulez bien prendre à tout ce qui m'arrive.

« Je me persuade que ma santé se trouvera bien du sacrifice que je lui ai fait et qu'elle me permettra de continuer les travaux littéraires que j'ai entrepris. Il faut savoir se résigner quand la mer est trop mauvaise et jeter par-dessus bord une partie de la cargaison pour sauver l'autre. Vous faites mieux que moi, les années ont beau vous venir, elles vous trouvent toujours travaillant et bien portant. Continuez de vous conduire de la sorte, personne mieux que moi ne se félicitera de votre bonne santé et du résultat de vos labeurs. Agréez, etc. »

LXXXI. — (*Étude*, p. 144). GÉNÉRAL ROLLIN, adjudant général du palais impérial. Condoléances de l'Empereur et de l'Impératrice, relatives à la mort du colonel Champollion.

« Palais des Tuileries, 17 février 1864.

« Mon cher Monsieur Champollion, je viens d'apprendre la mort de votre fils. Je ne veux pas perdre un instant pour vous exprimer tous mes sentiments de sympathie à l'occasion du malheur qui vous frappe.

« Je fais cette démarche avec d'autant plus d'empressement que je suis chargé par LL. MM. l'Empereur et l'Impératrice de vous assurer de toute la part qu'Elles ont prise à ce cruel événement.

« Recevez, etc. »

LXXXII. — (*Étude*, p. 147). MARÉCHAL COMTE RANDON AU COLONEL CHAMPOLLION.

« Paris, 16 janvier 1864.

« Mon cher colonel, au moment où vous quittez les laborieuses fonctions que vous occupiez avec tant de distinction et à l'accomplissement desquelles vous avez, par un zèle qui ne s'est jamais ralenti, compromis votre santé, je tiens à vous exprimer, moi-même, le regret bien vif que j'éprouve de votre départ.

« Chargé pendant de longues années de l'important service du matériel de l'artillerie, vous avez participé à sa transformation, ainsi qu'aux difficiles préparatifs de deux grandes guerres, au succès desquelles vous avez contribué dans votre sphère d'action.

« Votre passage dans le service de l'artillerie y laissera des traces durables.

« *Le maréchal de France, ministre secrétaire d'État de la guerre,* RANDON. »

LXXXIII. — (*Étude*, p. 145). OBSÈQUES DE CHAMPOLLION-FIGEAC AU PALAIS DE FONTAINEBLEAU, le 10 mai 1867. Voyez : *Nécrologie. Champollion-Figeac.* Fontainebleau, Bourges, in-8°.

FIN.

TABLE

Grenoble. — Imprimerie Vᵉ RIGAUDIN, 8, rue Servan.

For EU product safety concerns, contact us at Calle de José Abascal, 56–1°,
28003 Madrid, Spain or eugpsr@cambridge.org.

www.ingramcontent.com/pod-product-compliance
Ingram Content Group UK Ltd.
Pitfield, Milton Keynes, MK11 3LW, UK
UKHW010040140625
459647UK00012BA/1517